아! 그렇구나

우리 역사

13

일제 강점기

＊ ＊ ＊

이 책에 관해 궁금한 점이 있으면 염복규 선생님께 이메일로 물어 보세요.

이메일 주소 : pkyum1@mest.go.kr

＊ ＊ ＊

아! 그렇구나
우리 역사

⑬ 일제 강점기

2011년 1월 15일 1판 1쇄 펴냄
2012년 3월 15일 1판 2쇄 펴냄

글쓴이 · 염복규
그린이 · 김수희
펴낸이 · 조영준

책임 편집 및 교열 교정 · 최영옥
표지 및 본문 디자인 · 골무

펴낸곳 · 여유당출판사 | 출판등록 · 395-2004-00068
주소 · 서울 마포구 서교동 451-48(2층)
전화 · 02-326-2345 | 팩스 · 02-326-2335
이메일 · yybooks@hanmail.net
블로그 · http//blog.naver.com/yeoyoubooks

ISBN 978-89-92351-04-1
ISBN 978-89-955552-0-0 (전15권)

ⓒ 염복규 · 여유당, 2011
협약에 따라 인지를 붙이지 않습니다.

책값은 뒤표지에 있습니다.
잘못된 책은 바꾸어 드립니다.

이 도서의 국립중앙도서관 출판시도서목록(CIP)은 e-CIP 홈페이지(http://www.nl.go.kr/ecip)에서
이용하실 수 있습니다.(CIP제어번호:CIP2011004705)

아! 그렇구나

우리 역사

⑬

일제 강점기

글 · 염복규 | 그림 · 김수희

여유당

아! 그렇구나 우리 역사 – 일제 강점기 편을 펴내며

여유당 출판사 문을 열고 《아! 그렇구나 우리 역사》를 출간한 지가 벌써 6년이 다 되어 갑니다. 그럼에도 불구하고 아직 완간을 하지 못했고, 올해만큼이라도 완간을 하려고 독하게 마음먹었지만 다시 한 해를 넘기게 되었습니다. 무엇보다도 시리즈 완간을 기다리며 출판사에 재촉을 잇는 많은 독자분들께 송구스러운 마음 무척이나 큽니다. 이 시리즈를 완간한다는 게 이 정도로 어려울 줄은 출판사에서도 미처 예상치 못했습니다. 그러나 이제는 멀지 않은 곳에 끝이 보이는 것 같습니다. 순서상 근대 편이 먼저 나와야 하지만 나머지 권 가운데 일제 강점기 편이 먼저 세상의 빛을 보게 되었습니다.

《아! 그렇구나 우리 역사》 1권(원시 시대 편)을 출간할 때까지만 해도 어린이·청소년층을 위한 역사 관련 책들을 찾기가 쉽지 않았으나, 10년 남짓 지난 지금에 이르러서는 무척 다양한 역사 책들이 여러 출판사에서 쏟아졌습니다. 그런 가운데서도 이 시리즈가 독자들뿐만 아니라 여러 분야의 관계자들에게 소중한 자료로, 혹은 읽기 쉽고 재미있는 통사로서 자리매김했다는 사실에 적잖은 보람을 느낍니다.

한 사람이 태어나서 성장하는 동안 그때 그때 두루 많은 변화와 추억이 뒤따르듯이, 세상은 날마다 수많은 변화와 사건으로 채워집니다. 특히 강대국을 주변에 둔 동북아 정세는 분단 국가인 우리나라에 아주 민감하고 중요한 사안이라 여겨집니다. 우리와 일본은 독도 문제로 해묵은 분쟁을 거듭해 오고 있으며, 중국은 동북 공정을 들먹이며 고구려·발해 역사를 중국 역사로 규정하고 있는 실정입니다. 러시아와 일본, 중국과 일본은 제각기 영토 분쟁을 해결하지 못한 채 갈등의 불씨를 품고 있습니다. 또한 서해는 분단된 상태에서 서로 한 치를 양보할 수 없는 NLL(북방 한계선)을 놓고 남과 북이 끊임없이 대치하고 있는 화약고입니다. 오늘날 이 땅에 살고 있는 우리가 우리 역사를 제대로 이해하고 제대로 바라봐야 할 이유입니다.

따라서 우리 역사는 한낱 조상들이 남긴 흔적만이 아니라, 자신의 가치관을 여물게 하는 귀중한 텃밭이요, 세계 무대에서 한국인이라는 자신감으로 당당히 어깨를 나란히 할 수 있는 핏줄 같은 유산임을 잊지 않아야 합니다. 비록 오늘날 교육 현장에서 역사(국사) 과목이 필수가 아닌 선택이라는 초라한 대접을 받을지라도, 오래도록 이어 온 역사에 대한 잘못된 인식을 꿈 많은 10대들에게 그대로 물려줄 수는 없습니다.

지금은 전문가가 직접 쓴 책도 눈에 띄지만, 초·중학생이 좀 더 체계적으로 우리 역사를 꿰어 볼 수 있는 책은 여전히 많지 않습니다. 이 시리즈는 10대의 눈높이에 맞춰 서술한 책입니다. 역사의 의미를 제대로 이해할 수 있게 관점을 제시하며, 역사 이해의 근거로서 봐야 할 풍부한 유적·유물 자료, 상상력을 도와주는 바람직한 삽화, 게다가 청소년이 읽기에 적절한 활자의 크기와 종이 질감 등을 고민한 책이 꼭 필요하다는 판단 아래 이 시리즈를 기획하게 되었습니다. '처음으로 해당 시대 전문 역사학자가 쓴 10대 전반의 어린이·청소년용 한국 통사'라는 뚜렷한 특징과 의미를 갖는 《아! 그렇구나 우리 역사》 시리즈는 이렇게 만들었습니다.

첫째, 이 책은 전문 역사학자들이 소신 있게 들려주는 우리 조상들의 삶 이야기입니다.
원시 시대부터 해방 후 1987년 6월 항쟁을 거쳐 민주 정권 탄생 전후까지를 15권에 아우르는 《아! 그렇구나 우리 역사》는 한 권 한 권, 해당 시대의 역사를 연구해 온 선생님이 직접 쓰셨습니다. 고구려 역사를 오래 공부한 선생님이 고구려 편을 쓰셨고, 조선 시대 역사를 연구해 온 선생님이 조선 시대 편을 쓰셨습니다.

둘째, 초등학교 고학년과 중학생 연령층의 10대 어린이·청소년을 위해 만들었습니다.
지금까지 초등학교 저학년 어린이를 위한 위인전이나 동화 형식의 역사물은 여럿 있었고, 또 고등학생을 대상으로 펴낸 생활사, 왕조사 책도 눈에 띕니다. 하지만 위인전이나 동화 수준에서는 벗어나고, 고등학생의 독서 수준에는 아직 미치지 못하는 단계에 필요한 징검다리 책은 찾아볼 수 없었습니다. 《아! 그렇구나 우리 역사》는 초등학교 5·6학년과 중학생 연령층의 청소년에게 바로 이러한 징검다리 역사책이 될 것입니다.

셋째, 각 시대를 살았던 일반 백성의 생활을 구체적으로 생생하게 묘사했습니다.

그 동안 어린이·청소년을 위한 역사책이 대부분 영웅이나 사건 중심으로 이야기했다면, 이 시리즈는 과거 조상들의 생활에 역사의 중심을 두고 시대에 따른 정치·경제·사회의 변화를 당시의 국제 정세와 함께 이해할 수 있도록 구성했습니다. 이 책을 읽으면서 독자 여러분은 당시 사람들의 생활 세계를 머리 속에 그려 나갈 수 있을 것입니다.

넷째, 최근 연구 성과에 따른 글쓴이의 목소리에도 힘을 주었습니다.

이미 교과서에 결론이 내려진 문제라 할지라도, 글쓴이의 견해에 따라 당시 상황의 발단과 과정에 확대경을 대고 결론을 달리 생각해 보거나 논쟁할 수 있도록 주제를 끌어냈습니다. 곧 암기식 역사 교육의 틀을 깨고, 독자 한 사람 한 사람이 다양한 각도에서 역사의 비밀을 푸는 주인공이 되어 보게 했습니다. 이는 역사적 사실과 인물을 통해 자신의 현재와 미래를 통합적인 시각으로 내다보게 하는 장치이며, 여기에 바로 이 시리즈를 출간하는 의도가 있습니다.

다섯째, 전문적인 내용일수록 이해하기 쉽게 풀어 쓰려고 노력했습니다.

주제마다 독자의 상상력만으로 해결되지 않는 부분은 권마다 200여 장에 이르는 유적·유물 자료 사진과 학계의 고증을 거친 그림을 통해 충분히 이해할 수 있도록 했습니다. 또한 중간중간 독자 여러분이 좀 더 깊이 있게 알았으면 하는 주제는 네모 상자 안에 자세히 정리해 정보의 극대화를 꾀했습니다.

이 책을 위해 젊은 역사학자 9명이 힘을 합쳐 독자와 함께 호흡하는 한국사, 재미있는 한국사를 쓰려고 노력했습니다. 그러나 역사란 너무나 많은 것을 품고 있기에, 집필진 모두는 한국 역사를 쉽게 풀어서 새롭게 쓴다는 것 자체가 매우 어려운 일임을 절감했습니다. 더구나 청소년의 정서에 맞추어 우리 역사 전체를 꿰뚫는 책을 쓴다는 것은 박사 학위 논문을 작성하는 것 못지않게 힘든 과정이었습니다. 거기에 편집진들은 한 문장 한 단어마다 뜻을 제대로 전할 수 있도록 수없이 많은 교열·교정을 거듭했습니다.

이렇게 만들어진 이 시리즈는 단지 10대 어린이·청소년만을 위한 책이 아닙니다. 우리 역사를 소홀히 지나쳐 버린 어른이 있다면, 이 책을 함께 읽으면서 과거 역사를 거울 삼아 현재와 미래를 설계할 새로운 양식을 얻을 수 있으리라 생각합니다. 나아가 이 시리즈는 온 가족이 함께 읽는 데 큰 어려움이 없게 공을 들였습니다. 아직 부족한 점이 있으나, 이 시리즈를 통해 여러분이 우리 역사를 올바로 이해하고, 더불어 자신의 세상을 열어 나가는 데 도움이 되기를 바랍니다.

2011년은 여유당 출판사의 《아! 그렇구나 우리 역사》 시리즈가 모두 완성되는 해가 될 것입니다. 마치 우리 역사가 숱한 우여곡절을 겪어 왔듯이, 이 시리즈를 만드는 과정 또한 그러한 세월이었습니다. 그러나 그런 만큼 보람 또한 무척 큼을 고백합니다.

2011년은 그동안 무던히도 힘들었던 완간을 이루어 오래도록 기다려 주신 독자분들께 마음의 빚을 꼭 보답하겠습니다.

2010년 12월
여유당 출판사 편집부

| 차 례 |

《아! 그렇구나 우리 역사》를 펴내며 · 4

1. 빼앗긴 나라, 일어서는 백성들
무단 통치와 3·1운동

한국 강점과 무단 통치 · 13

한국인의 토지를 조사하고 상공업을 억압하다 · 28

꺼지지 않은 독립 운동의 불씨 · 36

1910년대 독립 운동의 절정 – 3·1운동과 임시정부 수립 · 56

아! 그렇구나 – 왜 을사늑약인가 · 15 | 합방·병합·강점의 차이 · 15 |

식민 통치 5주년을 선전한 조선물산공진회 · 34 | 독립선언서 · 60

제암리 비극을 세계에 알린 윌리엄 스코필드 · 63

어떻게 볼 것인가 – 20세기 초의 세계와 제국주의 · 22

이것도 알아 두세요 – 마지막 의병장, 채응언 · 53 |

'귀족의 의무'를 다한 이회영, 이시영 일가 · 54

2. 독립을 향한 다양한 물결
문화 통치와 독립 운동

더욱 교묘해진 식민 통치와 경제 수탈 · 71

민족 실력 양성의 빛과 그늘 · 83

나라 밖에서 타오른 독립 운동 · 92

또다시 울려 퍼진 만세 소리 · 106

아! 그렇구나 – 일제가 산미 증식 계획을 실시한 이유 · 79

어떻게 볼 것인가 – 실력 양성 운동의 의미와 한계 · 90

3. 긴 어둠을 지나 찾아온 광복의 새벽
일제의 침략 전쟁과 민족의 수난

노동자와 농민의 저항이 시작되다 · 111

한국인을 침략 전쟁에 동원하고 민족 말살을 기도하다 · 123

마지막까지 이어진 독립 운동의 불씨 · 136

아! 그렇구나 – 우토로 마을을 아십니까? · 131

어떻게 볼 것인가 – 일제의 만주 점령으로 한국인 처지가 나아졌을까? · 132

이것도 알아 두세요 – 중일 전쟁에서 태평양 전쟁까지 · 133 |

국민학교라는 이름을 쓴 배경 · 134 |

일본군을 탈출한 젊은이들, 독립 운동 전선에 서다 · 144

4. 변화하는 사회, 새로 태어나는 사람들
사회 환경과 의식의 변화

먹을 것, 입는 옷, 사는 곳의 변화 · 147

도시와 철도의 발달 · 162

옛 것과 새 것이 공존한 상업 문화 · 177

새로운 사람들이 역사의 무대에 등장하다 · 188

어떻게 볼 것인가 – 선구자 나혜석의 도전과 좌절 · 198

5. 억압 속에서 피어난 새로운 학문과 문화
일제 강점기의 역사 · 문화 · 예술과 스포츠

학문으로 민족혼을 일깨우다 · 201

한국 과학의 씨앗을 뿌리다 · 212

시와 소설로 그린 민족의 수난 · 217

그림 속에 비친 일제 강점기 · 228

서민의 웃음과 눈물을 자아낸 문화의 탄생 · 234

식민지 설움을 그라운드에서 털어 내다 · 250

어떻게 볼 것인가 – 카프 작가와 그들의 활동 – 문학도 시대를 비켜갈 수 없다! · 222 |

정열적인 계몽 문학가 이광수의 변신 · 226

일제 강점기를 마치며 · 264

1

빼앗긴 나라, 일어서는 백성들
무단 통치와 3·1운동

한국 강점과 무단 통치

끝내 나라를 잃게 되다

《아! 그렇구나 우리 역사》 12권 근대 편에서도 나오듯이, 일본과 러시아는 한반도 지배권을 서로 차지하기 위해 전쟁(러일 전쟁)을 벌였습니다. 그렇기 때문에 어느 쪽이 승리하더라도 그 전쟁은 우리 민족에게 좋을 것 하나 없는 상황이었지요. 전쟁은 일본의 승리로 끝났습니다. 러일 전쟁에서 승리한 일본은 1905년 대한제국 정부에게 을사늑약(乙巳勒約) 체결을 강요했습니다. 을사늑약의 중요한 내용은 우리 정부의 외교권을 일본이 대신 행사하겠다는 것이었습니다.

대한제국 강점을 기념하는 일제의 엽서
1910년 8월, 통감부가 대한제국 강점을 기념하여 발행한 '일한합방기념(日韓合邦紀念)' 엽서이다. 마치 대한제국과 일본이 서로 합의하여 한 나라가 된 것처럼 보이게 하려고 '합방'이라는 말을 썼다. 위쪽 가운데 일본 총리대신 가츠라 다로, 그 좌우에 전 통감 소네 아라스케와 이토 히로부미가 보이며, 아래쪽 가운데에 한국과 일본 지도, 그 좌우에 이른바 '일한합방'의 두 당사자인 이완용과 마지막 통감이자 초대 조선 총독인 데라우치 마사타케가 보인다.

곧 일본의 외교관이 대한제국 정부를 대표하겠다는 것이었지요. 이렇게 되면 외국인들은 대한제국이 일본의 지배를 받는다고 생각할 수밖에 없겠지요?

외교권만이 아니었습니다. 일본은 대한제국 정부의 중요한 권한을 차례로 차지했습니다. 1907년에는 대한제국의 군대를 해산시켰습니다. 그리고 뒤이어 경찰권과 사법권도 빼앗았습니다. 이제 우리 땅에서 일본 경찰이 치안을 담당하고, 일본인 판검사가 재판을 하게 되었습니다. 이쯤 되면 대한제국 정부에는 독립국 정부로서의 권한이 거의 남아 있지 않다고 볼 수 있습니다. 이름만 독립국이지 식민지나 다름없는 상황이었지요. 그러나 일본은 여기에서 만족하지 않았습니다. 한 걸음 더 나아가 아예 대한제국을 일본의 일부로 만들려고 했습니다.

일본은 일진회(一進會)와 같은 매국노들을 조정하여 '합방' 운동을 일으키는 한편, 을사늑약 때 일본의 뜻대로 움직여 준 총리대신 이완용을 앞세워 한일 '병합(倂合)' 조약을 맺으라고 강요했습니다. 마침내 1910년 8월 22일, 순종 황제의 위임장을 받은 이완용과 마지막 통감 데라우치 사이에 조약이 맺어져 대한제국은 공식적으로 일본의 식민지가 되고 말았습니다.

왜 을사늑약인가?

1905년 일본의 강요로 체결한 조약을 흔히 '을사조약' 또는 '을사보호조약'이라고 불렀다. 을사(乙巳)란 조약이 체결된 1905년을 일컫는 간지(干支 : 천간과 지지)이고, '보호조약'이란 이 조약의 주요 내용이 대한제국이 외교권을 일본에 맡기고, 일본의 보호를 받는다는 뜻에서 비롯한 이름이다. 그러나 최근에는 이 '조약'이 한일 간에 동등한 입장에서 체결된 것이 아니라, 일본의 일방적인 강요에 의해 체결되었음을 강조하기 위해 '억지로(늑 : 勒)' 체결되었다는 뜻에서 늑약(勒約)이라는 말을 쓰기도 한다. 오히려 이 '늑약'이라는 말이 중립적 의미의 '조약'이라는 말보다 당시의 역사적 사실을 정확하게 보여 준다고 할 수 있다.

합방, 병합, 강점의 차이

1910년 8월 29일 마침내 순종이 조약 체결을 발포함으로써 대한제국이 공식적으로 일본의 식민지가 된 것을 표현하는 말에는 당시부터 여러 가지 표현이 있었다.

먼저 일진회는 한국이 살 길은 일본과 '나라(방 : 邦)를 하나로 합치는(합 : 合)' 것뿐이라면서, 이른바 '정합방(正合邦 : 바른 합방)' 운동을 벌였다. 그들 뒤에는 물론 일제 통감부가 있었다. 일제는 일진회가 그런 운동을 벌이게 하여 마치 한국인 스스로 원해서 서로 대등하게 일본과 나라를 합친 것처럼 보이게 하려 한 것이다. 그리고 실제로 맺어진 조약문에는 따로 조약의 이름은 없고, 그 내용에 '병합'이라는 말이 나온다. 이 역시 '나란히(병 : 倂) 합한다(합 : 合)'는 뜻이다. 그런가 하면 일제에게 나라를 '강제로(강 : 強) 점령당했다(점 : 占)'는 뜻의 '강점'이라는 말을 쓰기도 한다. 지금까지도 이러한 표현들은 사람에 따라 다양하게 쓰이고 있다.

그러나 '합방'이나 '병합'이라는 말은 두 나라가 동등하게 나라를 합치는 경우에도 쓸 수 있는 말로, 일제에게 나라를 빼앗긴 상황을 정확히 표현한다고 볼 수 없다. 우리의 경우에는 어디까지나 우리 민족의 의사와는 관계 없이 나라를 빼앗긴 것이기 때문에, 병합이라는 말을 쓰려면 '강제 병합'이라고 하거나 '강점'이라고 하는 것이 적절한 표현이라고 할 수 있다.

치욕스럽게 나라를 빼앗긴 그 날, 일부 매국노를 제외한 우리 민족 모두는 슬픔과 분노에 몸을 떨었습니다. 하지만 경찰과 군대 등 모든 무력을 이미 일제가 손에 넣은 상황에서 그 슬픔과 분노는 소극적으로 드러날 수밖에 없었습니다. 이 날 서울 상인들은 일제히 가게 문을 닫아걸고 흰 깃발을 내걸었습니다. 흰 깃발은 본디 조기 (弔旗)라고 하여, 집안에서 식구가 죽어 초상을 치를 때 내거는 것이었지요. 비록 일제 경찰과 군대의 눈초리 때문에 말은 못 했지만, 나라 잃은 슬픔을 이렇게 표시한 것입니다.

한편 적은 수이지만 자신의 생각을 더 직접적으로 나타낸 이들도 있었습니다. 전라남도의 유학자 매천 황현 (黃鉉, 1855~1910)은 나라 잃은 심정을 담아 아래와 같은 시를 썼습니다. 그리고 스스로 목숨을 끊었습니다.

매천 황현의 초상화
유학자 황현은 나라를 빼앗겼다는 소식을 듣고 절명시(絕命詩:목숨을 끊으며 쓴 시)를 남기고 자결하여 말로 못 한 항거의 뜻을 표현했다.

> 새와 짐승은 냇가에서 슬피 울고
> 바다와 산은 찡그리니
> 무궁화 세계는 이미 망해 버렸구나
> 가을 등불 아래 책 덮고 옛일 생각하니
> 글 아는 사람 노릇이 참으로 어렵구나.

이 시에서 글 아는 사람이란 황현 자신과 같은 전통 시대의 선비를 가리키는 말이겠지요. 전통 시대의 선비란 그 시대의 사회 지도층이라고 할 수 있습니다. 황현의 시에는 사회를 이끌어 가야 할 사람으로서 나라를 빼앗기는 사태를 막지 못했다는 뼈저린 자책이 짙게 깔려 있습니다. 황현과 같은 이들은 일제의 무력에 저항할 힘이 없는 상황에서 자결이라는 방법으로 양심을 지키는 길을 택했습니다. 그리고 그러한 용기를 낼 수 없었던 많은 이들은 그저 숨죽여 눈물을 삼킬 수밖에 없었지요.

무단 통치와 헌병 경찰 제도

일제는 강점과 더불어 식민 통치의 최고 기구인 조선 총독부를 설치했습니다. 그리고 초대 총독 자리에 1910년 5월 마지막 통감으로 부임한 데라우치가 올랐습니다. 데라우치는 식민 통치 방침으로 '무단 통치'를 선언했습니다.

'무단(武斷)'이란 무슨 뜻일까요? 사전에 따르면, '무단'이란 무력이나 억압적 수단을 통해 일방적으로 일을 해 나간다는 뜻입니다. 이렇게 본다면, 근본적으로 1945년 광복될 때까지 일제의 식민 통치는 무단 통치였습니다. 그렇지만 무단 통치는 특히 강점 초기인 1910년대 식민 통치의 성격을 잘 보여 주는 말입니다. 한국은 조선 시대만 보더라도 500여 년 동안이나 독립국을 유지한 나라였기 때문에, 갑작스러운 식민지화에 대한 저항의 강도가 클 수밖에 없었습니다. 일제는 우리 민족의 저항을 억누르기 위해서는 군사력을 앞세운 무단 통치 말고는 달리 선택할 방법이 없었던 것이지요.

데라우치는 "조선인은 우리 법규에 복종하든지, 아니면 죽음을 각오하든지, 그 어느 것을 택하지 않으면 안 된다"고 말했다고 합니다.

조선 총독 관저
일본 천황이 임명하는 조선 총독은 일본 본국 내각의 통제를 받지 않으며 식민 통치에 절대 권한을 행사했다. 사진은 강점 초기 용산의 일본군 기지 안에 있었던 총독 관저이다.

복종이냐, 죽음이냐를 선택하라는 이 말은 식민 통치에서 한국인의 의사를 전혀 묻지 않겠다는 뜻으로, 말 그대로 무단 통치의 특징을 아주 잘 드러냅니다. 그리고 이러한 무단 통치를 가장 밑바닥에서 떠받치고 있는 것이 바로 헌병 경찰 제도였습니다.

헌병이란 어떤 사람들인가요? 헌병(憲兵)은 원래 군대의 경찰을 뜻합니다. 곧 군인으로서 군대에서 일어나는 사건, 사고를 처리하는 사람들이 헌병입니다. 그런데 헌병 경찰 제도란 군대의 경찰인 헌병이 군대가 아닌 사회의 일반적인 경찰 역할까지 하는 제도였습니다. 따라서 헌병 경찰 제도는 군사력으로 한국인의 저항을 억누르고 식민 통치를 하겠다는 뜻을 대놓고 드러낸 제도라고 할 수 있습니다.

일제는 먼저 헌병 경찰을 통해 줄기차게 전개되고 있던 우리 민족의 의병 항쟁을 탄압했습니다. 강점 직전인 1908년과 1909년에는 나라 곳곳에서 각각 1976회, 1738회의 항쟁이 있었고, 거기에 참가한 의병 수는 각각 8만 2767명, 3만 8593명이나 되었습니다. 강점 뒤 일제의 철저한 탄압 속에서 겉으로는 줄어드는 것처럼 보였지만, 의병 항쟁은 끈질기게 계속되었습니다. 이렇게 그치지 않고 계속되는 우리 민족의 저항을 탄압하는 것이 일제 헌병 경찰의 중요한 임무였습니다.

태형의 위력과 고통

1912년 3월 18일, 일제는 한국인과 일본인 모두에게 적용할 일반적인 형사법의 원칙을 담은 〈조선 형사령〉을 발포하면서 특별히 "조선인에만 적용하는" 〈조선 태형령〉을 발포했다. 태형을 한국인에게만 적용하는 이유는 "민도(民度 : 국민의 수준)가 낮아서"라고 했다. 최대 100대까지 집행된 태형은 매우 고통스러운 형벌이었다. 당시 캐나다 출신으로 영국의 신문 기자였던 매켄지는 여러 차례 한국을 다녀간 뒤 이렇게 서술했다.

"태형 제도에 의해 일본 순사들에게는 그들이 원한다면 재판을 거치지 않고서도 한국인을 구타할 수 있는 권한이 부여되었다. 해마다 수만 명에게 태형을 가했으며 그것이 얼마나 가혹했던지 남는 것이라고는 줄을 이은 불구자와 시체뿐이었다."

태형은 1919년 3·1운동 후 일제가 문화 통치를 내세우면서 폐지되었다. 이때 일제는 태형 폐지를 들어 문화 통치가 얼마나 좋은 것인지 대대적으로 선전했다. 이는 달리 보면, 일제 스스로 태형이 한국인에게 엄청난 고통을 준 제도였음을 실토한 것이라고 할 수 있다. 이것만 보아도 태형이 한국인에게 얼마나 고통스러운 제도였는지 알 수 있다.

한편 일제는 헌병 경찰 제도로 사람들의 일상 생활까지 철저히 통제하려 했습니다. 헌병 경찰의 임무는 인구 조사, 종교 생활, 음식과 의복, 교통, 재난, 직업 선택, 정치적 의사 표현, 심지어 사망 신고와 묘지 선택에 이르기까지, 한 사람이 태어나서 죽을 때까지의 모든 과정에 걸쳐 있었습니다. 이렇게 사람들의 모든 일상 생활을 통제함으로써, 일제 헌병 경찰은 전국에 물샐틈없는 감시망을 만들었습니다.

특히 헌병 경찰은 법률에 따라 '즉결 심판권'을 가졌습니다. 즉결 심판권이란 가벼운 범죄에 대해 정식 재판을 거치지 않고 헌병 경찰이 직접 처벌할 수 있도록 한 것이었습니다. 즉결 심판에 속하는 범

조선군 헌병대 사령부
오늘날 중구 필동에 있었던 조선군 헌병대 사령부이다. 1910년대의 헌병은 민간 경찰 역할까지 맡아 한국인의 불만을 누르고 무단 통치를 떠받친 식민 통치의 핵심이었다.

죄들은 셀 수 없이 많았는데, 심지어는 자기 집 앞을 깨끗이 청소하지 않는 행위, 밤에 시끄러운 소리를 내는 행위, 길가에 수레를 세워 놓는 행위 등과 같은 사소한 일들이 해당되었습니다.

또한 헌병 경찰에게는 이러한 수많은 행위들에 태형을 가할 수 있는 권한이 있었습니다. '태형(笞刑)'이란 전통 시대에 흔히 사용된 형벌로 태(笞 : 회초리)로 사람을 직접 때리는 형벌입니다. 태형은 어느 나라에서나 근대화 과정에서 거의 축소되고 사라지는 것이 보통이었지요. 그런데 일제는 한국인에게는 좀 더 강한 형벌이 필요하다는 이유로 일본에서도 이미 오래전에 폐지된 태형을 정식 형벌로 채택했습니다. 일제 강점기에 "조선인과 명태는 맞아야 제 맛"이라는 말이 나온 것도 결코 우연이 아닙니다.

"자꾸 울면 호랑이가 와서 잡아간다."

제복을 입고 칼을 찬 교사들
1910년대 교사와 학생의 기념 사진이다. 맨 앞줄에 제복을 입고 칼을 찬 교사의 모습이 보인다. 무단 통치의 특징 중 하나는 사회 모든 분야에 군대의 형식을 들여온 것이었다. 그래서 교사도 군복과 비슷한 제복을 입고 칼을 차고 수업을 하도록 했다. 교사의 제복과 착검(着劍) 의무는 1919년 3·1운동 이후 일제가 이른바 문화 통치를 내세우면서 비로소 폐지되었다.

　혹시 여러분은 이런 말을 들어 본 적 있나요? 이 말은 옛날 우리 나라에서 우는 아이를 달래기 위해 썼던 말입니다. 그런데 일제 강점기를 거치며 이 말은 어느새 "자꾸 울면 순사가 잡아간다"는 말로 바뀌었습니다. 순사란 지금으로 말하면 순경쯤 되는, 당시 경찰을 가리키는 일반적인 말이었습니다. 그렇다면 이 말은 무엇을 뜻할까요? 당시 사람들이 경찰한테 느낀 무서움의 정도가 예전에 호랑이에게 느꼈던 것만큼 된다는 뜻이겠지요.

　경찰에 대한 이러한 공포감은 주로 1910년대 헌병 경찰 제도에서 비롯했습니다. 헌병 경찰은 막강한 권한과 무력을 앞세워 사람들의 생활 구석구석을 통제하고 간섭했습니다. 그 속에서 사람들은 말의 자유, 행동의 자유를 잃고 그저 시키는 대로 하는 어리석은 백성으로 굴러떨어질 수밖에 없었습니다.

20세기 초의 세계와 제국주의

이 책 《아! 그렇구나 우리 역사》 13권 일제 강점기 편에서는 1910년 우리나라가 일제에 강점된 때부터 1945년 8월 15일 광복된 날까지의 역사가 펼쳐진다. 우리의 오랜 역사를 볼 때 이 35년은 그렇게 긴 기간은 아닐 수 있다. 그렇지만 우리 역사에서 가장 불행했던 기간이면서, 또 우리 사회에 많은 변화가 일어난 기간이기도 하다. 우리는 이 기간을 '일제 강점기'라고 한다. 우리나라가 일본 제국주의에 강제로 점령되었던 기간이라는 뜻이다. 그러면 왜 하필 그냥 '일본'도 아니고 '일본 제국주의'일까?

지금까지 책을 꼼꼼히 읽었다면, 이 책에서는 '일본'이라는 말과 '일제'라는 말을 섞어서 쓰고 있음을 알아챘을 것이다. 이 두 가지 말을 구분해서 쓰는 데 엄격한 기준을 정하기는 무척 어렵다. 하지만 대개 일본이 그냥 하나의 나라로서 행동한 것을 설명할 때는 '일본'이라고 쓸 것이다. 반대로 일본이 특별히 '제국주의'로서 제국주의다운 행동을 한 것을 설명할 때에는 '일본 제국주의', 곧 '일제'라고 쓸 것이다.

이것을 이해하기 위해서는 제국주의란 무엇인지 알아야 한다. 본디 제국주의란 일본이 아니라, 19세기 말에서 20세기 초에 이르는 기간 동안의 유럽 여러 나라를 가리키는 말이다. 이 무렵 유럽의 강대국들, 이를테면 영국·프랑스·독일 같은 나라들은 아시아나 아프리카 대륙의 나라들에 비해 공업이 크게 발전했다. 그래서 이 나라들은 더 많은 공업 생산을 위해 원료를 구하거나 생산한 물건을 팔 시장을 찾아야 했다. 그런 필요에서 유럽의 강대국들은 경제 수준은 낮지만 공업 원료가 될 수 있는 자원이 풍부하고, 물건을 살 사람이 많은 아시아나 아프리카로 진출했다.

그런데 이들의 아시아·아프리카 진출은 평화롭게 이루어지지 않았다. 그들은 원료와 시장을 구하기 위해 군사적 침략도 마다하지 않았다. 그리고 이렇게 침략한 나라의 주권을 빼앗고 그곳을 자신의 통치 아래에 강제로 집어넣었다. 자기네 마음대로 필요한 만큼 원료를 구하고 물건을 팔기 위해서였다. 이렇게 강대국에게 주권을 빼앗긴 나라를 '식민지(植民地)'라고 부른다.

유럽의 강대국들이 식민지로 삼은 곳은 주로 아시아와 아프리카 나라들이었다. 그런데 같은 아시아임에도 불구하고 일본은 다른 나라에 비해 유럽 문화와 기술을 한 발 먼저 받아들였다. 그리고 그것을 기반으로 공업을 빨리 발전시켰다. 또한 경제 발전만 이룬 게 아니라 정치·사회 제도에서도 유럽의 것을 받아들여 비슷한 모습을 갖추어 나갔다. 그런데 문제는, 일본이 유럽 각 나라에서 문화와 기술만이 아니라 약한 나라를 침략하는 행태도 배웠다는 점이다. 일본은 아시아의 일원이면서 다른 아시아 나라를 침략하기 시작했다. 그 과정에서 우리나라가 일제의 침략을 받게 된 것이다.

이 무렵 많은 일본인들에게 영향을 준 일본의 사상가 후쿠자와 유키치(福澤有吉)는 일본의 살 길은 '탈아입구(脫亞入歐)'라고 주장했다. 이 말은 일본이 '아시아(아 : 亞)에서 벗어나(탈 : 脫) 서양(서구 : 西歐, 구미 : 歐美)으로 들어가야(입 : 入) 한다'는 뜻이다. 다시 말하면 일본이 살 길은 유럽과 같은 제국주의가 되어야 한다는 뜻이라고 할 수 있다. 후쿠자와는 구체적으로 우리나라와 관련해 '정한론(征韓論)'을 주장했다. 한국을 정벌해야 일본이 편해진다는 뜻이다. 이러한 후쿠자와의 주장은 이 무렵 일본 지도층의 생각을 잘 대변한다. 그리고 실제로 일본은 후쿠자와가 주장한 길을 걸었다.

1만 엔권 지폐 속의 후쿠자와 유키치
후쿠자와 유키치(1835~1901)는 일본의 근대화 과정에 많은 영향을 미친 사상가이다. 일본에서는 지금까지도 큰 존경을 받는 인물로 1만 엔권 지폐의 모델이기도 하다. 하지만 일본 근대화에 대한 그의 사상은 우리나라에 대해서는 침략의 사상이기도 했다.

식민 통치의 또 다른 방식 – 강요된 깨끗함의 역설

여러분은 '위생(衛生)'이라는 말을 알고 있나요? 모두 부모님이나 선생님한테서 "밖에서 놀다가 들어오면 손발을 깨끗이 씻어야 한다"는 가르침을 받은 적이 있을 것입니다. 이렇게 하는 까닭은 밖에서 노는 동안 손발에 묻었을지 모르는 나쁜 병균을 씻어 내기 위해서입니다. 또는 여러분이 살고 있는 곳에 전염병이 돌아 학교를 며칠씩 쉰 경험이 있을지도 모릅니다. 다른 사람에게 병을 옮기지 않도록 각자 집에 있도록 하는 것이지요. 이런 조치들은 모두 건강한 생활을 하기 위한 것들입니다. '위생'이란 이런 모든 것을 통틀어 가리키는 말이지요.

곧 위생에는 밖에서 들어오면 손을 씻는 작은 습관에서부터 한동네 학생들을 모두 학교에 나오지 못하게 하는 큰일에 이르기까지 여러 일들이 포함됩니다. 이처럼 위생이란 개인적인 것이기도 하지만, 학교를 쉬게 하는 것처럼 개인의 힘으로는 할 수 없는 일이 많습니다. 이런 큰일은 나라에서 맡지요. 그래서 나라가 하는 큰일 가운데 하나가 바로 국민의 건강을 지키는 위생 행정입니다.

일제 강점기의 역사와 관계가 없어 보이는 위생 이야기를 길게 하니까 조금 이상하지요? 하지만 우리 역사에서 나라가 국민의 건강을 지키겠다고 나선 위생 행정이 일제 강점기에 처음 시작되었다고 하면 어떨까요? 이 말도 이상하게 들렸을지 모르지만, 생각해 보면 당연한 일입니다. 일본은 유럽의 강대국들을 본받아 근대화를 꾀했습니다. 그리고 이 근대화 내용 속에는 위생 행정도 들어 있었습니다. 일제는 자기 나라에서 실시한 위생 행정을 식민지인 우리나라에서도 실시했습니다. 그렇다면 문제는 일제가 위생 행정을 실시했다는 사실 자체가 아니라, 그 내용이겠지요. 과연 일제는 우리나라에서도 자기네 나라에서와 똑같은 위생 행정을 펼쳤을까요? 그렇지 않았다면 무엇이 어떻게 달랐을까요?

일제가 우리나라에서 실시한 위생 행정의 큰 특징은, 어떤 위생 규칙을 세울 때 그것을 실천하면 무엇이 좋은지 설득하기보다 무조건 강요하거나 지키지 않으면 무거운 벌을 주는 방식이었다는 점입니다. 조선 총독부가 제정한〈전염병 예방령〉이라는 법률에서는 "전염병 예방에 대한 경찰의 명령을 따르지 않는 사람에게는 3개월 이하의 징역, 100원 이하의 벌금을 부과한다"고 했습니다. 이런 법률에 따라, 사람들은 이유도 모른 채 감옥에 갇히거나 벌금을 내지 않기 위해 무조건 경찰의 명령을 따라야 했습니다.

이런 방식은 당시 일본의 위생 행정과는 많이 달랐습니다. 이를테면 일본에서는 어떤 사람이 전염병 환자로 의심되더라도, 의사가 환자라고 최종 판정하기 전까지는 그 사람에게 어떤 조치를 취하지 않았습니다. 전염병 예방도 중요하지만 개인의 인권도 중요하기 때문이지요.

그러나 우리나라에서는 어떤 사람이 전염병 환자로 의심되면, 무조건 그 사람뿐 아니라 그 사람이 사는 동네 전체의 교통을 막아 버렸습니다. 일제는 왜 이런 방식을 썼을까요? 그 근본 이유는 바로 비용이 적게 들기 때문이었습니다. 환자의 인권을 존중하다가 다른 사람에게 병이 옮으면 치료비가 많이 드니까, 아예 환자든 아니든 가리지 않고 서로 못 만나게 한 것이지요. 물론 이렇게 하면 전염병을 쉽게 막을 수 있을지 모르지만, 환자가 아닌 사람들은 생활에 피해를 입을 수밖에 없었지요. 그렇다고 항의할 수도 없었습니다. 경찰의 명령을 따르지 않으면 앞에서 이야기한 처벌을 받아야 했으니까요.

이렇게 비용을 적게 들이는 데 치중한 위생 행정은 일단 발병한 전염병 환자를 치료하는 데서도 마찬가지였습니다. 조선 총독부의 전염병 병원에서는 약으로 전염병 환자들을 치료하기보다 그냥 병원에 가두어 두는 식이었습니다. 약을 쓰면 비용이 많이 들었으니까요. 병원에 갇힌 환자들은 그야말로 운이 좋으면 살고, 운이 나쁘면 손도 못 쓰고 죽을 수밖에 없었지요. 그래서 많은 한국인들은 병원을 '죽음 대기소'로 여기고 집안에 환자가 생겨도 신고하기를 꺼렸습니다. 그러다가 경찰에게 들켜도 어떻게든 병원에 들어가지 않으려고 버텼고요. 당시 전염병이 도는 동네에서 칼을 찬 헌병 경찰이 집집마다 돌아다니며 환자를 끌어내는 모습과, 끌려가는 부모 형제를 보며 눈물 흘리는 가족들 모습은 흔히 볼 수 있는 광경이었습니다.

그렇다면 이렇게 무리한 위생 행정으로 한국인이 전염병에 걸리는 수가 적어졌을까요? 일제는 이런 위생 행정 덕분에 한국인의 전염병 발병률이 크게 낮아졌다고 자랑했습니다. 숫자로만 보면 사실입니다. 일제 강점기 동안 우리나라 인구는 크게 늘었습니다. 그 이유 중 하나는 전염병으로 사망하는 인구가 줄어들었기 때문입니다. 그렇다면 우리는 일제의 위생 행정이 무리한 점은 있었어도 효과적이었다고 말해야 할까요?

일제 강점기 동안 발병률이 낮아진 전염병은 콜레라와 장티푸스 같은 급성 전염병이었습니다. 이런 병은 환자만 빨리 외딴 곳에 가

두어 두면 병이 퍼지는 것을 어느 정도 막을 수 있었기 때문이지요. 그런데 전염병 중에서도 결핵 발병률은 전혀 낮아지지 않았습니다. 결핵은 환자와 떨어져 있더라도 사는 집이 깨끗하지 않거나 먹는 음식이 부실하면 쉽게 옮기는 병이기 때문입니다. 곧 결핵 발병률을 낮추기 위해서는 근본적인 '삶의 질'을 높여야 했습니다. 그러려면 당연히 비용이 많이 들텐데, 일제는 그런 비용을 치를 생각이 아예 없었지요. 그들은 한국인의 건강을 지키는 데 결코 많은 돈을 쓰려 하지 않았습니다.

대책 없는 전염병 대책
경찰이 전염병 발병 지역의 교통을 차단하고 있는 모습(위 사진)과 전염병 환자의 임시 격리 막사. 일제 위생 경찰의 전염병 대책은 전염병에 걸린 사람들을 일단 격리 수용하고 보는 것이었다. 이렇게 수용된 환자들은 피병원(避病院 : 전염병 전문 병원)으로 옮겨졌다. 그러나 특별한 치료제가 없는 상황에서는 피병원도 격리 수용소 이상의 역할을 한 것은 아니었다(아래 사진).

이제 무슨 이야기인지 이해가 되었나요? 이해했다 하더라도 왜 이렇게 위생 이야기를 길게 하는지 여전히 궁금할지 모르겠습니다. 사실 이야기하려고 한 것은 위생보다는 일제의 식민 통치 방식을 쉽게 말하려 한 것입니다. 일제 강점기의 위생 행정 효과에 대해서, 지금도 일부 일본인들은 자신들이 한국인의 수명을 늘리는 데 공을 세웠다고 주장하고 있습니다. 또 위생 행정 사례와 비슷한 식으로 식민 통치가 결과적으로 한국에 도움이 되었다고 주장하는 예는 여러 가지가 더 있습니다. 이런 주장을 통틀어서 '식민지 근대화론'이라고 부릅니다. 식민 통치를 통해 한국이 근대화를 이루었다는 주장이지요. 위생 이야기를 통해서 그런 주장에 어떤 문제가 있는지를 잘 알 수 있겠지요?

한국인의 토지를 조사하고
상공업을 억압하다

주인 없는 땅은 모두 나라 땅? - 토지 조사 사업

대한제국을 강점하자마자 일제가 큰 힘을 들여 추진한 사업이 토지 조사 사업입니다. '토지 조사'란 땅을 조사한다는 뜻입니다. 당시 우리 국토 대부분은 농사를 짓기 위한 농토였습니다. 그러니까 토지 조사 사업이란 결국 전국적으로 농토의 주인과 경계를 가리는 일이었습니다. 그 자체로 보면 별것 아닌 사업이지요. 하지만 강점 직후부터 1919년 무렵까지 계속된 토지 조사 사업의 숨은 의도와 결과는 그렇게 간단한 것이 아니었습니다.

일제는 1910년 9월, 조선 총독부에 토지 조사 사업을 담당할 관청으로 임시토지조사국을 설치했습니다. 그리고 1912년 〈토지 조사령〉이라는 법률을 제정하여 본격적으로 사업을 시작했습니다. 조선 총독부가 발표한 토지 조사 사업의 원칙은 '신고주의'였습니다. 다시 말해서 땅 주인이 "여기에서 여기까지가 내 땅이오"라고 신고하면, 먼저 그 말이 맞는지 조사해 보고 맞으면 그 사람의 소유권을 확정해 주겠다는 것이었지요. 이 원칙만 들어 보면 별 문제가 없는 듯 보입니다. 그러나 현실은 그렇지 못했습니다. "내가 이 땅의 주인이오"라고 신고하지 않은 땅이 많았기 때문입니다. 왜 이런 일이 생겼을까요?

토지 조사 사업 벽보를 읽는 사람들(위)과 토지의 경계를 측량하는 모습
일제는 토지 조사 사업은 그동안 분명하지 않았던 토지의 경계와 소유권을 분명하게 하는 사업일 뿐이라고 선전했다. 그래서 많은 사람들은 토지 조사 사업 결과 오랫동안 아무런 문제 없이 이용해 오던 토지를 이용하지 못하게 될 것이라고는 전혀 생각하지 못했다.

먼저 예전 대한제국 황실 소유의 땅이 있었습니다. 이러한 땅은 황실이 직접 농사를 지을 수 없기 때문에 농민들에게 영구적인 소작을 주어 경작하게 했습니다. 황실 소유 땅을 소작하는 농민들은 비록 땅 주인은 아니었지만, 주인이나 다름없었지요. 그렇지만 농민들은 소유자가 아니었기 때문에 소유권 신고를 할 수 없었습니다. 조선 총독부는 이러한 땅을 모두 나라 땅, 곧 국유지로 만들었습니다.

그리고 주인은 있지만 아직 개간을 하지 않아서 농사를 지을 수 없는 땅도 있었습니다. 당시에 이런 땅은 다른 쓸모가 없었기 때문

동양척식주식회사 본사
동양척식주식회사는 일제가 한국 농업을 지배하기 위해 세운 국영 회사이다. 총독부는 토지 조사 사업을 통해 국유지로 확정된 많은 땅을 동양척식주식회사에 팔았고, 동양척식주식회사는 다시 이 땅을 새로 조선에 건너오는 일본인들에게 싼값에 빌려 주었다. 이러한 과정을 통해 우리 농민들은 조상 대대로 농사짓던 땅을 일본인에게 빼앗기게 되었다.

에 땅 주인조차 그 땅이 자기 땅인지 남의 땅인지 별로 신경을 쓰지 않았습니다.

또 한동네 혹은 한집안에서 공동으로 소유한 땅이나 산이 있었습니다. 이런 땅은 여러 사람이 같이 이용하면서 모두의 것이라고 생각했지 특별히 '내 것'이라고 생각하지 않았습니다. 그러니까 토지를 신고하라고 해도 내 땅이라고 신고할 사람이 없었지요.

이런 까닭으로 전국에서 신고할 수 없거나 신고하지 않은 많은 땅이 생겨났습니다. 조선 총독부는 이런 땅은 무조건 주인 없는 땅이라고 하여 국유지로 결정했습니다. 물론 이 과정이 순조롭지만은 않았습니다. 농민들은 대대로 자기 땅이나 다름없이 농사를 지어 오던 땅을 순순히 빼앗길 수 없었습니다. 토지 조사 사업 과정에서 전국적으로 소유권 분쟁이 9만 9000여 건이나 일어난 것은 이를 잘 보여 주는 예입니다. 하지만 거의 모든 분쟁에서 농민들은 조선 총독부의 상대가 되지 못했습니다.

이렇게 해서 조선 총독부는 우리 국토의 많은 부분을 차지했습니다. 그리고 그 땅에서 나오는 수입으로 식민 통치에 드는 비용을 채워 나갔습니다. 그런가 하면 새로 조선에 건너오는 일본인들에게 땅을 싼값에 팔기도 했습니다.

이와 반대로 이런저런 이유로 신고 기회를 잃은 많은 농민들은 자기 땅이나 다름없이 농사짓던 땅에서 하루아침에 쫓겨나게 되었습니다. 또 자기도 모르는 새에 땅 주인이 되어 나타난 조선 총독부나 일본인에게 땅을 빌리기 위해 많은 돈을 지불할 수밖에 없었습니다. 이렇게 토지 조사 사업은 당시 가장 중요한 산업이었던 농업과 농민에 대한 수탈의 첫걸음이었던 것입니다.

회사도 내 맘대로 못 세우고 – 경제 활동 억압과 경제 수탈

일제가 대한제국을 식민지로 만든 이유 가운데 하나는 우리나라의 상공업계로 진출하여 경제적 이익을 얻기 위함이었습니다. 그런데 당시 일본은 아직 상공업이 충분히 발달하지 못한 상태여서 우리나라에 진출할 힘도 부족했습니다. 우리나라에 진출한 일본 회사는 대부분 일본 안에서 기반이 탄탄하지 못하고 경제적 힘도 부족한 회사였습니다. 그래서 조선 총독부는 아직 힘이 약한 일본 회사를 보호하기 위해 〈회사령〉을 제정했습니다.

〈회사령〉은 회사를 세우거나 운영하는 데 조선 총독부의 허가와 간섭을 받도록 했습니다. 〈회사령〉을 이용해서 한국인의 기업 활동을 억누른 것이지요. 일본인이 회사를 세우는 것은 거의 허가한 반면, 한국인이 회사를 세우는 것은 엄격히 제한했으니까요. 결국 〈회사령〉 제정 이후 한국인은 회사를 세울 기회조차 빼앗겼고, 기업 활동에 뜻을 둔 한국인은 좌절할 수밖에 없었습니다.

〈회사령〉으로 한국인의 기업 활동을 억누른 일제는 한국에서 생산되는 여러 지하 자원으로 일본의 부족한 자원을 보충케 하는 제도도 만들었습니다. 〈조선 광업령〉이라는 법률을 제정하여 일본인이 한국에서 쉽게 광산을 소유할 수 있도록 도운 것입니다. 그 결과 무연탄, 흑연, 구리, 아연, 금, 은 등 소중한 지하 자원을 캘 수 있는 광산들은 일본인 차지가 되었습니다. 그리고 이 광산들은 일본 기업들에게 원료를 제공했습니다.

어업이나 임업에서도 사정은 비슷했습니다. 조선 총독부는 일본 어민들을 모집하여 한국에서 어업 회사를 만들게 했습니다. 조선 총독부의 지원을 등에 업은 일본인 어업 회사는 개인적으로 고기잡이를 하는 한국 어민들과 경쟁하여 쉽게 한국의 황금 어장을 차지했습니다. 그런가 하면 조선 총독부는 1918년부터 토지 조사 사업과 같은 방식으로 '임야 조사 사업'을 실시했습니다. 그 결과 한국 삼림의 절반 이상이 국유림이 되었습니다. 그리고 조선 총독부는 이 국유림 대부분을 일본인에게 싼값에 빌려 주어 나무를 베어 갈 수 있도록 했습니다. 특히 압록강, 두만강 유역의 질 좋은 나무를 벌채한 일본인들은 큰 이익을 챙겼습니다.

조선 총독부는 1920년 4월, 〈회사령〉을 폐지했습니다. 이는 3·1운동 이후의 일로, 흔히 3·1운동 결과 일제가 한국인의 경제적 발전에 대한 요구를 하는 수 없이 받아들인 것으로 이해되기도 합니다. 물론 이런 측면이 없는 것은 아닙니다. 그러나 조선 총독부가 〈회사령〉을 폐지한 정말 중요한 이유는 한국인의 요구 때문이 아니었습니다.

일본은 1910년대 말 1차 세계 대전에 참전했습니다. 큰 전쟁이 벌어지면 전쟁터가 된 나라는 국력에 큰 손해를 입게 됩니다. 그렇지

기념 엽서에 나타난 자원 수탈
재령 철산, 평양의 무연탄 광산(왼쪽)과 압록강 벌목 현장(오른쪽)이다. 일제는 강점 이후 한동안 해마다 이른바 '조선 총독부 시정(始政 : 정치를 시작함) 기념 엽서'를 만들었다. 식민 통치로 한국이 '개발되고 있음을 선전하기 위해서였다. 사진은 1913년 발간된 '조선 총독부 시정 3주년 기념 엽서'에 보이는 일제의 자원 수탈 현장이다. 일제는 한국의 자원을 개발하는 것을 기념하려고 했겠지만, 한국인에게는 '수탈'이나 다름없는 일이었다.

만 전쟁에 참여하면서도 자기 나라가 전쟁터가 되지 않은 나라는, 전쟁터가 된 나라에 전쟁에 필요한 물자나 다른 부족한 생활 물자를 수출하여 경제적으로 큰 이익을 얻습니다. 일본이 바로 그런 예였습니다. 게다가 일본은 1차 세계 대전에서 승전국 편이었기 때문에 전쟁 배상금도 많이 받을 수 있었습니다.

이렇게 일본은 1차 세계 대전을 치르는 과정에서 경제적으로 크게 성장했습니다. 그리고 성장한 일본 기업들은 앞다투어 한국으로 진출하고 싶어 했습니다. 이런 상황이 되자, 한때 힘이 약한 일본 기업을 보호하는 역할을 한 〈회사령〉은 이제 힘이 세진 일본 기업의 활동에 방해가 되었습니다. 이에 일본 기업들은 조선 총독부에 〈회사령〉 폐지를 요구하기에 이르렀습니다. 결국 〈회사령〉 제정이나 폐지는 모두 일본인의 기업 활동을 돕기 위한 일이었던 셈이지요.

식민 통치 5주년을 선전한 조선물산공진회

총독부는 1915년 9월 경복궁에서 '시정 5년 기념 조선물산공진회(朝鮮物産共進會)'를 개최했다. 여기에서 '시정(始政) 5년'이란 총독부의 정치·행정이 시작된 지 5년이 지났다는 뜻이며, '공진회(共進會)'란 박람회를 가리키는 당시의 말이다. 곧 '시정 5년 기념 조선물산공진회'는 1910년 강제 병합으로 식민 통치가 시작된 지 5년이 된 것을 기념하여 개최한 박람회인 것이다. 그렇다면 총독부가 공진회를 개최한 이유는 무엇이었을까?

총독 데라우치는 공진회 개회사에서 그 개최 목적을 "신구 시정을 비교·대조하여 조선 민중에게 신정의 혜택을 자각"하게 하고, "조선인으로 하여금 깊이 스스로 반성·계발"하게 하는 것이라고 밝혔다. 이는 강점 이전과 이후를 비교하여 식민 통치를 통해 한국이 얼마나 '발전'했는가를 밝혀 한국인이 자발적으로 식민 통치에 복종하도록 만들겠다는 뜻이다.

이러한 목적을 달성하기 위해 총독부는 9월 11일부터 10월 31일까지 공진회 기간 동안 최대한 많은 사람들이 공진회를 관람하도록 관청이나 학교 등을 통해 관람객을 동원했다. 50일 동안의 공진회 기간 중 관람객 총수는 116만여 명에 이르렀다고 한다. 정확한 것은 아니지만 1915년 현재 한국 전체 인구 수가 1600만 명 정도였음을 고려하면, 14명 중 1명 꼴로 공진회를 관람한 셈이다. 이는 당시의 교통 상황 등을 고려하면 엄청난 수이다.

이러한 목적을 위해 공진회는 전시장이나 전시물을 철저하게 이분법적으로 배치하고, 여러 도표나 통계를 통해 강점 이전과 이후를 비교할 수 있도록 구성했다. 예컨대

경복궁에 지어진 조선물산공진회장
경복궁을 조선물산공진회장으로 결정한 총독부는 전각 여럿을 허물고 그 자리에 전시장으로 쓰일 가건물을 지었다. 식민 통치를 선전하기 위해 우리의 가장 소중한 문화 유산을 파괴한 것이다. 그리고 공진회가 끝난 뒤 그 자리에는 조선 총독부의 새 청사가 들어섰다.

제1호관의 첫 번째 전시 주제는 '쌀'이었는데, 강점 이전과 이후의 경작지별 비교, 농업 인구 비교, 수확량 비교, 수출입고 비교 등이 등장한다. 이 가운데 쌀 수확량의 경우, 강점 이전 마지막 조사인 1910년의 792만 석과 1914년의 1216만 석을 비교했다. 곧 강점 이후 4년 동안 약 54%나 수확량이 늘어났음을 보여 주는 것이었다. 이렇게 생산량이 증가한 것은 농업 기술이 발달했기 때문이며, 이는 오로지 식민 통치 덕분이라는 논리였다.

이렇게 일제는 공진회를 통해 식민 통치가 조선의 산업 발달에 이바지했음을을 양적으로 증명하려고 했다. 그런데 문제는 이러한 양적 증가, 진보가 곧 한국인의 생활에 도움이 된 것이 아니라는 사실이다. 같은 기간에 증가한 쌀 생산량의 많은 부분이 일본의 식량 부족을 메우기 위해 일본으로 빠져나갔다. 그리하여 쌀 생산은 늘어났지만 한국 안의 식량 사정은 더 나빠졌으며, 한국인들은 쌀 대신 품질이 떨어지는 다른 곡물을 주식으로 삼아야 했다. 결국 일제가 공진회에서 보여 주려고 한 한국의 '진보'에는 그 혜택을 누리지 못하는 한국인들의 현실은 감추어져 있었던 셈이다.

조선 총독부의 새 청사
강점 직후 옛 통감부 청사를 임시 총독부로 사용한 일제는 일찌감치 경복궁에 새 청사를 짓기로 결정했다. 새 청사 공사는 공진회가 끝난 직후 시작되었다. 공진회를 위해 경복궁 전각을 헐면서 자연스럽게 총독부 청사가 들어갈 자리가 마련된 것이다. 약 10년의 공사 끝에 1925년 준공된 총독부 청사는 광복 후에는 오랫동안 대한민국 정부의 중앙청, 국립중앙박물관으로 사용되다가, 1995년 광복 50주년을 맞아 '역사 바로 세우기'의 일환으로 비로소 철거되었다.

꺼지지 않은 독립 운동의 불씨

한국인의 해외 이주는 19세기 말부터 시작되었습니다. 당시 관리들의 착취와 개항 뒤 외국의 경제적 침략에 시달리던 우리 농민들 가운데 청나라 영토인 간도로 이주하여 새로운 삶을 시작하려는 사람들이 있었습니다. 이에 청나라는 한국 농민들을 받아들여 버려진 땅이나 다름없는 간도의 농토를 개척하려고 국경을 열어 주었습니다.

1910년 강점 이후 간도를 포함한 만주로 이주하는 사람 수가 더욱 빠르게 늘어나, 1919년 무렵에는 1년에 평균 3만 명 정도가 만주로 이주했습니다. 세계화 시대인 지금도 태어나서 자란 나라를 떠나 다른 나라로 이민 가기로 결정하는 것은 쉽지 않은 일입니다. 하물며 일제 강점기에는 오죽했을까요. 당시 살던 땅을 두고 만주로 떠난다는 것은, 자유롭고 새로운 삶을 찾아서가 아니라 일제 침략에 시달리다가 마지못해 정든 고향을 빼앗기고 떠나는 것이나 다름없었지요.

만주로 이주한 한국인들은 뼈를 깎는 노력 끝에, 그동안 농사를 거의 짓지 못했던 만주 땅에서 쌀농사를 짓는 데 성공했습니다. 이런 한국 농민들의 성공을 보고 중국인들은 크게 감탄했지요. 그러나 일제의 지배를 피해 만주로 이주한 사람들은 그곳에서도 나라 잃은 설움을 겪어야 했습니다. 만주로 이주한 한국인을 보호한다는 구실로, 일제는 중국 땅에 경찰서나 군대를 두려고 하는 등 중국의 주권을 침해했습니다. 그런가 하면 만주를 지배하는 중국 군벌*들은 일

군벌(軍閥)
군부를 중심으로 한 정치적 세력.

간도로 떠나는 사람들
일제 강점기, 외세의 침략에 밀려 많은 사람들이 우리나라를 떠나야 했다.

제 침략에 대항한다는 명분으로 한국인을 탄압했고요. 만주로 이주한 한국인들은 이렇게 일본과 중국 군벌 세력 사이에 끼여 고통을 당했습니다.

만주에서 활동하는 독립 운동 단체는 이러한 어려움을 극복하기 위해 만주에 사는 한국인의 중국 귀화*를 추진하기도 했습니다. 중국에 귀화하여 중국 정부에서 자치권을 얻어 안정된 독립 운동 기반을 닦으려는 생각이었지요. 물론 중국에 귀화하면 한국 국적을 잃고 법적으로 중국인이 되어야 했습니다. 그러나 이미 나라가 없어진 상황에서 한국 국적이란 큰 의미가 없었습니다. 실제로 1929년까지 약 10만 명의 한국인이 중국에 귀화하여 중국의 공민권*을 얻고, 만주에서 한국인의 자치 교육권을 인정받는 성과를 거두기도 했습니다.

귀화(歸化)
다른 나라의 국적을 얻어 그 나라 국민이 됨.

공민권(公民權)
국가의 일원으로, 독립 생활을 하는 자유민으로서 갖는 권리.

간도에서 꽃핀 민족 교육의 터전, 명동학교와 김약연
간도로 이주한 한국인들은 비록 일제의 탄압을 피해 고향을 떠나기는 했지만 한시도 모국을 잊지
못했다. 그래서 마을을 이루고 농사를 지어 먹고 사는 일 외에 많은 학교를 세워 민족의 내일을 짊
어질 다음 세대를 길러냈다. 그러한 학교의 대표적인 예로 간도 용정 명동촌의 정신적 지주로 불린
김약연이 세운 명동학교를 들 수 있다. 1908년 세워진 명동학교를 거쳐 간 많은 애국지사들 중에는
〈서시〉, 〈별 헤는 밤〉을 지은 윤동주 시인도 있다.

한편 만주와 더불어 러시아 영토인 시베리아로 떠나는 사람들도
많았습니다. 처음에 이들은 드넓은 시베리아 땅 이곳저곳에 흩어져
살면서 농사를 지었습니다. 그러다가 차츰 한국인이 많이 모여드는
곳에 한국인 마을을 만들었습니다. 한국인들은 단지 모여 살기만 하
는 게 아니라, 서로 나라 잃은 슬픔을 나누고 항일 정신을 다졌습니
다. 그러한 대표적인 한국인 마을에는 블라디보스토크 외곽에 만들
어진 신한촌(新韓村)이 있습니다. 신한촌 사람들은 3·1운동이 일어
나자, 그것을 기념하여 '3월 1일의 문'을 세우기도 했습니다.

그런데 1930년대 후반, 러시아의 한국인들에게 큰 시련이 찾아왔
습니다. 소련의 사회주의 정부가 일제에 협력하는 한국인들이 있을
지 모른다며, 시베리아에 사는 한국인 약 18만 명을 강제로 중앙아
시아로 쫓아낸 것입니다. 당시 중앙아시아는 거의 사막 같은 곳이었

블라디보스토크의 한국인 거리
한국인이 1874년부터 이주해 살기 시작한 블라디보스토크의 한국인 거리이다.

습니다. 아무런 대책 없이 이곳에 버려진 한국인들은 모든 것을 새롭게 시작해야 했습니다. 그들은 오두막을 짓고, 농사를 짓기 위해 사람의 힘만으로 깊은 물길을 팠습니다. 한국인들은 이렇게 갖은 고생을 하면서 집단 농장을 만들고 그곳에 정착했습니다.

그런데 소련 정부는 한국인들을 강제로 이주시키기만 한 것이 아니라, 우리말 쓰는 것도 금지하고 러시아어 사용을 강요했습니다. 그렇지만 오늘날 중앙 아시아에 살고 있는 한국인 자손들은 스스로를 '카레이스키(고려인)'라고 부르며, 자신들의 뿌리가 한국임을 잊지 않고 살아가고 있습니다.

또한 일본으로 이주하는 한국인도 적지 않았습니다. 일본 이주는 1920년대 들어 늘어나기 시작했습니다. 1차 세계 대전을 거치며 일본 경제가 크게 성장하여 노동력이 부족해지자, 일본 정부가 한국인의 이주를 유도했기 때문입니다. 그리하여 1919년 2만 명쯤이었던 재일(在日) 한국인 수가 1925년에는 13만여 명으로, 1936년에는 69만여 명으로 크게 늘어났습니다. 이후 일제가 대륙 침략 전쟁을 일으키면서 징용*이라는 이름으로 한국 노동자들을 끌고 가 재일 한국인 수는 더욱 늘어났습니다.

별다른 기술을 익힐 기회도 없이 일본으로 이주한 한국인들은 대부분 공장이나 공사장에서 단순 노동자로 일했습니다. 그래서 이들은 일본에서 가장 낮은 수준의 임금을 받으며 겨우 생활해 나갈 수밖에 없었습니다. 또 한국인을 무시하거나 경계하는 일본인들이 여간해서는 한국인에게 세를 놓으려 하지 않았기 때문에, 많은 재일 한국인들은 사람이 살 만한 곳이 못 되는 냇가나 공사장 주변에 허름한 판잣집을 짓고 한국인들끼리 모여 살았습니다.

1945년, 광복이 되자 많은 한국인들이 귀국했습니다. 그러나 70만 명 정도는 이미 생활의 터전이 되어 버린 일본을 떠나오지 못했습니다. 그리고 비록 광복은 되었지만 재일 한국인에 대한 일본 정부와 일본인들의 이런저런 차별과 멸시는 계속되었습니다. 일본에 남을 수밖에 없었던 한국인들은 이런 어려움을 뚫고 일본에서 살아가야 했습니다. 오늘날 일본에 사는 한국인 대부분은 바로 이들의 후예입니다.

한편 미국으로도 이주가 시작되었습니다. 이들은 대부분 선교사가 소개한 이민 회사를 통해 하와이 사탕수수 농장의 일꾼으로 갔습니다. 1905년에는 벌써 하와이로 이주한 사람의 수가 7000명을 넘을 정도였습니다. 이들은 대부분 고향에 부모 형제를 두고 홀로 떠

징용(徵用)
전쟁과 같이 국가가 위급할 때, 그 권력으로 국민을 강제로 불러내어 일정한 업무에 종사하게 함.

나온 사람들이었습니다. 낯설기
짝이 없는 하와이 사탕수수 농
장의 고된 노동을 이겨 내기는
매우 힘들었습니다. 그래서 한
국에서 보내 온 사진을 보고 배
우자를 결정하는 '사진 결혼'이
시작되었습니다. 1910~1920년
대에는 이런 사진 결혼을 통해
약 1000쌍의 부부가 탄생했습
니다.

오사카 항에 내리는 한국인들
1923년 오사카 – 제주 정기 항로가 개통되면서 오사카에 정착하는 우리 동포의 수
는 더욱 늘어나기 시작했다.

　이렇게 해서 가정을 이루는
사람들이 많아지면서 하와이의
한국인 사회도 점점 안정되었습
니다. 또 힘든 생활 속에서도 부지런히 일하고 절약하여 큰 재산을
모은 사람들도 생겨났습니다. 그러나 아무리 안정을 찾고 부자가 되
어도 많은 교민들은 모국을 잊지 않았습니다. 1923년에는 교민들이
성금을 모아 모국의 YMCA 야구 팀을 초청하기도 했습니다. 교민들
은 YMCA 팀에게 "조선(朝鮮)*이라고 하지 말고 대한(大韓)이라고
하라", "친일파들과는 관계하지 마라"고 했다고 합니다. 이런 정신이
바탕에 있었기 때문에, 하와이 교민들 가운데 모금을 하여 각지의
독립 운동 단체에 전달하는 등 독립 운동의 중요한 후원자가 된 사
람들이 있었던 것입니다.

조선(朝鮮)
강점 이전 우리나라의 공식
적인 이름은 '대한제국'이었
다. 그런데 강점과 더불어 일
제는 대한제국의 실체를 인
정하지 않겠다는 뜻으로 우
리나라와 우리나라 사람을
조선(죠센), 조선인(죠센징)이
라고 부르기 시작했다. 나중
에는 그것도 줄여서 선인(鮮
人, 센징)이라고 불렀다. 이런
호칭에는 우리를 낮추어 보
는 뜻이 담겨 있다. 이 책에
서 한국, 한국인이라는 말을
쓰는 것도 바로 이 때문이다.

앞에서 강점과 더불어 해외 이곳저곳으로 이주한 사람들이 많았다고 이야기했습니다. 그런데 이 사람들 가운데에는 단지 나라 밖으로 나가서 일제의 탄압을 피하는 것에 만족하지 않고, 독립 운동을 준비하는 사람들도 있었습니다. 1910년대에는 일제가 헌병 경찰을 중심으로 한국인의 움직임을 물샐틈없이 감시했기 때문에, 나라 안에서는 독립 운동 비슷한 것을 준비하기도 쉽지 않았지요.

나라 밖에서 독립 운동 움직임이 가장 활발했던 곳은 아무래도 한국인이 가장 많이 이주한 만주였습니다. 만주의 독립 운동가들은 그곳에 살고 있는 50만 한국인의 지원을 받아 젊은이들을 교육하고 훈련시켰습니다. 독립군을 길러서 일제에 대항하는 독립 전쟁을 준비하려고 한 것이지요. 그런데 만주의 독립 운동가들 중에는 특히 우리 민족의 시조인 단군을 받드는 대종교를 믿는 사람이 많았습니다.

대종교를 믿은 독립 운동가들 가운데에는 이회영, 이시영, 이동녕,

신흥무관학교

1911년 4월 이회영·이동녕·이상룡 등이 설립한 신흥강습소에서 발전한 학교로, 하사관반·장교반·특별훈련반을 두고 1920년 폐교될 때까지 독립군 2000여 명을 양성했다.

중광단

1911년 중국 둥베이(東北:동북) 지역에서 조직된 무장 독립 운동 단체. 처음에는 무기를 제대로 갖추지 못해 군사 훈련보다는 정신 교육에 치중했으나, 1919 8월 체제를 정비하여 북로군정서로 확대 개편했다.

대한광복군정부

1914년 블라디보스토크에서 이상설 등이 조직한 망명 정부. 본격적인 독립 전쟁을 준비하려는 조직이었으나, 1차 세계대전이 벌어진 뒤 러시아가 협조하지 않아 곧 해체되었다.

대종교(大倧敎)

1909년 단군교(檀君敎)라는 이름으로 시작된 대종교는 단군과 단군의 할아버지 환인(桓因), 아버지 환웅(桓雄)을 삼신(三神)으로 받들면서, 이 삼신은 우리 민족의 시조일 뿐 아니라 모든 인류의 조상이라고 주장했다. 그리하여 우리 민족의 사명은 만주와 한반도에 걸쳐 세계 최고의 웅장한 문명 국가를 건설하는 것이라고 주장했다. 대종교의 교리는 오늘날 같은 세계화 시대에 비추어 보면 지나치게 국수적(자기 민족, 자기 나라만을 일방적으로 생각하는 경향)이라는 비판을 받을 수 있지만, 나라를 빼앗긴 일제 강점기에는 독립 운동의 정신적 지주로서 큰 역할을 했다.

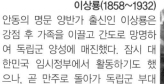

이동녕(1869~1940)
강점 이전부터 만주, 시베리아 등지에서 활동한 이동녕은 대한민국 임시정부가 수립되자 김구와 힘을 합쳐 병사할 때까지 줄곧 임시정부에서 독립 운동에 몸바쳤다.

이상룡(1858~1932)
안동의 명문 양반가 출신인 이상룡은 강점 후 가족을 이끌고 간도로 망명하여 독립군 양성에 매진했다. 잠시 대한민국 임시정부에서 활동하기도 했으나, 곧 만주로 돌아가 독립군 부대의 통합을 위해 노력했다.

이상룡 같은 이들이 있었습니다. 이들은 서간도(西間島)에 경학사라는 한국인 자치 기관을 세우고, 독립군을 양성하기 위해 신흥무관학교*를 세우기도 했습니다. 또 1911년 중광단*이라는 무장 독립 운동 단체가 만들어졌는데, 이 단체도 대종교를 믿는 이들이 중심이었지요. 중광단은 3·1운동 이후에는 북로군정서로 개편되어 독립 전쟁을 벌였습니다.

　만주뿐 아니라 러시아 영토인 시베리아에서도 독립 운동을 위한 단체가 만들어졌습니다. 이상설, 이동휘 같은 사람들은 한국인이 많이 사는 블라디보스토크에 대한 광복군 정부*를 세우고 독립군을 조직했습니다. 그런가 하면 권업회*, 철혈단* 등의 단체도 생겼습니다. 이런 단체들은 모두 그곳에 사는 한국인의 자치 기관이면서 한편으로는 독립군을 키우는 조직이었지요. 1917년에는 이런 여러 단체들이 연합하여 '전로한족회(全露韓族會) 중앙 총회'라는 단체를 조

권업회
1911년 블라디보스토크 신한촌에서 조직된 독립 운동 단체. 기관지 《권업신문》을 발행했으나, 독립 운동과 더불어 교민의 단결과 지위 향상에도 노력했다. 1914년 러시아 정부에 의해 강제 해체되었다.

철혈단
1914년 블라디보스토크에서 조직된 무장 독립 운동 단체.

신규식(1880~1922)
신규식은 대한제국 장교 출신으로 강점과 더불어 상하이로 망명했으며, 뒤에 대한민국 임시정부 국무총리까지 지냈다.

박은식(1859~1935)
강점 이전에 이름 높은 유학자이자 언론인으로 활동한 박은식은 1911년 중국으로 망명하여 독립 운동에 뛰어들었다.

박용만(1881~1928)
미국에서 정치학과 군사학을 공부한 박용만은 하와이를 중심으로 독립군 양성에 힘을 쏟았다. 무장 독립 운동 노선을 굳게 따라 외교 독립 운동을 주장한 이승만과 갈등을 빚기도 했다.

직했습니다.

한편 중국 상하이에서도 독립 운동을 준비하는 사람들이 있었습니다. 1912년에 신규식을 중심으로 대종교를 믿는 이들이 동제사라는 단체를 조직했습니다. 또 1915년에는 신규식, 박은식 등이 힘을 합쳐 대동보국단이라는 단체를 만들기도 했습니다.

이렇게 해외 곳곳에서 독립 운동 단체를 조직하고 독립군을 양성하던 독립 운동가들은, 1919년 2월 함께 모여서 "일제에 대항해 강력한 무장 투쟁을 전개하여 완전 독립을 쟁취한다"는 내용의 〈대한 독립 선언서〉를 발표했습니다. 이 선언서에는 중국과 러시아에서 활동하는 독립 운동가들과 함께, 박용만·안창호·이승만 등 미국에서 활동하는 사람들까지 서명했습니다.

독립 운동의 씨를 말려라 – '총독 암살 미수 사건' 조작

1910년 말 총독부는 큰 계획을 하나 세웠습니다. 총독 데라우치가 강점 이후 처음으로 평안도 일대를 순시하기로 한 것입니다. 당시 평안도 일대에는 반일 기운이 많이 남아 있었습니다. 그런 곳에 수많은 헌병을 거느리고 총독이 직접 모습을 보임으로써 위압감을 주려 했던 것이지요. 그런데 총독의 순시 일정을 앞두고 평안도에는 비밀 단체에서 총독을 암살하려고 한다는 소문이 돌았습니다. 당연히 헌병 경찰은 감시의 눈을 더욱 부릅떴지요. 그러나 순시에 나선 데라우치에게는 아무 일도 일어나지 않았습니다. 소문은 소문으로 그치는가 싶었습니다.

한편 데라우치가 평안도 일대를 순시 중이던 1910년 11월, 안중근의 사촌동생인 안명근이 서간도에 무관 학교를 설립하기 위한 자금을 모으고 다니다가 평양에서 체포되는 사건이 일어났습니다. 일제 경찰은 곧 안명근의 동지들을 잡아들였습니다. 이 사건의 관련자들은 주로 황해도 안악의 양산학교(楊山學校)와 면학회(勉學會)를 중심으로 계몽 운동을 하던 사람들이었지요. 그래서 이 사건을 흔히 '안악 사건'이라고 부릅니다. 물론 안악 사건은 총독의 평안도 순시와는 아무 관계가 없는 사건이었습니다. 그러나 일제는 안악 사건을 총독 암살 소문과 엮어서 더 큰 사건으로 부풀려 독립 운동의 씨를 말릴 계획을 세웠습니다.

총독 순시가 다 끝나고도 몇 달이 지난 1911년 가을, 일제는 뒤늦게 신민회(新民會)라는 비밀 단체가 총독을 암살하려다가 미수에 그쳤다고 발표하고, 신민회 회원들을 잡아들였습니다. 그리고 일제 법원은 일방적인 재판을 하여 1심에서 무려 105명에게 '총독 암살 미수'라는 어마어마한 죄목으로 유죄 판결을 내렸습니다. 그래서 이 사건을 '105인 사건'이라 합니다. 이 사건은 강점 이후 처음으로 100명이 넘는 사람들이 독립 운동과 관련하여 처벌을 받은 큰 사건이었지요. 하지만 정작 재판 과정에서 신민회 회원들이 어떻게 총독을 암살하려고 했는지는 사실조차 제대로 밝혀지지 않았습니다. 신민회 회원들은 정말 총독을 암살하려고 했을까요?

신민회는 원래 강점 이전에 서울 상동 교회의 청년 신도들이 조직한 상동청년회에서 출발한 단체입니다. 상동청년회 회원들은 1905년 을사늑약이 체결되자, 여기에 항의하여 구국 기도회를 열고 '을사5적' 암살을 모의하기도 했습니다. 그러다가 1907년 미국에서 귀국한 안창호가 상동청년회 회원들과 만나 신민회를 만들었습니다.

신민회는 당장 정치 운동을 벌이기보다 사람들을 계몽하는 데 정신을 쏟아 구습(舊習 : 낡은 습관) 개량, 실업 장려, 교육 장려 등을 목표로 내걸었습니다. 신민회는 처음에 서울에서 조직되었지만, 안창호의 고향인 평안도에서 많은 사람들이 회원으로 가입했습니다. 강점 이후에는 서울 기독교계의 최고 지도자인 윤치호가 회장이 되어 평안도뿐 아니라 서울, 강원도, 황해도, 함경도로 조직을 넓혔고요. 이때까지도 신민회 활동의 중심은 계몽 활동이었습니다. 총독을 암살하려 했다는 비밀 단체와는 거리가 멀었지요.

일제는 이런 사정을 누구보다 잘 알고 있으면서도 평안도의 신민회 회원들이 총독 암살을 계획했고, 그들 뒤에는 외국인 선교사가 있다고 주장했습니다. 순식간에 전국에서 389명의 신민회 회원들이 체포되었습니다. 헌병 경찰은 체포된 사람들에게 모진 고문을 가해 거짓 자백을 강요했습니다. 결국 고문을 이기지 못한 사람들은 "평안도를 순시하는 총독을 암살하기 위해 무기를 구입하고, 기차역마다 신민회 회원 수십 명씩을 배치했다"고 자백했습니다. 일제는 이런 자백을 근거로 1심에서 105명에게 유죄 판결을 내린 것입니다.

재판정으로 끌려가는 105인 사건 관련자들
일제가 105인 사건을 조작한 가장 중요한 목적은, 공포 분위기를 만들어 영향력 있는 민족의 지도자급 인사들의 활동을 위축시키려는 것이었다.

그런데 결국 이 사건은 고등 법원에서 윤치호, 이승훈, 양기탁 등 단체 지도자 5명에게 징역 6년을 선고하는 것으로 마무리되었습니다. 처음의 어마어마한 기세에 비해서 시시하게 끝난 셈이지요. 이 사건의 배후로 몰린 외국인 선교사들이 강력히 항의했기 때문입니다. 일제도 외국인들의 항의를 무릅쓰고 고문으로 조작한 사건을 끝까지 끌고 갈 배짱은 없었던 것이지요. 결국 이렇게 사건을 흐지부지 마무리한 것은, 이 사건이 조작임을 스스로 인정한 것이나 다름없었습니다.

비록 사건 자체는 별일 아닌 것으로 끝났지만, 105인 사건의 영향은 무척 컸습니다. 이 사건으로 신민회와 관계된 많은 사람들이 피해를 입었습니다. 또 국내에서 독립 운동 관련 활동을 해 보려던 많은 사람들이 움츠러들어 3·1운동 때까지 활동다운 활동을 못 했습니다.

이것이 바로 일제가 105인 사건을 조작한 진짜 목적이 아닐까요? 다시 말해 105인 사건의 목적은, 신민회 자체를 탄압하는 것보다 공포 분위기를 만들어 앞으로 있을지 모를 독립 운동 단체의 활동을 위축시키는 데 있었던 것입니다.

105인 사건에 관련되었던 사람들은 사건이 끝나고 어떻게 되었을까요? 이들은 서로 다른 길을 걸었습니다. 하지만 많은 사람들이 중국, 러시아 등으로 망명하여 그곳에서 독립 운동에 참여했습니다. 그런가 하면 국내에서 목사, 교사, 실업가 등으로 활동하다가 3·1 운동에 적극 참여한 사람도 있었습니다. 105인 사건은 강점 이후 대규모 독립 운동의 씨앗을 뿌린 사건이라고 할 수 있습니다.

힘겹게 이어진 국내 독립 운동

앞에서 이야기했듯이, 1910년대 국내 상황은 독립 운동이 활발히 일어날 수 있는 형편이 아니었습니다. 그렇지만 독립 운동이 아예 없었던 것은 아니고요, 작은 규모의 비밀 조직 형태로 꾸준히 이어졌습니다.

이런 독립 운동 단체들 가운데에는 대한제국 시기 의병 항쟁의 전통을 잇는 단체도 있었습니다. 임병찬이 주도한 '대한독립의군부'와 같은 단체입니다. 임병찬은 이미 강점 이전에 의병 항쟁에 참여했다가 체포되어 쓰시마(대마도)로 유배된 적이 있었습니다. 그 뒤 귀국하여 1912년 전라도를 중심으로 조직을 만들고 격문을 돌려 동지들을 모았습니다. 그리고 1914년에는 서울로 올라와 전국 조직을 만들었습니다. 이렇게 조직된 대한독립의군부는 일본 정부와 총독에게 〈국권 반환 요구서〉를 보내고, 외국 언론에도 식민 통치의 부당성을 알리려는 계획을 세웠습니다. 그러나 1914년 말, 임병찬을 비롯한 간부들이 체포되면서 활동은 실패로 돌아갔습니다.

옛 나라로 돌아가자는 '복벽주의'를 어떻게 볼 것인가?

1910년대에는 독립 운동에 참여했건 그러지 않았건, 대한독립의군부처럼 독립이 되면 당연히 옛날의 나라로 돌아가야 한다고 생각하는 사람들이 적지 않았다. 이들의 생각을 가리켜 복벽주의(復辟主義 : 물러났던 임금을 다시 왕위에 올리자는 주장)라고 부른다. 복벽주의와 반대되는 생각이 공화주의(共和主義)이다. 공화주의란 나라의 지도자를 왕위 대물림이 아니라 국민의 뜻에 따라 정해야 한다는 생각이다.

한 사회가 근대화될수록 다수의 국민이 정치에 참여할 수 있는 권리를 갖게 된다는 면에서 볼 때, 공화주의는 복벽주의보다 시대의 흐름에 맞는 생각이라고 할 수 있다. 물론 오늘날 우리나라와 같은 대부분의 민주주의 나라들은 공화주의를 정치 원리로 하고 있다. 그러나 일제 강점기 독립 운동가들 가운데에는 공화주의자뿐 아니라 복벽주의자도 있었다. 이들은 식민 통치에 반대한다는 면에서는 모두 애국자였지만, 광복 후 어떤 나라를 만들 것인가 하는 생각에서는 시대에 뒤떨어진 셈이었다. 이런 복벽주의자들은 시간이 흘러 근대 민주주의 원리를 알게 되면서 줄어들었다.

대한독립의군부는 독립 운동을 성공시켜 나라 모습을 옛 체제로 돌리려는 목표를 갖고 있었습니다. 고종을 다시 황제로 모셔 국왕이 통치하는 나라로 되돌아가고자 했지요. 이런 생각은 사실 시대에 뒤떨어진 태도였지만, 식민 통치를 분명히 반대했다는 면에서 이들의 애국심만은 높이 평가해야 할 것입니다.

경상북도에서는 박상진을 중심으로 '광복단'이라는 단체가 조직되었습니다. 광복단은 독립 전쟁을 목표로 한 노백린, 김좌진 등이 참여하면서 만주에 군사 학교를 세워 옛 의병과 대한제국 군인 출신, 그 밖에 만주로 이주한 애국 청년들을 모아 독립군으로 훈련시키려고 계획했습니다. 그래서 이를 위한 자금을 모으기 위해 1917년부터 각지의 부자들에게 "독립 자금을 내놓으라"는 통지서를 보내고, 비밀리에 자금을 걷으러 다니는 방법을 썼습니다. 그리고 돈 내놓기를 거부하고, 심지어 일제 헌병 경찰에 신고하기까지 하는 친일 부자들을 살해하기도 했습니다. 광복단은 핵심 인물 박상진이 체포되어 사형을 당하는 등, 일제의 탄압을 받으며 위축되었습니다.

같은 경상북도 달성에서는 서상일이 '조선국권회복단'을 조직했습니다. 이 단체는 러시아의 독립 운동가들과 연결하여 독립 운동을 확대하려고 하던 중에 3·1 운동을 맞이했습니다. 또 평양에서는 숭실학교 재학생과 졸업생들이 '조선국민회'를 조직했습니다. 조선국민회 회원들은 독립을 염원하는 혈서를 써서 결의를 다지고, 독립 운동에 쓰기 위해 돈을 모아 권총을 구입하기도 하다가, 1918년 일제에 체포되었습니다.

격동하는 세계 정세

가혹한 무단 통치를 하는 한편, 일제는 나라 밖의 소식이 전해지는 것도 철저히 막았습니다. 그래서 대부분의 사람들은 눈과 귀가 막힌 채 숨죽이고 살 수밖에 없었습니다. 그러나 이 무렵 세계 정세는 빠르게 변하고 있었습니다.

가까이 중국에서는 1911년 신해혁명이 일어나 청나라 왕조가 무너지고 중화민국(中華民國)이 수립되었습니다. 신해혁명은 재정난에 시달리던 청나라 정부가 민간이 운영하던 철도를 국유화하고, 그것

을 담보로 열강에게서 자금을 빌리려
한 데에서 비롯했습니다. 나라 살림을
하는 데도 외세의 힘을 빌려야 하는 무
능한 왕조에 대한 국민의 분노가 폭발
한 것이었지요. 혁명을 이끈 지도부는
왕조의 탄압을 피해 일본에 망명해 있
던 쑨원(孫文 : 손문)을 비롯한 중국혁명
동맹회의 지도자들이었습니다.

쑨원 부부를 둘러싼 신해혁명의 지도부

신해혁명은 황제 퇴위, 공화정 수립
을 조건으로 청나라의 실력자 위안스
카이(袁世凱 : 원세개))에게 대총통 자리
를 넘겨주는 등, 결국 절반의 성공에
그쳤습니다. 그러나 신해혁명을 계기
로 아시아에도 반외세 민족주의와 공
화주의의 바람이 불기 시작했습니다.

군중 앞에서 연설하는 러시아 혁명의 지도자 레닌

그런가 하면 유럽에서는 독일·오스트리아·터키 등을 중심으로 한
동맹국과, 영국·프랑스·러시아·이탈리아 등을 중심으로 한 연합국
사이에 전쟁이 일어났습니다. 1914년 6월 보스니아 사라예보에서
일어난 오스트리아 황태자 부부 저격 사건이 발단이 되었지요. 이
전쟁은 본질적으로 제국주의적 팽창 정책을 펴던 열강들 사이의 세
력 다툼이었습니다. 처음에 유럽에서 시작된 전쟁은 점점 세계적 규
모의 전쟁으로 번졌습니다.

이 기회에 서구 열강들과 어깨를 나란히 하려 한 일본이 연합국 진

영에 가담하고, 1917년 미국도 연합국 진영에 가담하면서 커진 것입니다. 그래서 이 전쟁을 '1차 세계 대전'이라고 부르지요. 특히 일본은 유럽 대륙이 전쟁에 휩싸인 틈을 타 중국 정부에게 산둥 반도의 독일 이권을 일본에 넘기라는 무리한 요구를 하기도 했습니다. 이 요구는 같은 연합국 진영인 영국과 프랑스 등의 중재로 이루어지지는 않았지만, 중국의 지식인과 민중들의 큰 분노를 샀습니다.

한편 1차 세계 대전 중 가장 큰 변화가 일어난 나라는 러시아입니다. 전쟁으로 나라 살림이 크게 어려워진 러시아에서 1917년 세계 최초로 사회주의 혁명이 일어난 것입니다. 전국인민위원회 위원장으로 취임한 혁명의 지도자 레닌은 밖으로는 '즉각적인 전쟁 중단과 평화 교섭'을, 안으로는 '토지와 공장의 국유화'를 부르짖었습니다. 열강들은 러시아 혁명이 자기 나라에 영향을 미칠까 봐 걱정했습니다.

이렇게 세계 정세는 빠르게 변화하고 있었지만, 철저한 언론 통제 아래에 있던 한반도에는 여러 소식이 제대로 전해지지 않았습니다. 하지만 상대적으로 새로운 소식을 쉽게 접할 수 있었던 일본 유학생들은 달랐지요. 많은 유학생들은 1차 세계 대전과 세계 각국에서 벌어지는 사건을 접하면서, 막연하나마 어떻게든 전쟁이 끝나면 지금과는 다른 새로운 세계 질서가 수립될지도 모른다는 생각을 하게 되었습니다. 그리고 새로운 질서에 어떻게 대응해야 할지 고민했습니다. 몇 년 뒤 유학생들의 독립 선언에서 3·1운동이 시작된 것은 결코 우연이 아니었던 것입니다.

마지막 의병장, 채응언

강점 직전인 1909년, 일제는 대규모 일본군을 투입하여 의병 부대뿐 아니라 의병에게 도움을 준 보통 사람들까지 잔인하게 학살하는 토벌 작전(南韓大討伐 : 남한대토벌)을 벌였다. 그리고 일제는 이제 국내에서 의병은 씨가 말랐다고 선언했다. 그렇지만 이런 탄압을 뚫고 강점 이후까지 독립 운동을 계속한 의병 부대도 있었다. 특히 '마지막 의병장'으로 불리는 채응언은 강점 이후에도 오랫동안 의병 전쟁을 계속한, 흔치 않은 독립 운동가이다.

1879년 평안도 성천에서 태어난 채응언은 본디 대한제국의 군인이었다. 육군 보병 장교였던 그는, 1907년 군대가 해산되자 부하들을 이끌고 평안도와 함경도에서 의병 전쟁을 벌였다. 강점 이후에도 채응언의 의병 부대 400여 명은 경기도, 강원도, 평안도, 함경도 등 주로 한반도 북부 지역을 오가며 끈질기게 의병 전쟁을 계속했다. 1913년에는 황해도 대동리에 있는 헌병 파출소를 습격하여 일제 헌병 경찰을 처단하는 성과를 거두었다. 또 채응언의 고향인 평안도 성천 부근 산악 지대에서 유격전을 벌여 일본군과 친일 부자 20여 명을 처단하기도 했다. 일제는 채응언을 체포하기 위해 특별 수색대를 조직하는가 하면, 많은 액수의 현상금을 내걸었지만 별 성과를 거두지 못했다.

그러나 1915년 7월, 자금 마련을 위해 성천의 마을로 내려왔던 채응언은 일제 헌병대와 치열한 전투 끝에 결국 체포되었다. 평양 형무소에 갇힌 채응언은 재판정에서 그의 죄를 살인, 강도라고 말하는 검사를 향해 "나는 나라와 민족을 위해 목숨을 걸고 싸운 것인데, 강도란 당치도 않다"고 당당히 주장했다. 또 감옥에서는 가혹한 대우에 항의하여 자살을 기도하기도 했다. 이렇게 감옥에 갇혀서도 꺾이지 않는 그의 기개에 놀란 일제는 서둘러 사형을 선고했다. 체포된 지 넉 달 만인 1915년 11월, 채응언은 평양 형무소에서 순국했다.

일제는 채응언 체포로 드디어 의병 전쟁은 완전히 끝났다고 선언했다. 한국을 강점한 지 5년이나 지난 뒤였다. 우리는 높은 지위에 있으면서도 개인의 이익을 위해 서슴없이 일제에 협력한 사람들이 있음을 잘 알고 있다. 그런 사람들 때문에, 비록 하급 장교였지만 일제에 대항하여 끝까지 투쟁한 채응언 같은 사람의 존재가 더욱 빛나는 것이 아닐까.

재판정으로 끌려가는 채응언
대한제국 장교 출신으로 해산한 군인을 이끌고 의병 활동을 시작한 채응언은 강점 이후에도 1915년까지 일제에 대항하여 '의병 전쟁'을 계속했다.

'귀족의 의무'를 다한 이회영, 이시영 일가

서양에는 '노블리스 오블리제'라는 말이 있다. '귀족의 의무' 쯤으로 해석할 수 있겠다. 귀족이라면 더욱 나라를 위할 의무가 있다는 말이다. 이 말이 만들어졌다는 것은, 그만큼 그 의무를 다하지 않는 귀족들이 많았다는 뜻이다. 그러나 비록 많지는 않지만, 귀족의 의무를 다한 예를 찾을 수 있다. 일제 강점기 우리 역사에서 귀족의 의무를 다한 대표적 보기로는 이회영·이시영 형제와 그 집안의 독립 운동을 들 수 있다.

이회영(1867~1932)·이시영(1869~1953) 형제의 집안은 조선 시대에 영의정을 지낸 백사 이항복을 10대조로 둔 손꼽히는 양반 가문이었다. 강점 이전 이회영·이시영 형제는 신민회에서 함께 계몽 운동을 했다. 또 이시영은 문과에 급제하여 한성재판소장 등 대한제국의 고위 관리를 지냈다. 비록 강점되어 전과 같은 활동은 할 수 없었지만, 두 사람의 큰형인 이석영이 당시 우리나라 최고 갑부 중 한 사람이었기 때문에, 이 집안 사람들에게는 얼마든지 잘살 수 있는 길이 열려 있었다.

그럼에도 불구하고 이 집안 형제들은 독립 운동의 길을 선택했다. 처음에 그 길에 들어선 사람은 이회영이다. 강점 직후 동지들과 만주를 돌아보고 온 이회영은 형제들에게 "대의(大義:큰 뜻)를 위해 죽을지언정, 왜적 밑에서 노예가 되어 생명을 구차히 도모할 수는 없지 않느냐?"고 물으며, 모두 함께 서간도로 가서 독립 운동 기지를 건설하자고 권유했다. 결국 이회영의 권유를 받아들인 형제들은 전 가족 60여 명이 몇 개 조로 나뉘어 1910년 말부터 만주 유하현 삼원보로 이주했다. 이때 큰형 이석영이 모든 재산을 팔아 자금을 마련했다고 한다.

만주로 간 이회영·이시영 일가는 1912년 독립군을 기르기 위한 신흥무관학교를 세우는 데 참여한다. 이때 이석영이 정리한 재산 40만 원 정도를 썼다. 그때 40만 원은 지금의 화폐 가치로 약 300억 원에 해당한다. 이렇게 많은 재산을 독립 운동을 위해 내놓은 부자는 일제 강점기 내내 이석영이 유일할 것이다. 신흥무관학교를 세울 때 모든 재산을 털었기 때문에, 뒷날 일제가 만주를 점령한 뒤 이석영 가족은 중국 대륙을 무일푼으로 떠돌며 비참한 생활을 했다고 한다.

한편 1920년대 초 상하이로 간 이회영은 아나키즘(무정부주의)을 받아들였다. 아나키즘은 모든 나라나 정부는 민중을 억압하는 것이라고 보고, 민중의 절대적 자유를 추구하는 사상을 말한다. 당시 독립 운동가들 가운데에도 아나키스트(무정부주의자)가 있었지만, 이회영처럼 50대 후반에, 게다가 양반 출신으로서 자신이 그때껏 알아 온 사상과 정반대인 아나키즘을 받아들인 경우는 거의 없었다.

이회영은 1931년 만주사변이 일어나자, 비밀 조직을 만들어 관동군 사령관 암살 계획을 가지고 다시 만주로 돌아왔다. 그가 만주로 가겠다는 결심을 밝히자, 주위에서는 이미 회갑이

이회영(왼쪽)과 이시영
이회영과 이시영은 최고의 양반 가문 출신으로 내로라하는 큰 부자라서, 아무리 일제 강점기라고 해도 원하기만 하면 누구 못지않은 편안한 여생을 보낼 수 있었다. 그러나 그들은 그렇게 하지 않았다.

지난 그의 나이를 생각하여 모두 말렸다. 그러나 그는 "지사(志士 : 크고 높은 뜻을 지닌 사람)는 죽어야 할 곳을 잘 찾아야 한다"고 하며 만주행을 결행했다. 결국 이회영은 만주로 돌아온 이듬해 일제에 체포되어 생을 마감했다.

이시영은 형 회영과는 달리 상하이 임시정부에 참여하여 초대 법무총장을 맡았다. 대한제국 정부의 재판소장이 대한민국 임시정부의 법무총장이 된 것이다. 그 뒤에도 이시영은 갖은 어려움 속에서도 김구, 김규식 등과 함께 광복 때까지 임시정부를 지켰다. 1945년 11월, 다른 임시정부 요인들과 함께 귀국했을 때 그의 나이는 77세. 40대 장년의 나이에 조국을 떠났다가 40여 년 만에 돌아온 것이다. 1948년 대한민국 정부 수립과 더불어 초대 부통령에 당선된 이시영은 대통령 이승만의 독재와 잘못된 정치를 맹렬히 비판했다. 결국 1952년 대통령 선거에서 이승만에 대항하여 직접 출마하기도 했다.

이석영·회영·시영은 조금씩 다른 길을 걸었지만, 조선 시대 명문 양반 가문의 후예로서, 대한제국의 지도층으로서, 일제의 식민 통치에 대항해 싸웠다는 점에서는 모두 같은 길을 걸었다. 양반 가문의 후예가 한둘이 아니고, 대한제국 시절 나라에서 주는 녹봉을 먹은 사람 또한 한둘이 아니었지만, 집안 사람들 모두가 독립 운동에 참여하고 거액의 재산을 독립 운동에 바친 예는 흔하지 않다. 이 집안이야말로 '귀족의 의무'를 다한 전형적인 보기라고 할 수 있지 않을까?

1910년대 독립 운동의 절정
– 3·1운동과 임시정부 수립

왜 1919년 3월 1일이었나

여러분도 '삼일절'을 잘 알지요? 우리나라의 4대 국경일 중 하나이고, 무엇보다 쉬는 날입니다. 하지만 단지 하루 쉰다는 게 중요한 것이 아니라, 왜 학교나 회사를 쉬면서까지 이 날을 기념하는지, 또 삼일절 기념식에는 왜 대통령까지 참석하여 연설을 하는지 알아야겠습니다.

삼일절은 3·1운동이 일어난 것을 기념하는 날입니다. 3·1운동이란 1919년 3월 1일에 시작되어 몇 달씩이나 계속된, 한국인 거의 모두가 나라의 독립을 외친 만세 시위 운동을 가리킵니다. 그러면 왜 하필 1919년 3월 1일에 이 운동이 시작되었을까요? 그리고 무슨 일이 있었기에 그 무서운 헌병 경찰의 탄압에도 불구하고 수많은 사람들이 만세 시위에 참가했을까요?

3·1운동은 나라 안팎의 여러 이유가 쌓여 일어난 운동입니다. 먼저 당시 나라 밖 사정을 잠시 살펴볼까요? 3·1운동이 일어나기 전해인 1918년에 1차 세계 대전이 끝났습니다. 전쟁이 끝나면 전쟁에서 이긴 나라(승전국)는 자기들이 생각하는 원칙을 내세워 전쟁 후의 여러 문제를 처리하려 합니다. 1차 세계 대전의 승전국을 대표하는 나라는 미국이었고, 당시 미국의 윌슨 대통령은 1차 세계 대전 후 세계 질서의 원칙으로 '민족 자결주의'를 내세웠습니다.

민족 자결주의란 어떤 민족의 장래는 그 민족이 결정해야 한다는 뜻입니다. 말 그대로 하자면, 1차세계 대전 때까지 식민지였던 나라는 그 국민의 뜻을 물어 식민지상태를 원하지 않으면 독립시켜야한다는 뜻입니다. 하지만 이 원칙은 모든 식민지에 적용되는 게 아니라, 세계 대전 패전국의 식민지에만 적용되었지요. 다시 말해서

경운궁(덕수궁)을 나서는 고종의 장의 행렬
일제에 의해 경운궁(덕수궁)에 갇혀 지내다시피 한 고종의 장례식은 3·1운동에 결정적인 계기를 마련해 주었다.

민족 자결주의는 본디 뜻은 좋지만, 실제로는 패전국의 식민지를 빼앗는 역할을 한 것입니다. 게다가 당시 일본은 승전국 일원이었기 때문에, 민족 자결주의는 우리나라와는 관계가 없었지요.

하지만 민족 자결주의는 독립 운동가들에게 많은 희망을 주었습니다. 특히 세계 정세를 빨리 알 수 있었던 해외 독립 운동가들은, 세계 대전 뒤 여러 문제 처리를 의논하는 파리 강화회의에 김규식을 대표로 보내 우리 처지를 널리 알리려 했습니다. 또 1919년 2월 8일, 일본 도쿄에서는 한국인 유학생들이 독립 선언을 발표했습니다. 당시 일본 유학생이라면 최고의 지식인으로 인정받는 사람들이었지요. 따라서 이들의 독립 선언 발표는 많은 사람들에게 큰 영향을 끼쳤습니다.

한편 1919년 3월 3일에는 그 해 1월에 서거한 고종의 장례가 예정되어 있었습니다. 고종은 비록 망국을 막지 못한 국왕이기는 했지

왜 유교는 3·1운동에 참가하지 않았나?

원래 3·1운동에 참가하기로 한 종교 지도자들 가운데에는 유교 지도자들(유림 : 儒林)도 있었다. 그러나 유교 지도자들을 충분히 설득하지 못한 가운데 만세 시위 예정일이 다가오는 바람에, 결국 유교 쪽에서는 3·1운동에 정식으로 참가하지 못했다. 그러나 유교 쪽에서는 따로 한국의 독립을 요구하는 문서(파리장서 : 巴里長書)를 만들어 전국의 유림 대표 137명이 서명하여 파리 강화회의에 보냈다. 이러한 유림의 행동은 유교 쪽도 3·1운동의 뜻에 찬성했음을 보여 주는 것이다.

만, 대한제국을 선포한 황제로, 또 일제 침략을 막기 위해 여러모로 노력한 지도자로 사람들 가슴에 남아 있었습니다. 고종은 우리나라가 독립 국가였던 시절의 상징이었던 셈이지요. 따라서 고종의 장례를 보기 위해 많은 사람들이 서울로 모여들었습니다. 그리고 사람들 가슴속에는 국왕의 불행한 죽음에 대한 동정심과 더불어 지난 10여 년 동안 쌓인 식민 통치에 대한 반감이 가득 차 있었습니다. 그래서 독립 운동에 뜻을 둔 사람들은 고종의 장례를 큰 만세 시위를 일으킬 좋은 기회로 생각했습니다.

만세 시위를 구체적으로 준비한 사람들은 주로 종교인이었습니다. 당시 많은 사람들을 모으고 필요한 준비를 해낼 만한 힘을 가진 것은 종교밖에 없었기 때문입니다. 기독교·불교·천도교 등 종교 지도자들은 비밀리에 모임을 갖고, 고종의 장례가 거행되기 바로 전이면서 휴일이 아닌 날 만세 시위를 일으키기로 뜻을 모았습니다. 그 날이 바로 3월 1일입니다.

선구자 운동에서 대중 운동으로

3·1운동을 위한 구체적 준비는 2월 초부터 시작되었습니다. 먼저 그날 발표할 〈독립선언서〉를 천도교 쪽에서 준비하기로 했고, 천도교에서는 이 일을 최남선에게 맡겼습니다. 최남선은 강점 이전부터 유명한 문필가로서, 1910년대에는 조선광문회라는 단체를 만들어 우리나라의 고전을 간행하고 《청춘》이라는 잡지를 발간하여 청년 학생들에게 영향력이 큰 사람이었지요. 최남선이 쓴 〈독립선언서〉에는 기독교, 불교, 천도교의 지도자 33명이 민족 대표로 서명했습니다.

〈독립선언서〉는 크게 우리나라는 자주 독립국이라는 사실, 일제의 부당한 강점과 식민 통치로 입은 피해, 독립을 이루겠다는 결의 등으로 이루어졌습니다. 특히 〈독립선언서〉 곳곳에는 이제 세계의 큰 흐름은 다른 민족을 힘으로 누르는 시대에서 정의와 인도(人道)를 바탕으로 인류 평등이 실현되는 시대로 바뀌었으며, 3·1운동도 그러한 시대의 흐름을 따른 운동이라는 뜻이 들어 있습니다. 곧 3·1운동이 단지 우리만의 독립 운동이 아니라, 세계적인 보편성을 가진 운동임을 강조한 것입니다.

원래 이 〈독립선언서〉는 탑골 공원에서 열기로 한 독립 선언식에서 발표하기로 되어 있었습니다. 그런데 〈독립선언서〉를 발표해야 할 민족 대표 33명은 탑골 공원으로 오지 않고, 서울 인사동의 태화관이라는 음식점에서 모였습니다. 그러고는 간단하게 모임을 갖고 스스로 경찰에 연락해서 잡혀갔습니다.

민족 대표들이 이렇게 행동한 까닭에 대해서는 두 가지 견해가 있습니다. 하나는 만일 넓은 공원에서 〈독립선언서〉를 발표했다가 경

독립선언서

최남선이 쓴 〈독립선언서〉는 크게 '선언문'과 '공약 3장' 두 부분으로 구성되어 있다. 우리나라가 독립되어야 할 이유를 밝힌 것이 선언문이라면, 독립을 위해 우리 민족이 할 일을 밝힌 것이 공약 3장이다.

선언문

우리들은 이에 우리 조선의 독립국임과 조선인의 자주민임을 선언하노라. 이로써 세계 만방에 알려 인류 평등의 대의를 밝히며, 이로써 자손 만대에 알려 민족 자존의 정당한 권리를 영유케 하노라. (중략) 인류적 양심의 발로에 기인한 세계 개조의 대기운에 순응하여 같이 나아가기 위해 이를 제기함이니 (중략) 옛 시대의 유물인 침략주의, 강권(强權)주의의 희생을 당하여 유사 이래 누천년에 처음으로 이민족 겸제(箝制)의 고통을 당한 지 지금에 십년을 지난지라. (후략)

공약 3장

하나, 오늘 우리의 일어섬은 정의, 인도, 생존, 존영을 위하는 민족적 요구이니 오직 자유의 정신을 발휘할 것이오, 결코 배타적 감정으로 달아나지 말라.

하나, 최후의 한 사람까지, 최후의 일각까지 민족의 정당한 뜻을 쾌히 발표하라.

하나, 일체의 행동은 가장 질서를 존중하여, 우리의 주장과 태도로 하여금 어디까지든지 광명정대하게 하라.

삼일독립선언서
선언서, 공약 3장, 민족 대표 33인의 이름이 들어간 삼일독립선언서.

찰의 탄압을 받으면, 그 자리에 모여든 많은 사람들에게 피해가 갈까 걱정했기 때문이라는 생각입니다. 다른 하나는 민족 대표들은 강력한 대중 운동으로 당당하게 독립을 요구하려 했던 것이 아니라 조용히 독립을 청원하려고 했다는 생각입니다. 두 가지 견해 모두 나름의 근거가 있기 때문에, 어느 한쪽 때문만이라고 확정하기는 어렵습니다.

탑골 공원
1919년 3월 1일 "대한 독립 만세!" 외침이 처음 시작된 곳. 서울시 종로구 종로 2가에 있는 공원으로, 당시에는 파고다 공원이라고 불렸다.

그러나 민족 대표들이 태화관에서 잡혀가던 시각에 탑골 공원에 모여 있던 수천 명의 학생과 시민들은 민족 대표가 오지 않자, 스스로 〈독립선언서〉를 발표하고 "대한 독립 만세!"를 외치며 만세 시위를 시작했습니다. 시민들의 이런 만세 운동은 민족 대표들조차 예상하지 못한 것이었습니다. 당황한 경찰은 경운궁(덕수궁) 대한문 앞까지 평화롭게 행진한 시위 군중을 힘으로 해산시키고 130여 명을 체포했습니다. 이렇게 시작된 3·1운동은 3월 1일 하루의 만세 시위로 끝나지 않았습니다. 민족 대표들이 잡혀간 상황이라 특별한 지도자가 있는 것도 아니었지만, "대한 독립 만세!" 외침은 서울에서 지방으로, 나라 곳곳에서 해외 곳곳으로 퍼져 나갔습니다.

만세 시위는 1919년 5월 말까지 석 달 동안이나 계속되었습니다. 박은식은 《한국독립운동지혈사》에서 이 기간 동안 국내에서만 시위가 1542차례 일어났고, 202만 3098명이 시위에 참가했다고 썼습니다. 당시 우리나라 인구를 2000만 동포라고 한 것에 비추어 보면 얼마나 많은 사람들이 만세 시위에 참가했는지 알 수 있겠지요?

또 처음에는 청년 학생들의 시위로 시작되었지만, 시간이 흐르면서 시위 군중에는 농민, 노동자, 상인 등 평범한 시민들 수가 늘어갔습니다.* 특히 운동이 지방으로 확산되면서 농민들이 많이 참가했는데, 농민들은 5일에 한 번씩 서는 장날을 이용하여 장터에 모여 시위를 벌였습니다. 그래서 어떤 지역에서는 5일에 한 번씩 시위가 일어나기도 했습니다. 사실 이런 호응이 있었기에 만세 시위가 석 달 동안이나 계속될 수 있었지요.

3·1운동의 가장 큰 특징 가운데 하나는 평화로운 방법으로 시위를 벌였다는 점입니다. 많은 지역에서 각자 태극기를 들고 독립 만세를 외치는 시위 방법을 썼습니다. 그렇지만 강점 이후 처음 일어난 거대한 독립 시위의 물결에 놀란 일제는 헌병 경찰도 모자라 군대까지 동원하여 시위 군중을 탄압했습니다. 처음에는 채찍이나 곤봉으로 치거나 칼로 위협하는 수준이었지만, 나중에는 직접 총을 쏘는 일도 자주 있었습니다. 일제 스스로 만든 통계를 보더라도 3·1운동을 탄압하기 위해 일본군은 전국에서 250회나 발포를 했고, 그 때문에 461명이 죽었습니다(〈조선 총독부 경무국 기밀보고 제4453호〉).

일제는 총을 쏘는 것에서 더 나아가 차마 말로 표현하지 못할 만행도 저질렀습니다. 수원 제암리에서는 일본군이 시위에 참가한 사람들을 한 교회에 몰아넣고 쏘아 죽인 뒤, 교회에 불을 질러 버린 일까지 있었습니다. 또 3·1운동으로 체포된 사람들에게 온갖 고문과 박해를 가했습니다. 여러분도 잘 아는 유관순 열사는 바로 이런 고문을 받고 돌아가신 분이지요.

평범한 시민들의 3·1운동 참가는 일제가 만든 경찰 통계(《만세소요사건》 近藤劍一, 1964 223~227쪽)에도 잘 드러난다. 3·1 운동으로 감옥에 갇힌 사람들 구성을 보면, 농민이 4969명(59%)으로 가장 많고, 그 다음 교사·학생 1226명(14%), 상인 1174명(14%), 종교인·지식인 550명(6%), 노동자 328명(4%), 기타 264명(3%) 순이었다.

제암리 비극을 세계에 알린 윌리엄 스코필드

1905년 선교사 아펜젤러의 전도를 받은 안종후라는 사람이 자기 집에서 예배를 드린 것이 시초가 된 제암리 교회는 강점 직후인 1911년 건립되었다. 경기도 수원군 향남면(지금의 화성시 향남읍) 제암리에 있던 제암리 교회의 신도들은 3·1운동이 전국으로 확산되던 1919년 4월 5일, 발안 헌병 주재소 앞에서 만세 시위를 벌였다. 이 시위는 곧 진압되었지만, 그날 이후 제암리 사람들은 밤에도 봉화를 올리고 시위를 했다. 이에 만세 시위가 있고 열흘 뒤인 15일, 일본군 헌병대는 15세 이상의 남자들을 교회로 집합시키고는 교회 문을 걸어잠그고 불을 질렀다. 밖으로 빠져나오려는 사람들에게는 총을 쏘았고, 남편을 살려 달라고 애원하는 여성 두 명의 목을 베기도 했다. 나아가 제암리의 민가 32가구에도 불을 질렀다. 이 사건으로 적어도 20명 이상이 목숨을 잃었다.

제암리 비극은 한 캐나다 사람에 의해 세계에 알려졌다. 프랭크 윌리엄 스코필드 박사가 바로 그 사람이다. 1916년 세브란스 의학 전문학교(현재 연세대학교 의과대학)의 교수로 한국에 온 스코필드 박사는, 제암리 학살 소식을 듣고 현장으로 가서 유골을 수습하여 공동묘지에 안장하는 한편, 몰래 일본군의 만행 현장을 사진에 담고 보고서를 써서 외국 언론에 보냈다.

'서른네 번째 민족 대표'라고까지 불린 스코필드 박사는 한국을 사랑하여 석호필(石虎弼)이라는 한국 이름을 쓰기도 했다. 죽어서도 한국 땅을 떠나지 않기를 원했던 그의 유해는 지금 서울 국립묘지에 묻혀 있다.

윌리엄 스코필드와 불타 버린 제암리 교회
일본군 헌병대가 제암리에서 저지른 만행은 스코필드 박사가 아니었다면 영원히 묻혀 버렸을지도 모른다.

3·1운동의 의의와 임시정부 수립

이렇게 많은 사람들이 참가하여 "대한 독립 만세!"를 외친 3·1운동은 결과적으로 독립을 가져다 주지는 못했습니다. 그렇다면 3·1운동은 실패한 운동일까요? 그럴지도 모릅니다. 그러나 3·1운동은 그냥 실패로만 끝난 것이 아니었습니다. 그렇다면 3·1운동은 어떤 성과를 가져왔을까요?

먼저 3·1운동으로 폭발한 한국인의 독립 의지에 놀란 일제는 식민 통치 방침을 '무단 통치'에서 '문화 통치'로 바꾸겠다고 선언했습니다. 물론 식민 통치의 본질이 달라진 것은 아닙니다. 하지만 '문화'라는 말에서 알 수 있듯이, 일제는 적어도 겉으로는 노골적으로 총칼을 앞세우는 식에서 약간은 부드러워 보이도록 식민 통치 방식을 바꿀 수밖에 없었습니다.

그러나 식민 통치 방식이 바뀐 것보다 훨씬 더 큰 의의는, 3·1운동을 계기로 우리의 독립 운동이 크게 발전한 데서 찾아야 합니다. 평화로운 만세 시위를 총칼로 탄압하는 모습을 보면서, 사람들은 독립을 얻기 위해서는 확실한 힘이 필요하다는 생각을 하게 되었습니다. 또 평범한 농민, 노동자, 상인 들이 독립을 외치는 모습에서, 독립을 이룬 뒤 세워야 할 나라는 모든 국민이 주인이 되는 민주공화제여야 한다는 생각이 자리 잡았습니다. 이렇게 3·1운동을 계기로 우리 독립 운동에서는 옛날의 왕조 국가로 돌아가자는 복벽주의가 거의 사라졌다고 이야기합니다.

무엇보다도 3·1운동은 독립 운동에 뜻을 둔 사람들에게 독립 운동을 지도할 중심을 확고히 세워야 한다는 깨달음을 주었습니다. 그 결과 독립 운동의 가장 큰 지도 기관으로 임시정부를 세우려는 움직임이 곳곳에서 일어나게 된 것입니다. 이런 점에서 3·1운동은 독립 운동으로서의 의미뿐만 아니라, 우리나라 민주주의 발전에서도 의미를 찾을 수 있습니다.

한편 블라디보스토크의 한국인 자치 기관인 전로한족회는 3·1운동을 계기로 대한국민의회로 이름을 바꾸고 조직을 강화했습니다. 또 서울에서도 이승만을 중심으로 한성정부가 만들어졌습니다. 한편 중국 상하이의 독립 운동가들은 1919년 4월 이동녕, 이승만, 안창호 등을 중심으로 임시정부를 세웠습니다. 상하이 임시정부는 다른 임시정부들에 비해 정부 형태를 잘 갖춘 편이었고, 헌법에 해당하는 임시 헌장 10개조도 발표했습니다.

그런데 이렇게 곳곳에 임시정부가 세워진다면, 오히려 독립 운동에 혼란을 가져올지 모른다는 걱정의 목소리도 생겼습니다. 이에 각지의 임시정부에 참여한 독립 운동가들은 곧 임시정부를 하나로 통일하기 위해 의논하기 시작했습니다. 그 결과 1919년 9월, 마침내 여러 임시정부를 상하이 임시정부로 합쳐 정식으로 대한민국 임시정부가 세워졌습니다. 대한민국 임시정부는 행정·입법·사법의 '3권 분립'에 기초한 민주공화제 정부임을 선언하고, 이승만을 초대 대통령으로 뽑았습니다. 비록 임시정부지만 우리 역사에서 처음으로 민주공화제 정부가 세워진 것이지요.

대한민국 임시정부는 먼저 독립 운동 자금을 마련하기 위해 독립 공채*를 발행하여 이를 해외 동포들에게 팔았습니다. 특히 경제적으로 성공한 사람들이 많았던 미국 동포들이 독립공채를 많이 샀습니

독립공채(獨立公債)
공채(公債)란 원래 정부가 어떤 사업을 하는 데 자금이 모자랄 경우, 국민들에게 돈을 빌리기 위해 발행하는 증명서 같은 것이다. 다시 말해서 정부는 공채를 산 사람에게 돈을 갚아야 한다. 독립공채도 말 그대로 하자면 독립 운동에 돈을 빌려 쓰고 독립이 되면 독립공채를 가진 사람에게 그 돈을 갚겠다는 뜻이었다. 그러나 독립공채를 산 사람이 나중에 임시정부에게서 돈을 받겠다는 생각을 했을까? 1919년으로 돌아가 보면 독립은 언제 이루어질지 모르는 우리의 희망이었을 뿐이다. 그러니까 독립공채를 산다는 것은 그냥 그런 형식을 빌려 독립 운동에 성금을 내는 것이었다.

한글과 영어로 된 독립공채
대한민국 임시정부는 한글로 된 독립공채 말고도 미국 동포들을 위해 영어로
된 독립공채를 발행했다.

다. 또 국내와의 연락을 위해 연통제(聯通制)라는 것을 실시했습니다. 말하자면 국내 곳곳에 임시정부의 비밀 연락원을 둔 것이지요. 연통제는 1922년까지 3년 정도밖에 유지되지 못했지만, 이것을 통해 임시정부는 국내 독립 운동가들과 여러 정보를 빠르게 주고받을 수 있었습니다. 한편 임시정부는 《독립신문》을 발행하여 국내외 여러 곳의 독립 운동 소식을 전하는가 하면, 강점 이후의 역사적 사실을 책자로 기록하여 식민 통치의 실상을 나라 안팎에 낱낱이 알리기도 했습니다.

임시정부는 이렇게 활발한 활동을 하는 반면, 심각한 갈등을 겪기도 했습니다. 초대 대통령 이승만 등이 독립 운동 방법으로 내세운 '외교 독립 운동 노선' 때문이었습니다. 외교 독립 운동 노선이란 일제와 힘으로 싸우는 것은 이길 가망이 없으니, 미국과 같은 강대국에게 우리의 독립을 청원하는 데 힘을 집중하자는 노선입니다. 그런

독립신문
대한민국 임시정부가 발행한 기관지이다.

이승만(1875~1965)
대한민국 임시정부의 초대 대통령으로 선출된 이승만은 여러모로 독단적인 행동을 보인 데다가 '외교 독립 운동' 노선을 내세워 '무장 독립 전쟁'을 주장하는 독립 운동가들과 갈등을 빚었다. 끝내는 탄핵되어 임시정부 대통령직에서 물러나야 했다. 그의 외교 독립 운동 노선은 물론 고뇌에서 나온 결과였지만, 기본적으로 외국의 힘에 의지하는 것이라 많은 사람들의 지지를 받기 어려웠다.

데 미국과 일본이 1차 세계 대전 승전국으로 서로 우호 관계였던 당시 국제 정세에서 이 노선은 별로 현실성이 없었습니다. 이 때문에 일제에 직접 대항하는 독립 전쟁을 주장한 만주의 독립 운동가들은 임시정부의 권위를 인정하지 않았습니다. 또 이승만은 대통령임에도 자신의 외교 독립 운동 노선이 비판을 받자, 임시정부가 있는 상하이에 머물지도 않고 미국으로 돌아가 버렸습니다. 그 뒤에도 이승만은 미국에서 임시정부 대통령이란 이름을 내세워 모금한 돈을 임시정부에 전달하지 않고 마음대로 쓰는 등 문제를 일으켰습니다.

다른 한편 임시정부의 속사정은, 1917년 러시아 혁명의 영향으로

대한민국 임시정부 요인들
촬영 날짜가 대한민국 원년(元年), 곧 1919년 10월 11일임을 알 수 있다. 앞줄 가운데에 앉은 사람
이 임시정부의 초대 내무총장 안창호이다.

한국인 사회에서 사회주의 열풍이 일어나 더욱 복잡해졌습니다. 게
다가 이승만이 미국으로 건너가 버리자 하와이와 미국 동포들이 보
내던 자금 지원이 크게 줄어들었지요. 이러한 상황에서 당시 우리의
독립 운동에 지원을 약속한 유일한 나라가 소련이었습니다. 이러한
가운데 이승만의 독선을 비판하며 임시정부 국무총리에 오른 인물이
초기 사회주의 운동가인 이동휘입니다. 그런데 이동휘도 소련에서
보내 온 지원금 60만 루블을 임시정부에 전달하지 않고, 자신이 당수

인 고려공산당의 운영 자금으로 사용하는 등 문제를 일으켰습니다.

이렇게 임시정부는 설립 초기부터 독립 전쟁 노선과 외교 독립 노선, 민족주의와 사회주의 사이의 갈등이 그치지 않아 처음 목표였던 독립 운동 지도 기관으로 자리 잡지 못했습니다. 그러자 이러한 사정을 안타까워한 독립 운동가들이 임시정부를 다시 바로 세우기 위한 여러 방안을 찾았습니다. 그것은 크게 두 갈래로 전개되었습니다.

하나는 1921년 북경에서 박용만, 신채호, 신숙 등이 제의하여 열린 군사통일주비회*입니다. 여기에서는 임시정부의 법통을 부인하며 국민대표회를 소집하여 새로운 독립 운동 지도 기관을 설립

국민대표회의 개최를 보고하는 일제 기밀 문서
간도 일본 총영사가 본국 외무대신에게 상하이에서 국민대표회의가 개최될 것이라는 정보를 보고하는 1922년 11월 7일 자 기밀 문서. 일제 관헌과 경찰이 독립 운동가들의 활동을 항상 철저히 감시하고 있었음을 알 수 있다.

해야 한다고 주장했습니다. 그래서 이 사람들을 '창조파'라고 부릅니다. 다른 하나는 안창호 등 기존 임시정부 요인들이 결성한 국민대표회 기성회입니다. 이들은 임시정부의 틀을 유지하면서 문제점을 고쳐 나가자고 주장했습니다. 그래서 이들을 '개조파'라고 부릅니다.

마침내 1923년 1월 상하이에서 독립 운동가 140여 명이 모여 임시정부의 앞날을 논의하기 위해 국민대표회의를 열었습니다. 그러나 회의는 창조파와 개조파로 나뉘어 몇 달 동안 논란만 거듭한 채

군사통일주비회
봉오동 전투와 청산리 대첩 이후 일제의 탄압이 더욱 거세지자, 독립 운동 단체의 통일 문제를 논의하기 위해 베이징베이징에서 개최한 회합으로 '북경군사통일회'라고도 부른다. 이 회합에서 상해 임시정부의 독립 노선에 대한 비판이 많이 제기되어 국민대표회의를 여는 계기기 되었다.

삼균주의(三均主義)
삼균주의는 임시정부의 지도
자 가운데 한 사람인 조소앙
이 처음 주장한 이념이다. 세
가지가 고르다는 뜻의 '삼균
(三均)'은 세계적으로는 인류
평등, 민족 평등, 국제 평등
의 뜻을 담고 있고, 국내적으
로는 정치 균등, 경제 균등,
교육 균등이라는 뜻을 담고
있다고 한다. 즉 세계적으로
나 국내적으로나 '민주와 '평
등'을 지향하는 이념이라고
할 수 있다.

성과 없이 끝나고 말았습니다.

이렇게 분열과 혼란 속에서 힘이 약해진 임시정부를 지킨 사람이 바로 김구입니다. 김구는 바람직한 독립 운동을 위해 임시정부의 조직을 여러 차례 개편하는 한편, 1930년대 들어서는 한인애국단을 조직하여 일제의 주요 인물 암살을 시도하는 의혈 투쟁을 벌였습니다. 여러분이 잘 아는 이봉창, 윤봉길 의사 등이 모두 한인애국단 단원입니다.

김구가 중심이 된 임시정부는, 1930년대 후반 일제의 중국 대륙 침략이 시작되자 상하이를 떠나 중국 각지를 여덟 차례나 옮겨 다니는 어려움을 겪어야 했습니다. 그러다가 1940년 충칭(重慶 : 중경)에 자리를 잡으면서 조직을 정비하고, 독립 운동과 독립을 이룬 뒤 새로운 나라를 건설하기 위한 준비를 차근차근 해 나갔습니다. 삼균주의*라는 건국 강령을 마련하고 한국광복군이라는 군대를 조직하기도 했지요. 또 2차 세계 대전이 일어나면서 일본이 세계 대전에서 패할 경우, 연합국의 독립 승인을 얻기 위한 여러 활동도 벌였습니다.

임시정부는 20년이 넘는 역사 동안 숱한 어려움을 겪었지만, 끈질기게 그 명맥을 유지하여 한국인들에게 독립에 대한 희망을 주었습니다. 또 세워질 때부터 민주공화제를 채택하여, 우리 역사에서 국민이 주인이 되는 시대를 처음으로 선언한 정부이기도 합니다.

2

독립을 향한 다양한 물결
문화 통치와 독립 운동

더욱 교묘해진 식민 통치와 경제 수탈

'문화'라는 말로 식민 통치를 포장하다

3·1운동이 일제에 준 충격은 매우 컸습니다. 지난 10년 동안 적어도 겉으로는 헌병 경찰의 총칼 앞에서 숨죽이고 살던 한국인들이 일제히 "대한 독립 만세!"를 외치며 방방곡곡을 태극기로 뒤덮었으니 말입니다. 한국인의 독립 의지와 무단 통치에 대한 불만을 두 눈으로 똑똑히 확인한 일제는, 이제 더 이상 무단 통치로는 안 되겠다는 결론을 얻었겠지요.

그래서 1919년 말 새로 부임한 총독 사이토는, 처음부터 자신의 통치 방침은 "문화의 발달과 민력(民力)의 충실"이라고 하며, '문화 통치'를 선언했습니다. 한 마디로 일방적으로 힘으로 내리누르던 데서 벗어나 한국인의 의견도 들어 가며 좀 더 부드러운 방식으로 식민 통치를 하겠다는 것이었지요. 그렇다면 그 실제 모습은 어땠을까요?

먼저, 상징적인 조치를 취했습니다. 현역 군인만 임명하던 조선 총독 자리에 민간인 관리도 임명할 수 있게 고친 것입니다. 식민 통치에서 군사적 색채를 옅게 하겠다는 의도였지요. 그러나 실제로는 1945년 광복 때까지 민간인 총독은 단 한 명도 임명되지 않았습니다. 문화 통치를 시작한 사이토조차 현역 해군 대장이었습니다.

또 관리와 교사가 군복 스타일 제복을 입고 칼을 차고 근무하는 제도도 없앴습니다. 그런가 하면 헌병 경찰 제도도 보통 경찰 제도로 바꾸었습니다. 그러나 일제는 보통 경찰 제도로 바꾸면서 경찰 수를 크게 늘렸습니다. 1919년 6300여 명이었던 경찰 수는 1920년에는 2만여 명으로 늘어났습니다. 또 한반도에 주둔하는 일본군 수도 늘렸습니다. 1920년과 1921년에는 각각 2400명의 일본군이 한반도에 더 배치되었습니다.

1920년에는 지방 제도도 고쳐 원래 임명제였던 지방 자문 기관(부협의회와 면협의회)의 의원 일부를 선거제로 바꾸었습니다. 그러나 여기에서 말하는 선거란 오늘날 우리가 생각하는, 성인 남녀 누구나 선거권을 가지는 보통 선거와는 전혀 달랐습니다. 선거권은 25세 이상의 남자로, 1년 이상 그 지역에 살았으며 세금 5원 이상을 낸 사람에게만 주어졌습니다. 이렇게 선거권을 가지는 자격이 제한되었기

서울 종로 경찰서(위)와 군산 경찰서 모습
1920년대 헌병 경찰 제도가 보통 경찰 제도로 바뀌면서 헌병을 대신하여 경찰이 독립 운동 탄압의
상징으로 떠올랐다.

때문에 선거에는 일본인이나 일부 부유한 한국인만 참여할 수 있었
습니다. 따라서 이런 식의 지방 제도 개정은 많은 한국인의 의견을
지방 행정에 반영하는 것과는 거리가 멀었습니다. 오히려 선거권을
가진 일부 부유한 한국인을 식민 통치에 협력하는 사람으로 만드는
결과를 가져왔습니다.

경성부협의회 회의
경성부협의회는 오늘날 서울시의회에 해당한다. 일제는 한국인의 의견을 지방 행정에 반영하겠다며 그동안 임명제였던 부협의회 회원 선출 방식을 선거제로 바꾸었다. 그러나 부협의회 회원 선거는 1년에 세금 5원 이상을 낸 사람에게만 선거권을 주는 등, 일부 부유층으로 철저히 제한되었다.

그 밖에도 일제는 식민 통치에 협력할 한국인 수를 늘리기 위해 많은 노력을 했습니다. 사이토 총독은 〈조선 민족 운동에 대한 대책〉이라는 글에서 "친일파를 귀족, 양반, 부자, 사업가, 교육자, 종교인 등에 고루 퍼지게 하고 각종 친일 단체를 만들 것"을 지시했습니다. 물론 많은 사람들은 이런 방침을 따르지 않았지만, 여기에 호응하여 친일 단체를 만드는 사람도 적지 않게 생겼습니다. 그리고 이런 사람들 가운데 일부는 일찍부터 완전한 독립이라는 원칙을 포기하고 일제의 식민 통치 아래에서 자치권을 얻는 데나 힘쓰자고 주장했습니다.

여기에서 자치권을 얻자는 것은 무슨 뜻일까요? 그것은 나라 전체의 주권은 일제의 손에 놔둔 채, 우리나라는 일본의 한 지방으로서

보통학교 졸업식
식장 가운데 걸린 일장기(日章旗)와 좌우의 효(孝), 충(忠) 두 글자는 일제의 민족 동화 교육을 상징
적으로 보여 준다.

지방 행정의 권리나 얻자는 주장이었지요. 곧 일본과 우리나라의 관
계를 오늘날 중앙 정부와 지방 자치 단체의 관계와 비슷하게 생각한
것입니다. 이런 생각의 밑바탕에는 완전한 독립은 아예 불가능하다
는 체념이 깔려 있었습니다.

교육에서는 한국인을 일본인으로 만들려는 민족 동화(同化) 교육
이 강화되었습니다. 1920년에 제정한 〈보통학교 규칙〉에는 모든 보
통학교의 의무 교육 시간에 일본의 역사와 지리가 추가되었습니다.
또 1922년에 개정한 〈조선 교육령〉에 따라, 보통학교의 일본어 시간
은 늘어나고 한국어 시간은 줄어들었습니다.

이런 사실들을 볼 때, 문화 통치는 무엇이라고 말할 수 있을까요?

문화 통치에는 분명히 3·1운동으로 드러난 한국인의 독립 의지에 놀란 일제가 한 발 물러선 면이 있습니다. 그러나 우리는 문화 통치의 본질을 꿰뚫어 볼 필요가 있습니다. 문화 통치는 결국 한국인에게 자유를 조금 더 허용하여 식민 통치를 자연스럽게 받아들이게 만들어 아예 독립 의지를 없애려는 것이었습니다. 그렇다면 문화 통치의 목적은 이루어졌을까요? 그것은 처음부터 달성될 수 없는 일이었습니다. 문화 통치가 선전하는 것과 실제 내용이 같을 수 없었기 때문입니다.

예컨대 앞에서 문화 통치의 선전에 넘어가 자치 운동을 벌이는 사람들이 생겨났다고 이야기했지요? 실제로 1920년대에 일제는 조선에 자치를 허락할 듯한 움직임을 보이기도 했습니다. 그리고 이러한 움직임은 자치 운동가들을 희망에 부풀게 했습니다. 그러나 총독부 수뇌부에서도 이런 주장을 하는 사람은 아주 적은 수였습니다. 돌아가는 형편을 냉정하게 바라보면, 일제가 조선에 자치를 허락해 줄 가능성은 거의 없었습니다. 결국 자치 운동가들은 허상에 매달려 이룰 수 없는 헛된 운동을 한 셈이지요.

이렇게 나름대로 뜻 있는 사람들이 완전 독립을 포기하고 헛된 목표를 추구하게 만든 것이야말로, 어쩌면 문화 통치의 진정한 목표였을지도 모릅니다.

점점 어려워지는 농민의 처지

앞 장에서 토지 조사 사업 때문에 많은 농민들이 땅을 빌려 농사를

수리 시설 공사에 동원된 농민들
1920년대 산미 증식 계획의 일환으로 일제는 전국에
많은 수리 시설을 새롭게 만들었다.

흥남 질소 비료 공장
일제 강점기에 함경남도 흥남에 세워진 우리나라 최대 규모의 화학 비료
공장이다.

짓는 소작농 처지가 되었다고 했지요? 소작농은 자기 땅에 직접 농
사를 짓는 자작농에 비해 불리한 점이 많았습니다. 땅 주인(지주 : 地
主)은 소작농이 자기 마음에 들지 않으면 다음 해에는 다른 사람에게
땅을 빌려 주겠다고 위협했습니다. 그래서 소작농은 지주가 무리한
요구를 하더라도 들어줄 수밖에 없었습니다.

 소작농의 처지는 1920년대 들어 일제가 쌀을 더 많이 생산하기 위
한 '산미 증식 계획'을 실시하면서 더욱 어려워졌습니다. 일제는 쌀
생산에 알맞게 토지를 개량하기 위해 새로운 수리 시설을 만들고,
비료를 사용하도록 강요했습니다. 그런가 하면 품종 선택이나 농사
짓는 방식, 농기구 사용까지도 일일이 간섭했습니다. 물론 이런 것
을 통해 쌀이 더 많이 생산된 것은 사실입니다.

 그러나 쌀이 더 많이 생산되었다고 해서 소작농의 생활이 나아진
것은 아니었습니다. 오히려 소작농들은 원래 지주에게 내야 할 소작

소작료 내는 모습
소작농으로 전락한 많은 농민들은 1년 동안 애써 농사지은 쌀의 절반 이상을 지주에게 소작료로 바쳐야 했다.

료 말고도 새로운 수리 시설을 관리하기 위한 비용, 비료 값, 쌀 운반 비용 따위의 세금들까지 내야 했습니다. 이런 비용은 원래 지주가 내야 하는 법인데, 지주들은 이런 비용을 모두 소작료에 포함시켰습니다. 그래서 보통 수확한 곡식의 50% 정도였던 소작료가 80%까지 올라갔습니다. 다시 말해 소작농이 가을에 추수한 쌀이 열 가마니라면, 그 가운데 여덟 가마니를 소작료로 내야 했던 것이지요.

　게다가 지주는 자기 집에 결혼식이나 장례가 있으면 소작농을 불러 일을 시켰고, 자기 집 청소나 수리까지 소작농에게 맡겼습니다. 한 마디로 소작농은 지주 집 하인이나 다름없는 처지였지요. 뿐만 아니라 지주는 봄에 양식이 떨어진 소작농에게 높은 이자로 곡식을 빌려 주고, 가을에 소작농 몫의 곡식으로 갚게 했습니다. 소작료로 80%를 빼앗기고 남은 몫에서 지주에게 빌린 곡식을 갚고 나면 소작농에게는 남는 것이 없었습니다. 그래서 다시 지주에게 곡식을 빌려 먹는 악순환이 이어졌지요.

　이렇게 농민의 대부분을 차지하는 소작농에 대한 수탈이 심해지

일제가 산미 증식 계획을 실시한 이유

산미 증식 계획이란 쌀 생산(산미 : 産米)을 늘리려는(증식 : 增殖) 계획이라는 의미로, 1920년대 일제의 대표적인 경제 정책 가운데 하나이다.

이때 일제가 산미 증식 계획을 세운 것은 일본의 사정과 관계가 있다. 앞서 말했듯이 일본은 1차 세계 대전의 승전국이다. 세계 대전 승전은 일본의 경제 발달에 큰 영향을 끼쳤고, 경제 발달은 도시 발달과 도시 인구 증가를 가져왔다. 도시로 모여든 사람들은 대부분 공장 노동자가 되었다. 그런데 당시 일본은 쌀 생산이 부족하여 쌀값이 비쌌다. 주식(主食)인 쌀값이 비싼 것은 다른 물가에도 영향을 미쳤다. 그리고 높은 물가는 당연히 사람들의 생활을 어렵게 했다.

이런 가운데 사람들의 불만이 커지고, 노동자들은 생활 비용을 감당하기 위해 임금을 올려 달라는 노동 운동을 벌였다. 이에 일본 정부는 사회를 안정시키려면 많은 쌀이 필요함을 깨닫고, 일본에 공급할 쌀을 생산하기 위해 산미 증식 계획을 세운 것이다.

반출미가 쌓인 군산항
일제 강점기 전라북도 군산은 '쌀의 군산'이라고 불릴 정도로 한국에서 생산한 쌀을 일본으로 실어 나르는 대표적 항구였다.

화전민이 밭을 가는 모습(왼쪽)과 그들의 궁핍한 살림

산으로 들어간 농민들
화전은 원래 농토가 아니라 산이었기 때문에 농사를 짓기에 알맞은 땅이 아니다. 게다가 일제는 산림 보호를 내세워 화전 경작을 엄격히 금지했다. 그러나 고향에서 농사를 지어 봤자 남는 것이 아무것도 없던 농민들은 이렇게 해서라도 먹고살기 위해 산으로 들어갔다.

면서, 우리 농민들은 초근목피(草根木皮 : 풀뿌리와 나무껍질)로 겨우 목숨만 이어 갔습니다. 견디다 못한 농민들은 집을 떠나 뿔뿔이 흩어졌습니다. 일부는 산에 불을 질러 탄 자리에 농사를 짓는 화전민(火田民)이 되었습니다. 화전은 원래 농토가 아닌 산이었지만, 이런 땅을 일구어서라도 먹고살기 위해 화전민이 된 것이지요. 또 일부는 아무 대책도 없이 도시로 나가거나, 맨손으로 고향을 떠나 만주나 일본으로 떠나기도 했습니다. 그런가 하면 '소작료를 내려 달라', '수리 조합을 폐지하라'는 등의 요구를 하며 농민 운동을 시작한 적극적인 농민들도 나타났습니다.

한국인의 기업 활동이 시작되다

전통 시대 우리나라에서는 신분을 '사농공상(士農工商)'이라 하여 네 가지로 구분하여 일컬었습니다. 그리고 물건을 만드는 것(공)이나 파는 것(상)을 학문을 하는 것(사)이나 농사를 짓는 것(농)에 비해 낮게

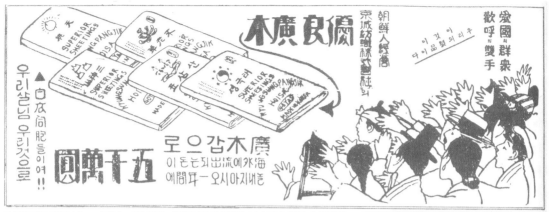

경성방직의 광목 광고 '민족 기업'임을 내세운 경성방직의 이미지에 걸맞게 왼쪽에 "백의동포들이여!! 우리 살림 우리 것으로"라는 표어가 보인다.

경성방직을 세운 김연수
김연수가 형 김성수와 함께 경성방직을 세운 데에는 경제 분야에서 우리 민족의 실력 양성에 이바지하고자 하는 뜻이 있었다. 그러나 김연수는 기업을 유지하기 위해 여러 친일 활동에 몸담지 않을 수 없었다.

보았습니다. 그러나 19세기 말 근대화의 물결이 밀려들면서 우리나라에도 상업이나 공업을 일으키는 근대적 기업가가 생겨났습니다. 그런데 강점 이후 일제는 〈회사령〉을 만들어 한국인의 기업 활동을 억눌렀습니다. 그래서 1910년대 우리 기업가들은 당연히 활발한 활동을 벌이지 못했습니다. 1920년 〈회사령〉이 폐지되면서 비로소 숨통이 트이게 되었지요. 그러나 우리 기업가들은 일제의 보호를 받는 일본 기업가들과 힘겨운 경쟁을 해야 했습니다.

이런 가운데 섬유업에서 특히 큰 성과를 거두어 일본 기업과 비슷한 규모로 성장한 우리 회사도 나타났습니다. 그렇지만 한국인이 기업 활동을 하기란 여전히 무척 어려웠습니다. 한국인이 세운 기업으로 거의 최고 수준에 오른 경성방직조차 1920년대 내내 경영의 어려움에서 벗어나지 못했으니까요. 상황이 이러했기 때문에, 한국인 기업가는 사업을 유지하고 확장하기 위해서는 일제와 어느 정도 타협하는 것을 피할 수 없었습니다. 경

조선식산은행 본점
조선식산은행은 조선 총독부의 산업 정책 방향에 따라 기업에 자금을 대출해 주는 역할을 했고, 많은 한국인 기업가들은 조선식산은행의 대출을 받기 위해 일제의 요구에 협력해야만 했다.

성방직은 한국인만 직원으로 채용할 정도로 민족 정신이 강한 기업이었지만, 조선 총독부의 감독을 받는 조선식산은행(오늘날의 한국산업은행)에서 사업 자금을 빌리기 위해서는 여러 식민 정책에 찬성의 뜻을 나타낼 수밖에 없었습니다.

이렇게 처음부터 '민족'과 '친일' 사이에서 방황할 수밖에 없던 한국인 기업가들은, 일제가 본격적인 대륙 침략을 시작하면서 더욱 일제에 협력하는 방향으로 나아갔습니다. 경성방직은 일제의 영향력 아래에 들어온 만주에 진출하여 남만주방적(南滿洲紡績)을 세웠습니다. 남만주방적은 당시 아시아에서 가장 큰 규모의 방적 회사였지요. 이런 수준의 기업을 세우기 위해서 경성방직은 만주의 일본군을 위해 옷감을 싼값에 공급해야 했습니다. 그리고 이런 일제의 침략 전쟁에 대한 협력은 광복 이후 그들 자신에게 큰 짐이 됩니다.

일본 경제와 연결되어야만 기업 활동을 할 수 있었던 한국인 기업가들은, 광복과 더불어 그 끈이 끊어지면서 몰락의 길을 걸어야 했습니다. 그리고 이런 굴레에서 벗어나 한국인 스스로의 힘으로 경제 발전을 시작하기까지는 다시 오랜 시간이 걸렸습니다.

민족 실력 양성의 빛과 그늘

한국인의 말문을 연 신문과 잡지의 탄생

문화 통치가 시작되면서 일어난 큰 변화 가운데 하나는 한국인이 발행하는 신문과 잡지가 많이 생겨났다는 점입니다. 강점 이후 일제는 한국인의 신문 발행을 허가하지 않았습니다. 그래서 1910년대에는 한국어 신문이라고는 조선 총독부의 기관지 《매일신보》 하나뿐이었습니다. 잡지 발행도 거의 허가하지 않아 종교나 학생 관련 잡지 몇 종류 말고는 한국인의 목소리를 담은 잡지는 찾아보기 어려웠습니다.

문화 통치를 시작하면서 일제는 이러한 정책을 바꾸었습니다. 한국인이 신문과 잡지를 발행하는 것을 더 많이 허가해 주기로 방침을 세운 것입니다. 그 이유로 조선 총독부는 '언론 자유의 보장'을 내세웠지만, 실제 이유는 따로 있었습니다. 한국인의 말문을 철저히 막은 결과 불만이 쌓여 3·1운동이 일어났다고 보았기 때문이지요. 그러니 차라리 신문이나 잡지 발행을 허가하여 한국인이 목소리를 낼 수 있도록 해 주고, 대신 그 내용을 철저히 감시하기로 한 것입니다. 일제는 그렇게 하여 한국 사회의 민심 흐름도 파악할 수 있을 거라 기대했습니다.

조선 총독부가 새로운 한국어 신문 발행을 허가하자, 신문 발행 신청이 10여 종이나 몰려들었습니다. 그만큼 한국인 목소리를 담은 언론에 대한 목마름이 컸던 것이지요. 그 가운데 발행 허가를 받은

김성수
《동아일보》를 창간하고 실질
적으로 운영한 김성수.

대표 신문이 《동아일보》와 《조선일보》입니다.

《동아일보》는 경성방직을 운영하는 기업가 김성수의 주도로 창간
되었습니다. 앞에서 경성방직이 한국인만 직원으로 채용한 대표적
인 한국인 기업이었지만, 은행에서 기업 운영에 필요한 돈을 빌리기
위해서는 조선 총독부에 협조할 수밖에 없었다고 이야기했지요? 이
런 경성방직의 이중적인 모습은 《동아일보》에 관계한 사람들의 구성
에서도 드러났습니다.

초대 사장에는 갑신정변을 주도한 개화파 출신으로 당시 친일파
의 거두(巨頭)였던 박영효가 취임했습니다. 또
초대 편집국장은 《매일신보》 기자 출신 이상협
이 맡았습니다. 그렇지만 편집진에는 신민회
회원이었던 양기탁, 2·8 독립 선언의 주역이었
던 장덕수 등이 참여했습니다. 그 밖에도 실제
로 기사를 쓰는 기자들은 거의가 식민 통치에
비판적인 청년 지식인이었습니다. 그래서 《동
아일보》는 처음부터 식민 통치를 비판하는 기
사를 많이 실어 창간 뒤 3년 동안 무려 열 차례
나 신문을 압수당하는 어려움을 겪었습니다. 그
렇지만 식민 통치를 비판하는 기사는 많은 독자
들의 호응을 얻었고, 《동아일보》는 매일 4만 부
이상 발행하는 인기 신문이 되었습니다.

물론 《동아일보》는 자치 운동을 주장한 이광
수의 논설 〈민족적 경륜〉을 연재하고, 이념 차

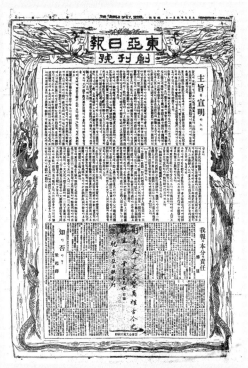

《동아일보》 창간호
1920년 4월 1일 자 《동아일보》 창간호 1면. 《동아일보》는
창간사에서 "조선 민중의 표현 기관으로 자임"하며, "민주
주의를 지지"하고 "문화주의를 제창"하겠다고 했다.

이를 떠나 우리 민족 전체의 단결을 목표로 조직된 신간회 활동에 냉소를 보내는 등 일제에 타협하는 모습을 보이기도 했습니다. 그럼에도 불구하고 1920년대 《동아일보》는 '민족적 입장'을 어느 정도라도 대표한 신문임에 틀림없습니다. 그래서 그동안 막혀 있던 한국인의 말문을 여는 데 적잖이 기여했다고 볼 수 있습니다.

한편 《조선일보》는 친일 기업가들의 모임인 대정친목회(大正親睦會)가 창간한 신문입니다. 한국인의 목소리를 담아 내는 신문과는 거리가 먼 시작이었던 셈이지요. 그렇지만 곧 경영진이 바뀌면서 신문 성격도 크게 바뀌었습니다. 이상재·안재홍 등 유명한 민족 진영의 인사들이 경영을 맡고, 사회주의자인 박헌영·김단야 등이 기자로 활동했습니다. 《조선일보》의 구성원이 정반대로 바뀌자, 일제는 《조선일보》의 활동을 크게 감시하기 시작했습니다. 그리하여 1925년에는 러시아 혁명을 찬양하는 기사를 썼다는 이유로 윤전기를 압수하고 기자 세 명을 구속하는 사건도 일어났습니다.

한편 《조선일보》에 관여한 사람들이 신간회에 많이 참여했고, 《조선일보》에서도 신간회의 운동이나 노동 운동, 농민 운동에 관한 기사를 많이 실었습니다. 그런데 《조선일보》에는 김성수 같은 능력 있는 후원자가 없었기에, 아무리 신문 내용이 좋아도 경영은 늘 불안했습니다. 결국 1930년대에 《조선일보》는 광산업으로 크게 성공한 기업가 방응모의 손에 들어갔습니다. 물론 방응모가 경영을 맡은 뒤 《조선일보》가 갑자기 친일 신문으로 돌아간 것은 아닙니다. 그러나 이전까지 보여 준 항일적이고 진보적인 색채가 많이 바랜 것도 사실입니다.

일제 강점기의 잡지들
1920~30년대 발행된 《개벽》, 《별건곤》, 《삼천리》 같은 종합 잡지에는 새로운 사상의 동향, 문예 작품, 일제 식민 통치에 대한 비판 등의 묵직한 내용과 함께 흥미 위주의 기사들도 실리곤 했다.

1920년대에는 신문 말고도 많은 잡지가 등장하여 독자들의 눈길을 끌었습니다. 그 가운데 가장 눈에 띄는 중요한 잡지는 천도교에서 발행한 종합 잡지 《개벽(開闢)》입니다. 천도교의 이론가 이돈화가 편집장을 맡은 월간지 《개벽》은 당시로서는 꽤 두꺼운 160쪽 분량이었지요. 내용도 천도교에 대한 글 말고도 청년 지식인들의 새로운 사상에 대한 글, 다양한 문예 작품 등을 실었습니다. 그 중에는 식민 통치에 비판적인 글도 많아서, 1926년 8월 폐간될 때까지 무려 34회나 압수 처분을 받기도 했습니다.

《개벽》을 이어 《별건곤(別乾坤)》, 《삼천리(三千里)》 같은 종합 잡지가 창간되었습니다. 이 잡지들에는 국제 정세나 사회 상황에 관한 무거운 내용도 실렸지만, 독자들의 호기심을 자극하는 흥미 위주의 기사도 많이 실렸습니다.

그 밖에 1920년대에는 사회주의 영향을 받은 《신생활》, 《조선 지성》, 《비판》, 《사상운동》 등의 잡지들도 창간되었습니다. 이 잡지들은 다양한 대중을 독자로 하는 '종합 잡지'와 구분하여 '사상 잡지'라고 불렸습니다. 여기에는 사회주의 사상을 해설하는 글, 국내외 사회 운동과 관련된 다양한 글들이 실렸습니다. 자연스럽게 새로운 사상이나 운동에 민감한 청년, 학생들이 이 잡지들의 주된 독자였지요.

우리 민족이 만든 것을 쓰자 – 물산 장려 운동

문화 통치로 인해 신문이나 잡지 발행처럼 한국인이 활동할 수 있는 공간이 조금 더 넓어지면서, 독립 운동 진영에서는 새로운 움직임이 싹텄습니다. 먼저 일제가 허가한 테두리 안에서 우리 민족의 실력을 키우고, 얼마만큼 실력이 쌓이면 일제에 대한 직접 투쟁에 나서자는 운동이었지요. 이런 주장을 한 사람들이 벌인 대표적인 운동이 물산 장려 운동입니다.

'물산 장려 운동'이란 한국인은 되도록 한국인이 생산한 물건을 사서 써서, 그 물건을 생산한 한국인 기업의 발전을 돕자는 운동입니다. 그렇게 하면, 정치적으로는 식민 통치를 받는다 하더라도, 경제적으로는 일제로부터 자립할 수 있다는 것이 이 운동의 취지였습니다.

물산 장려 운동은 1920년대 초 한국인 기업이 많이 있던 평양에서 시작되었고, 곧 다른 지역으로 퍼져 나갔습니다. 그 결과 1923년 1월, 서울에서 전국 규모의 '조선물산장려회'가 조직되었습니다. 조선물산장려회는 서울과 평양 말고 다른 지역에도 많은 지회를 조직하고, 국산품 애용을 주제로 한 강연회나 시위 등을 활발히 벌여 나갔습니다. 그 결과 이 운동에는 많은 지식인, 청년, 학생뿐 아니라 부녀자들까지 함께했습니다.

물산 장려 운동의 정신은 조선물산장려회의 기본 실행 요강에서 잘 알 수 있습니다. 그것은 첫째, 의복은 남자는 무명베 두루마기를 입고 여자는 검정 물감을 들인 무명치마를 입는다, 둘째, 설탕, 소금 등을 제외한 식료품은 우리 땅에서 생산된 것만 먹는다, 셋째, 일상

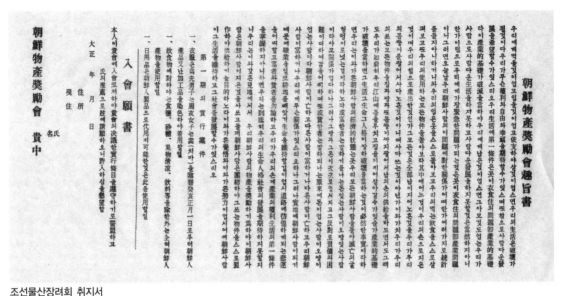

조선물산장려회 취지서
"조선 사람은 조선 사람이 지은 것을 사서 쓰자"는 내용의 물산 장려 운동의 취지를 담고 있다.

용품은 되도록 우리 토산품을 쓰되 할 수 없이 외제를 쓸 때에는 절약한다는 등 세 가지였습니다.

그런데 물산 장려 운동에 참여한 일부 기업가들은, 한국인 기업이 더 발전하기 위해서는 단지 국산품을 애용하는 데에서 나아가 조선 총독부가 주는 보조금도 적극적으로 받아야 한다고 주장했습니다. 이런 것이 당장은 식민 통치에 협력하는 듯 보이겠지만, 결국 한국인 기업이 발전하는 것이 곧 우리 민족 전체가 발전하는 것이란 주장이었지요. 그러나 이런 논리는 설득력이 약했습니다. 순수한 애국심으로 한국인 기업의 생산품을 사 쓴 소비자들은 기업가들의 이런 주장에 배신감을 느꼈습니다. 그리하여 점차 기업가들 목소리가 커지면서 물산 장려 운동에 호응하는 사람들 수는 줄어들었습니다.

민족의 대학을 세워 인재를 기르자 – 민립 대학 설립 운동

한편 1920년대 초에는 한국인 힘으로 한국인을 위한 대학을 세우자는 운동도 일어났습니다. 당시 국내에는 고등 교육 기관으로 전문학교 몇 개가 있을 뿐 대학은 하나도 없었습니다. 한국인의 교육은 되도록 낮은 수준의 실업 교육으로 끝낸다는 일제의 교육 정책 때문이었지요. 따라서 대학 설립 운동은 일제의 교육 정책을 거슬러 민족의 실력을 키운다는 면에서 의미가 컸습니다.

대학 설립 운동에 뜻을 모은 사람들은 1922년 '조선민립대학설립기성회'를 조직하고 〈민립 대학 설립 취지서〉를 발표했습니다. 그리고 곧 전국에 100여 개의 지부를 두고 자금을 모으기 시작하고, 대학 설립 계획도 구체적으로 세웠습니다. 처음에는 법과·문과·경제과·이과 등으로 출발하여 서서히 공과·의과·농과도 세우기로 계획했습니다.

민립 대학 설립을 위한 성금 모금에 관한 기사
"진남포 비석리 122번지 이재순 씨는 늙은 부모를 모시고 극히 빈곤한 살림을 해 가더니 두어 달 전부터 10전짜리 50개를 모아서 민립 대학 기성회 상무위원에게 가지고 와서 회원 되기를 자청하고 이후에도 정성을 다하겠다고 했다고 한다"라는 글이가(〈시대일보〉 1924년 6월 14일 자). 민립 대학 설립 운동이 시작되자, 위 기사처럼 전국에서 평범한 사람들이 성금을 보냈다. 이러한 열기에 일제는 크게 당황하지 않을 수 없었다.

실력 양성 운동의 의미와 한계

물산 장려 운동이나 대학 설립 운동같이 민족의 실력을 기르자는 운동의 밑바탕에는 '사회 진화론'이라는 사상이 자리 잡고 있었다. 사회 진화론이란 영국의 생물학자 다윈이 자연계의 원리로 정립한 진화론을 사회에 적용한 것이다. 다윈은 진화론에서 자연계는 약육강식, 적자생존의 원리에 따라 움직인다고 했다. 곧 약한 자는 강한 자에게 먹히고, 강한 자만 살아남는다는 뜻이다. 이런 이론을 인간 사회에 적용하면 강한 나라가 약한 나라를 침략하여 식민지로 만드는 것을 비판할 수 없다. 오히려 당연한 것이 된다. 그렇다면 어떻게 해야 할까? 남는 것은 약한 나라도 힘을 길러 강해져야 한다는 것뿐이다. 곧 실력을 쌓아야 한다는 결론에 이르게 된다.

그런데 사회 진화론에는 심각한 문제점이 있다. 만일 아무리 실력을 길러도 강한 나라를 뛰어넘지 못한다면 어떻게 될까? 영원히 강한 나라에 머리 숙이고 살 수밖에 없다는 것이 사회 진화론의 결론이다. 그러나 인간은 동물과 달리 옳고 그름을 판단할 수 있는 능력이 있다. 아무리 강한 나라라도 약한 나라를 함부로 침략하는 것은 옳지 않다. 따라서 제국주의에 반대하여 독립 운동을 하는 것은 단지 힘이 강하고 약하고의 문제가 아니라, 옳지 못한 상태를 올바른 방향으로 되돌리려는 운동인 셈이다. 사회 진화론은 이런 자연계와 인간 사회의 중요한 차이를 생각하지 못한 이론인 셈이다.

물산 장려 운동이나 대학 설립 운동이 실패로 끝나자, 운동의 지도자들은 두 갈래로 나뉘었다. 한 갈래는 온건한 운동의 한계를 깨닫고 다시 일제와 직접 대결하는 독립 운동으로 나아갔다. 여기에 속한 사람들은 사회 진화론의 한계를 깨달은 것이다. 그러나 다른 갈래, 곧 사회 진화론에서 벗어나지 못한 사람들은 일제가 허락해 줄 만한 더욱 온건한 운동을 찾기 시작했다. 그런데 이런 식으로 일제의 허락을 얻기 위해 운동 수준을 낮추다 보면, 어느 순간에는 독립 운동을 완전히 포기할지도 모르는 일이었다. 그리하여 시간이 흐르면서 처음부터 친일파였던 사람들보다 실력 양성 운동에서 출발했다가 자기도 모르는 새에 친일파가 되어 버린 사람들이 늘어 갔던 것이다.

경성제국대학
1925년 설립된 경성제국대학 본관. 현재 서울대학교 의과대학 본관이다.

대학 설립 운동이 활발해지자 일제는 당황했습니다. 그리고 곧 총독부의 허가 없이 마음대로 대학 설립을 추진하는 것은 불온한 사상의 영향 때문이라고 주장하는 한편, 일제의 통제가 가능한 관립(官立) 대학 설립을 준비하기 시작했습니다. 한국인의 높은 교육열에 비추어 언제까지나 대학 설립을 막을 수는 없다고 판단했기 때문이지요. 따라서 대학을 세울 수밖에 없다면, 교육 방침이나 내용을 일제가 쥐락펴락할 수 있는 관립 대학을 세워 식민 통치에 순응하는 지식인을 양성하겠다는 속셈이었지요. 결국 일제의 방해 공작으로 대학 설립 운동은 실패하고 말았습니다. 대신 1925년 관립 대학인 경성제국대학(京城帝國大學)이 문을 열었습니다.

일제는 경성제국대학(경성제대)은 일본의 도쿄제국대학 등과 같은 급의 대학이라고 선전했습니다. 그렇지만 경성제대에는 일본의 제국대학과는 달리, 식민지 관리와 당시 한국에 부족한 의사를 양성하는 데 필요한 법문학부와 의학부만 설치했습니다. 정치학이나 경제학 등 사회과학은 한국인의 독립 의지를 고양시킬 위험성이 있가 때문에, 또 자연과학이나 공학도 한국인에게는 높은 수준의 과학이나 기술 교육은 필요없다는 이유로 학부를 설치하지 않은 것이지요. 그러다가 1940년대 태평양 전쟁으로 군사 기술자 양성이 필요해지자, 비로소 일제는 경성제대에 이공학부를 설치했습니다. 이렇게 경성제대는 교육 내용에서부터 차별이 있었습니다.

나라 밖에서 타오른 독립 운동

3·1운동 이후 많은 독립 운동가들은 평화로운 만세 시위로는 도저히 일제와 맞서 싸울 수 없다는 교훈을 얻었습니다. 이들은 올바른 독립 운동 방법은 역시 직접 총을 들고 일제에 대항하여 독립 전쟁을 벌이는 길뿐이라는 결론에 이르렀습니다. 물론 이전에도 이런 생각을 한 사람들이 없었던 것은 아니지만, 3·1운동 이후 더욱 크게 퍼져 나간 것이지요.

독립 전쟁 준비는 일제의 감시와 탄압에서 상대적으로 자유로우면서 한국인이 많이 살고 있는 만주 지역에서 활발히 이루어졌습니다. 일제의 조사에 따르면, 1920년대 초 만주에는 독립 전쟁을 목표로 하는 한국인 부대가 70여 개나 조직되어 있었습니다. 이들은 국내로 진격하여 관공서를 습격하거나 일본군이나 경찰과 크고 작은 전투를 벌였습니다.

그 대표적 보기로 '봉오동 전투'와 '청산리 대첩'을 들 수 있지요. 먼저 1920년 6월, 홍범도가 이끄는 부대가 두만강을 건너와 함경북도 종성의 헌병 초소를 습격했습니다. 소식을 들은 일본군은 곧 부대를 출동시켰지만 홍범도 부대에 계속 격파당했습니다. 잇달은 패배에도 불구하고 일본군은 홍범도 부대를 계속 추격하여 만주 왕청현의 봉오동까지 들어왔습니다. 봉오동은 두만강에서 40리 정도 떨어진 계곡 지대로 한국인이 100여 가구 살고 있는 곳이었지요. 홍범도 부대는 일본군이 봉오동 계곡 깊숙이 들어오도록 유인하여 포위하고 공격했습니다. 이 공격으로 일본군은 157명이 전사하고 200여 명이 부상을 입었지만, 홍범도 부대는 700여 명 중 단 4명이 전사했습니다. 뒷날 '봉오동 전투'라고 불린 이 전투는 독립군이 정규 일본군을 맞아 처음으로 크게 승리를 거둔 전투입니다.

봉오동 전투에서 대패한 일본군은 만주의 독립군을 대대적으로 토벌하려는 계획을 세웠습니다. 그리하여 1920년 10월에는 중국인 마적(馬賊 : 말을 타고 다니며 노략질하던 도둑 무리)을 매수하여, 그들을 독립군처럼 꾸며 일본 영사관을 습격하게 했습니다. 일제는 이 사건을 구실로 대규모 일본군을 만주에 투입하여 독립군을 공격했습니다. 독립군 부대들은 화룡현 부근으로 이동했습니다. 이때 김좌진이 이끄는 북로군정서(北路軍政署)는 화룡현과 안도현의 경계인 청산리에 도착하여 근처에 있던 홍범도 부대와 연합하여 전투를 준비했습니다.

북로군정서는 청산리 백운평 계곡에 매복하고 있다가 일제히 일본군을 공격하여 200여 명을 사살했습니다. 또 홍범도 부대는 화룡현 이도구에서 일본군을 크게 물리쳤습니다. 그 뒤

홍범도(1868~1943)
포수 출신으로 1907년부터 의병 활동을 시작하여 강점 이후 만주로 건너가 독립군을 양성했다. 자유시 참변을 겪은 뒤 주로 연해주에서 생활했으나, 말년에는 카자흐스탄으로 강제 이주되어 그곳에서 사망했다.

김좌진(1889~1930)
강점 이전 애국 계몽 운동에 참여했고, 1911년 군자금 모금 혐의로 징역을 산 적이 있으며, 1918년 만주로 망명했다. 청산리 대첩 이후에도 신민부를 창설하는 등 독립군 활동을 계속했으며, 독립 운동 진영의 사상적 단결을 호소했다. 1930년 고려공산청년회 소속 박상실에게 저격당했다.

이범석(1900~1972)
1915년 경성고등보통학교 재학 중 중국으로 망명했다. 청산리 대첩 때 중대장으로 크게 활약했으며, 1941년 한국 광복군 참모장이 되었다. 광복 이후 대한민국 정부의 초대 국무총리를 지냈다. 사진은 광복군 참모장 시절이다.

청산리의 독립군
청산리 대첩에서 대승을 거둔 우리 독립군의 모습.

1920년 10월 말까지 북로군정서와 홍범도 부대는 연합하여 일본군과 10여 차례 전투를 벌여 일본군 1200여 명을 사살하고 많은 무기를 빼앗았습니다. 반면에 3000여 명의 독립군은 단 60여 명이 전사하고 90여 명이 부상당하는 작은 피해를 입었지요. 1920년 10월의 이런 빛나는 전과를 묶어서 '청산리 대첩'이라고 부릅니다. 청산리 대첩은 일제 강점기 독립 전쟁 역사에서 가장 큰 성과를 거둔 승리입니다.

청산리 대첩으로 많은 피해를 입은 일본군은 그 보복으로 간도 지역에 모여 사는 한국인을 마구잡이로 탄압했습니다. 한국인을 무려 1만여 명이나 학살하는 한편, 민가 2500여 채와 학교 30여 채를 불태웠습니다. 이렇게 민간인 피해가 심해지자, 독립군은 중국과 소련의 국경 지대에 모여 대책을 논의했습니다. 그 결과 모든 독립군 부대가 연합하여 '대한독립군단'을 조직하고 러시아 영토인 연해주로 이동하기로 결정했습니다. 이때 모인 독립군은 3500명 정도였습니다.

1921년 초, 마침내 일본군의 경계망을 뚫고 간도를 벗어난 대한독립군단은 러시아 영토인 자유시 부근에 자리를 잡았습니다. 그리고 소련의 원조를 받아 장비를 보강하고 고려군관학교를 세워 독립군을 양성하기 시작했지요. 사회주의 국가인 소련은 이념적으로 제국주의를 반대했기 때문에, 처음에는 우리 독립군에게 호의적이었습니다. 그러나 곧 일본과 어업 협정을 체결한 뒤에는 일본의 요구에 따라 대한독립군단에게 무장을 해제하라고 요구했습니다. 독립군을 해산시키라는 것이었지요.

대한독립군단은 당연히 이를 거부했습니다. 그러자 소련군은 독립군을 겹겹이 둘러싸고 무차별 공격을 가했습니다. 뒤에 '자유시 참변'으로 불린 이 사건으로 독립군 수백 명이 희생되었습니다. 이 사건은 우리 독립군에 큰 상처를 주었지만, 한편으로는 우리의 독립운동은 철저히 우리 힘으로 해야 한다는 교훈을 주기도 했습니다.

한편 만주에 남은 독립군 부대들도 많은 어려움을 이겨 내고 효과적인 독립 전쟁을 벌이기 위해 여러 부대를 통합하기 위한 운동을 벌였습니다. 그 결과 모든 독립군 부대가 하나로 통합되지는 못했지만, 신민부·정의부·참의부 등 세 단체로 정비되었습니다. 이 세 단체는 중심 활동 지역과 독립 전쟁 방법에 조금씩 차이가 있었지만, 공통적으로 독립군 활동뿐 아니라 각자 활동하는 지역에서 한국인 자치 정부 역할도 했습니다.

한편 민족 통일 전선을 조직하려는 국내의 운동은 만주의 독립 운동가들에게도 영향을 미쳤습니다. 그리하여 1927년, 길림성에서 만주의 독립 운동 단체 대표 52명이 모여 이에 대한 회의를 열었습니다. 그러나 결국 의견이 통일되지 못했습니다. 그 뒤 1928년 만주의 독립 운동 단체들은 혁신의회와 국민부 두 단체로 정비되었지만, 끝내 통일된 하나의 단체로 나아가지는 못했습니다.

침략자의 심장을 겨눈 의열단의 총구

독립 운동가들 중에는 독립군 부대를 만들어 독립 전쟁을 벌이거나 언론이나 강연 등을 통해 계몽 운동을 벌인 사람들이 있는 반면, 한 사람 혹은 몇 사람이 모여 중요한 침략의 원흉이나 친일파를 처단하고 식민 통치 기관을 파괴하는 투쟁을 벌인 사람들도 있었습니다. 강점 직전 러시아 하얼빈에서 초대 통감 이토 히로부미를 저격한 안중근이나, 서울역에서 총독 사이토를 향해 폭탄을 던진 강우규 등은 이런 투쟁을 벌인 대표적인 보기입니다.

1919년 김원봉 등을 중심으로 만주 길림성에서 조직된 의열단(義烈團)은 바로 이런 투쟁을 목표로 하는 단체였습니다. '침략 원흉 응징과 침략 기관 파괴'를 활동 목표로 한 의열단은 비밀리에 국내에 숨어 들어와 투쟁을 벌였습니다. 1920년 3월 밀양경찰서 폭탄 투척을 비롯하여 조선 총독부 폭탄 투척, 종로경찰서 폭탄 투척, 조선식산은행과 동양척식주식회사 폭탄 투척 등 여러 차례 거사를 일으켜 일제의 간담을 서늘하게 했지요.

한편 의열단은 자신들의 투쟁이 단지 파괴를 위한 파괴가 아니라, 정당한 독립 운동의 하나임을 널리 알리기 위해 베이징에 있던 신채호에게 의열단의 행동 강령과 투쟁 목표를 하나의 글로 써 줄 것을 요청했습니

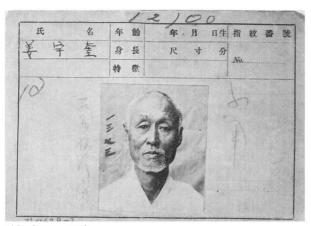

강우규(1855~1920)
60대 고령의 나이로 1919년 9월 서울역에서 새로 부임하는 총독 사이토에게 폭탄을 던진 강우규는 현장에서 체포되어 1920년 11월 처형되었다. 사진은 서대문 형무소에 수감 중일 때의 수형자 카드이다.

의열단의 투사들
의열단이 폭탄을 투척한 종로경찰서나 조선식산은행 같은 곳들은 모두 식민 통치의 핵심 기구로 우리 민족의 원한의 표적이 되었던 곳들이다. 왼쪽부터 의열단 단장 김원봉, 종로경찰서 폭탄 투척 사건의 김상옥, 조선식산은행 폭탄 투척 사건의 나석주이다.

다. 이 요청을 받고 신채호는 1923년 〈조선혁명선언〉을 썼습니다. 〈조선혁명선언〉에서 신채호는 "민중의 직접 폭력 혁명으로 민중의 조선을 건설"하는 것이 독립 운동의 목표라고 주장했습니다. 더불어 외교론, 문화 운동론, 준비론, 자치론 등 일제와의 직접 대결을 피하는 모든 이론들을 철저히 비판했습니다.

〈조선혁명선언〉에 관한 기사
일제 경찰이 체포한 의열단원한테서 압수한 〈조선혁명선언〉 내용을 보도한 신문 기사. "폭력의 무기로써 '강도 일본'의 세력을 파괴 후 '이상적 조선'을 건설하자"는 제목이 보인다. 《동아일보》 1923년 4월 14일 자.

　〈조선혁명선언〉의 '민중 직접 혁명론'은 그동안 의열단이 펼친 암살·파괴 등의 독립 운동을 정당화하면서, 앞으로 의열단이 나아갈 길을 규정한 것이었습니다. 그러나 의열단도 1925년 이후에는 활동 방법을 약간 바꾸어 독립군 부대 조직이나 계몽 활동 등에도 힘을 기울였습니다. 그리고 1930년대 후반 일제의 대륙 침략 전쟁이 시작된 뒤에는 임시정부와 연합하여 독립 운동 전선을 지켰습니다.

새로운 세상을 꿈꾸다 – 사회주의 사상과 운동

3·1운동 이후 우리 독립 운동에 나타난 새로운 흐름 가운데 중요한 것 하나가 사회주의 사상과 운동입니다. 사회주의는 본디 자본가와 노동자, 지주와 소작인 등 서로 다른 계급 사이의 불평등을 없애고 모두가 고르게 잘 사는 사회를 건설하자는 이론입니다. 그러나 식민지에서 사회주의는 그러한 평등 사회 건설을 가로막는 제국주의를 물리치자는 독립 운동의 이론이 되기도 했습니다. 따라서 독립 운동에 뜻을 둔 사람들 속에서, 사회주의를 통해 민족의 독립과 새로운 사회 건설을 한꺼번에 이룰 수 있을 거라는 희망을 품는 이들이 많이 생겨났습니다.

우리나라에서 사회주의 사상을 처음 받아들인 사람들은, 세계 최초로 혁명에 성공하여 사회주의 국가가 된 러시아의 한국인들입니다. 1917년 블라디보스토크에서 이동휘를 중심으로 한인사회당이 조직되었지요. 그 뒤 국내에서도 3·1운동 이후 청년 지식인들을 중심으로 사회주의 사상은 크게 퍼져 나갔습니다. 이런 움직임은 노동 운동이나 농민 운동이 활발해지는 분위기에 따라 더욱 빠르게 확산되었습니다. 처음에는 청년, 학생들 중심으로 독서회 따위 이름을 내건 작은 단체들이 여러 지역에서 만들어졌습니다. 이런 단체의 구성원들은 주로 사회주의 사상에 관한 글을 같이 읽으며 운동 방법을 찾았지요.

서울에서는 이런 작은 단체들이 모여 북풍회·화요회·서울청년회 등, 좀 더 규모가 큰 단체들로 뭉쳤습니다. 이 단체의 구성원들은 노동 운동·농민 운동·청년 운동에 참여하는 한편, 하나의 사회주의 정당을 만들기 위해 노력했습니다. 그 결과 1924년에는 청년 운동 단체들의 연합체인 조선청년총동맹과, 노동 운동·농민 운동 단체들의 연합체인 조선노농총동맹이 탄생했습니다. 특히 조선노농총동맹은 무려 183개의 노동 운동, 농민 운동 단체가 연합한 큰 조직이었지요.

이런 성과를 바탕으로 마침내 1925년 4월, 통일된 사회주의 정당인 조선공산당이 조직되었습니다. 그러나 조선공산당은 본격적인 활동을 시작하지도 못한 상태에서 일제의 탄압을 받아 많은 간부들이 체포되었습니다. 이에 대항하여 조선공산당은 몇 차례나 새로운 지도부를 세

차금봉의 죽음을 알리는 신문 기사
노동 운동의 선각자인 차금봉이 일제의 감옥에서 31세의 나이로 사망했다는 내용이 실려 있다. 《중외일보》 1929년 3월 12일 자.

우고 활동을 펼쳐 나갔습니다. 이 과정에서 1928년 네 번째로 세워진 조선공산당은 철도 기관사 출신인 차금봉을 지도자로 세웠습니다. 차금봉은 한국 사회주의 운동에서 처음으로 나온 노동자 출신의 지도자입니다. 사회주의는 늘 '노동자가 주인이 되는 세상'을 이야기했지만, 그때까지 사회주의 운동의 지도자는 지식인이었습니다. 노동자 출신 지도자가 나온 것은 한국 사회주의 운동이 그만큼 발전했음을 보여 주는 일이었지요.

또한 조선공산당은 여러 지역에 지부를 두고 기관지를 발행하여 사회주의 사상을 선전했습니다. 조선공산당이 내건 구호는 대부분 민족 구성원의 보편적 권리를 옹호하는 것이어서 많은 이들의 호응을 얻었습니다. 하지만 시시때때로 일제의 탄압을 받아 많은 피해를

조선공산당의 슬로건

조선공산당이 내건 슬로건을 보면, 오늘날에는 누구나 당연하게 생각하는 민주주의적 권리, 노동자의 권리 등이 많이 포함되어 있다. 또 민족의 권익을 옹호하는 내용도 있다. 1925년 처음 조직된 조선공산당이 내건 슬로건 17개 항은 다음과 같다.

1. 일본 제국주의 통치의 완전한 타도와 조선의 완전한 독립.
2. 8시간 노동제 및 최저 임금제 제정, 실업자 구제, 사회보험 실시.
3. 부녀의 정치·경제·사회적 일체의 권리 평등, 노동 부녀의 산전 산후 휴식과 임금 지불.
4. 국가 경비에 의한 의무 교육 및 직업 교육 실시.
5. 일체의 잡세 폐지, 단일 누진 소득세 실시.
6. 언론·집회·결사의 자유, 식민지적 노예 교육 박멸.
7. 민족 개량주의자의 기만을 폭로하자.
8. 제국주의의 약탈 전쟁을 반제국주의 혁명 전쟁으로.
9. 중국 노농 혁명의 지지, 소비에트 연방의 옹호.
10. 타도 일본 제국주의, 타도 일체 봉건 세력, 조선민족해방 만세, 국제공산당 만세.
11. 조선은 조선인의 조선이다.
12. 횡포한 총독부 정치의 굴레에서 벗어나자.
13. 보통 교육을 의무 교육으로 하고 보통학교 용어를 조선어로, 보통학교장을 조선인으로, 중학 이상의 학생 집회를 자유로, 대학은 조선인 중심으로.
14. 동양척식회사를 철폐하라, 일본 이민제를 철폐하라, 군 농회를 철폐하라.
15. 일본 물화를 배척하라, 조선인 관리는 일체 퇴직하라, 일본인 공장의 직공은 총파업하라.
16. 일본인 지주에 소작료를 지불하지 말라, 일본인 교원에게서 배우지 말라, 일본인 상인과 관계를 단절하라.
17. 감옥에 있는 혁명수를 석방하라, 군대와 헌병을 철거하라.

입었기 때문에, 대중 속에 뿌리내리는 데에는 어려움이 많았습니다. 이런 가운데 1928년 말 코민테른(국제공산당)은 조선공산당의 활동을 비판하며 노동자, 농민을 중심으로 다시 공산당을 조직하라는 지시를 내렸습니다. 이에 따라 사회주의자들은 조선공산당을 해체하고 민족주의자들과 손잡은 민족 통일 전선인 신간회도 해체하라고 주장하기 시작했습니다.

1930년대에 들어 사회주의자들은 노동 운동과 농민 운동에 직접 참여하여 운동을 과격한 방향으로 이끌었습니다. 코민테른의 지시에 따라, 이런 운동을 바탕으로 공산당을 다시 조직하려 한 것이었지요. 그런데 일제에 대한 투쟁의 수위가 높아질수록 일제의 탄압도 날로 심해졌습니다. 이런 상황에서 민족주의자와 연합하지 않는 것은, 사회주의 운동을 어렵게 하고 전체적인 독립 운동의 힘도 떨어뜨리는 일이었습니다.

이재유의 재판을 알리는 기사

이재유(1903~1944)의 재판을 알리는 총독부 기관지 《경성일보》 1935년 2월 18일 자 기사. 이재유는 1920년대 일본으로 건너가 노동 운동을 시작했다. 1933년부터 '경성 트로이카', '경성 재건그룹' 등을 조직하여 조선공산당 재건 운동을 벌이다가 여러 차례 체포, 투옥되었다. 코민테른의 지시를 무조건 따르지 않고, 우리 민족이 처한 현실에 바탕한 운동을 추구한 인물로 알려져 있다. 1944년 옥중에서 사망했다.

때마침 1935년 7월, 코민테른에서도 그동안의 노선을 반성하고 식민지에서 사회주의자는 민족주의자와 손잡고 통일 전선을 만들어야 한다는 결정을 내렸습니다. 이후 사회주의 운동은 그동안의 활동에 대한 반성과 코민테른의 지시에 따라, 노동 운동·농민 운동만 중요하게 생각하던 데에서 벗어나 광범위한 민족 통일 전선을 조직하는 방향으로 나아갔습니다.

물론 그렇다고 해서 일제의 탄압 강도가 약해진 것은 아니었기에 사회주의 운동의 길은 여전히 고통스러운 길이었습니다. 그럼에도 불구하고 광복의 그날까지 굽히지 않고 투쟁한 많은 사회주의자들이 있었습니다. 그들 가운데 이재유 등이 중심이 된 '경성 트로이카'와 '경성재건그룹', 그리고 박헌영 등이 중심이 된 '경성 콤그룹' 등이 많이 알려져 있지요. 비록 일제의 탄압 앞에서 부서지고 또 부서졌지만, 이들의 활동은 많은 한국인들에게 민족의 독립과 새로운 나라 건설을 향한 희망의 등불이 되었습니다.

독립을 위한 단결의 목소리 – 신간회와 근우회

1920년대 중반 독립 운동의 흐름은 두 가지로 정리할 수 있습니다. 곧 한편에서는 일제의 식민 통치를 인정하면서 일제가 허락하는 범위 안에서 자치권을 얻자는 주장이 나왔습니다. 그리고 다른 한편에서는 일제와 끝까지 대결하려는 독립 운동가는 모두 대동 단결해야 한다는 목소리가 나오기 시작했습니다.

두 번째 움직임은 사실상 독립을 포기하자는 주장인 자치 운동 진영이 점점 세력을 키워 갔기 때문에 더욱 불붙었습니다. 자치 운동에 대항하기 위해서는 민족주의냐 사회주의냐 하는 이념 차이를 떠나, 완전 독립을 목표로 하는 모든 세력이 단결해야 한다는 주장이 힘을 얻은 것이지요. 먼저 일본에서 활동하는 사회주의 단체 '정우회'가 선언문을 발표하여 민족주의자들과의 협력을 외쳤습니다. 또 민족주의자들 중에서도 사회주의자들과 연합하려는 움직임이 나타났습니다.

그리하여 마침내 민족 통일 전선을 조직하려는 운동이 결실을 맺습니다. 1927년 초, 민족주의자와 사회주의자가 연합한 '신간회(新幹會)'가 조직된 것입니다. 신간회는 언론계 대표 신석우와 안재홍, 기독교계 대표 이승훈, 천도교계 대표 권동진, 불교계 대표 한용운, 조선공산당 대표 한위건 등 28명을 발기인으로 정했습니다. 서울 YMCA에서 열린 창립 대회에는 각계 인사 200여 명이 참석하여 회장에 이상재, 부회장에 홍명희를 뽑았습니다.

신간회는 민족의 정치·경제적 각성, 민족의 공고한 단결, 일체의 기회주의 반대 등 강령 3개 항을 채택하고, 독립 운동 진영의 단결과 일제와의 타협 없는 대결을 분명히 했습니다.

민족주의자와 사회주의자가 사상의 차이를 넘어 하나의 단체를 조직한 것은 우리 독립 운동 역사에서 획기적인 일이었습니다. 많은 사람들의 호응을 받아 신간회는, 순식간에 전국에 141개 지회를 조직하고 4만여 명의 회원을 확보했습니다. 명실공히 독립 운동의 중심 기관으로서 손색없는 성과를 거둔 것이지요. 특히 지방 지회에는 그 지방의 청년 사회주의자들이 많이 참여했습니다.

이런 성과에 힘입어 신간회는 한국인에 대한 착취 기관 폐지, 한국인의 발전을 가로막는 악법 폐지, 일본인의 한국 이민 반대, 한국인 본위의 교육 확립 등의 주장을 내걸고 운동을 벌였습니다. 또 대

신간회 창립 대회에 관한 기사

"신간회 창립 대회, 200여 명의 회원이 출석하여 대회 창립하고 부서를 제정"이라는 제목 아래 신간회 창립 대회가 개최되었음을 알리고 있다. 《동아일보》 1927년 2월 17일 자.

신간회를 이끈 지도자들

왼쪽부터

이상재(1850~1927)
1880~90년대 주미 공사관 서기관, 학부 학무국장을 지낸 고위 관료 출신으로 일찍이 사회 운동에 눈을 떠 독립 협회 부회장으로 활동했다. 1905년 이후 주로 YMCA에서 계몽 운동에 힘썼으며, 조선일보 사장을 거쳐 신간회 초대 회장에 추대되었다.

홍명희(1888~1968)
일본 유학 시절 이광수, 최남선과 함께 '조선의 3대 천재'로 불리기도 했다. 일제 강점기 대표적인 대하 소설 《임꺽정》의 작가로, 진보적 민족주의 진영을 대표하여 신간회 부회장을 지냈다. 광복 후 월북하여 북한 내각 부수상을 지냈다.

김병로(1887~1964)
일본에서 법학을 공부하고 1919년부터 변호사로 활동했다. 다양한 독립 운동 사건에서 무료 변론을 하여 이름을 날렸다. 민중대회 사건 이후 신간회 회장을 맡았으나, 그 해체를 막지 못했다. 광복 후 대한민국 초대 대법원장을 지냈다.

중의 자발적인 노동 운동·농민 운동·학생 운동에 조사단을 보내거나, 법률적 도움을 주는 등 다양한 지원 활동을 벌였습니다.

한편 신간회 조직에 즈음하여 여성 운동에서도 민족주의자와 사회주의자가 힘을 합쳐 '근우회'라는 통일된 단체를 조직했습니다. 1927년 5월 '여성의 단결과 지위 향상'을 목표로 조직된 근우회에는 다양한 성향의 여성 운동 단체들이 합류하여 전국에 55개 지회를 조직하고 3600여 명의 회원을 확보했습니다. 아직 여성의 사회 활동이 자유롭지 못했던 일제 강점기에 여성 운동 단체가 이만 한 규모를 갖춘 것은, 그만큼 민족 통일 전선에 대한 사람들의 호응이 높았기 때문이지요.

근우회는 여성에 대한 사회적·법률적 차별 폐지, 봉건적 인습 타파, 결혼의 자유, 인신 매매 금지, 농촌 부인의 경제적 이익 옹호, 부인 노동의 임금 차별 폐지, 산전·산후 임금 지불, 부인의 위험 노동 폐지 등의 구호를 내걸고, 강연회 등을 통해 여성을 계몽하는 활동을 벌였습니다.

그런데 얼마 지나지 않아 신간회 활동에 위기가 닥쳤습니다. 1929

년 광주에서 일어난 학생 운동을 지원하기 위해 계획한 '광주학생사건 보고 연설회'가 금지되고, 뒤이어 추진한 '민중대회'에서 집행부의 다수가 일제에 구속된 것입니다. 그런데 문제는 집행부 구속 자체가 아니었습니다. 이를 수습하기 위해 조직된 집행부에서 우선 탄압을 피하고 보자는 구실로 일제와 타협하는 모습을 보인 것입니다. 집행부의 허약한 모습에 지방 지회들은 크게 반발했습니다.

이렇게 중앙 집행부와 지방 지회의 대립이 계속되면서 민족 통일 전선으로서 신간회의 권위는 크게 떨어졌습니다. 게다가 사회주의자들은 코민테른의 지시에 따라 신간회를 해체하고, 노동 운동과 농민 운동에 집중하자는 주장을 펴기 시작했습니다. 물론 여러 한계가 있지만, 애써 조직한 민족 통일 전선을 유지해야 한다는 주장도 나왔습니다.

이렇게 신간회 해체와 해

근우회 창립을 알리는 신문 기사

"근우회 발기회, 조선 여성의 전국적 기관으로"라는 제목 아래 발기인으로 참여한 당시 여성계 지도자들 이름이 보인다. 《동아일보》 1927년 4월 27일 자.

근우회 창립 총회 모습

체 반대 주장이 충돌하는 가운데, 신간회에서 많은 수를 차지하고 있던 사회주의자들이 떠나기 시작했습니다. 그리고 결국 신간회는 1931년 운명을 다하고 말았습니다. 또한 신간회 해체와 더불어 근우회도 활동을 멈추었습니다.

사회주의자들이 신간회 해체를 주도한 일에 대해서는 지금까지도 평가가 엇갈리고 있습니다. 그러나 최대한 많은 힘을 모아 일제에 맞서야 할 때, 힘들여 조직한 신간회를 해체한 것은 어떻게 보아도 바람직한 선택이 아니었습니다. 신간회가 해체된 뒤 많은 사람들이 노력했지만, 다시는 이만큼 폭넓은 민족주의자와 사회주의자 연합이 성공하지 못한 것을 보아도 분명히 알 수 있는 일입니다.

또다시 울려 퍼진 만세 소리

민족 통일 전선의 밑거름이 된 6·10만세 운동

1926년 4월, 대한제국의 마지막 황제 순종이 서거했습니다. 순종의 서거는 일제에게나 독립 운동가들에게나 7년 전 고종의 서거를 계기로 일어난 3·1운동을 떠올리게 했습니다. 과연 순종의 장례날인 6월 10일에 맞춰 만세 시위를 계획한 독립 운동가들이 있었습니다. 민족주의자도 있고 사회주의자도 있었지만, 사상의 차이에 상관 없이 함께 만세 시위를 계획했습니다. 특히 만세 시위를 계획한 중심 세력은, 사회주의자와 연결되어 학교 안에서 비밀 조직를 만들어 활동하던 학생들이었습니다.

그러나 이 계획은 미리 일제에 발각되어, 시위 날 뿌릴 예정이었던 격문을 압수당하고 많은 사람들이 체포되었습니다. 하지만 이런 탄압에도 불구하고, 학생들은 6월 10일이 되자 예정대로 만세 시위 운동을 일으켰습니다.

만세 시위가 점차 확산되면서 학생뿐 아니라 노동자, 농민, 상인 등 다양한 계층의 사람들이 시위에 참가했습니다. 이들은 "대한 독립 만세!", "횡포한 총독 정치의 지옥에서 벗어나자!"는 등의 구호를 외치는가 하면, "일체의 세금을 거부하자!"라든지 "일본인 지주에게 소작료를 바치지 말자!", "일본인 교원에게 배우지 말자!", "일본인 상인과의 관계를 단절하자!", "일본인 공장의 직공은 총파업하라!" 등과 같이 각자의 처지에 맞는 구호를 외쳤습니다.

6·10만세 운동은 준비 과정에서부터 일제의 탄압을 받았기 때문에 3·1운동처럼 전국으로 확산되지는 못했습니다. 그렇지만 3·1운동 이후 다시 한 번 큰 목소리로 한국인의 독립 의지와 일제 식민 통치에 대한 거부 의사를 밝힌 운동이었지요. 특히 학생들은 1000여 명이 체포되는 가운데서도 개인의 안전을 돌보지 않고 힘껏 싸웠습니다. 또한 민족주의자와 사회주의자가 처음으로 연합하여 벌인 큰 규모의 독립 운동이었습니다. 그리하여 6·10만세 운동은 이듬해 민족 통일 전선인 신간회가 조직되는 밑거름이 되었습니다.

민족 차별에 분노한 학생들 – 광주 학생 운동

일제 강점기에 중등 교육 기관은 거의 도시에만 있었습니다. 그래서 근처 지방에 사는 학생들은 주로 기차를 타고 도시에 있는 학교를 다녔습니다. 전라남도 나주에 사는 학생들은 주로 도청 소재지인 광주로 기차 통학을 했습니다. 그런데 1929년 10월 30일, 나주에서 출발한 광주행 기차 안에서 일본인 남학생 몇 명이 한국인 여학생들의 머리채를 잡아당기며 놀렸습니다. 이를 본 한국인 남학생들이 화가 나서 따졌고, 결국 일본인 학생과 한국인 학생 사이에 주먹다짐까지 벌어졌습니다. 사실 여기까지는 사건이라고 할 것도 없는, 어린 학생들 사이에 얼마든지 벌어질 수 있는 일이었습니다.

하지만 문제는 거기에서 끝나지 않았습니다. 경찰이 이를 문제 삼아 한국인 학생들만 잡아들인 것입니다. 게다가 광주의 일본어 신문 《광주일보》는 마치 가만히 있는 일본인 학생들을 한국인 학생들이 이유 없이 때린 것처럼 보도했습니다. 광주의 한국인 학생들은 모두 이런 일방적인 처사에 크게 분노했습니다. 마침 이 사건이 있고 며칠 뒤인 11월 3일은 일본의 국경일인 메이지 유신 기념일이었습니다. 학교에서는 일요일인데도 학생들을 소집하여 기념식을 치렀습니다. 이 일은 학생들의 분노에 불을 붙였습니다. 각 학교의 한국인 학생들은 기념식장에서 일본 국가 제창을 거부하고 거리로 몰려 나갔습니다.

어떤 학생들은 며칠 전 기차에서 벌어진 사건을 왜곡 보도한 광주 일보사로 몰려갔습니다. 또 다른 학생들은 기념 행사로 신사 참배를 마치고 돌아가던 일본인 학생들과 충돌했습니다. 사태가 점점 커지

광주 학생 운동 사건 기사
"고보생 20명 또 송국, 농교·사범생 검거, 고보생 검거는 일단락된 듯, 광주 학생 충돌 사건"이라
는 제목 아래 광주고등보통학교, 광주농업학교, 광주사범학교 등의 한국인 학생들이 검거되었음을
알리고 있다. 왼쪽에는 신간회에서 조사단을 파견했다는 내용도 보인다. 《동아일보》 1929년 11월
10일 자.

자, 놀란 경찰은 광주 시내 전체에 비상 조치를 내렸습니다. 그러나
이 날 일은 우연히 벌어진 것이 아니라, 그동안 차곡차곡 쌓인 한국
학생들의 분노가 터진 것이어서 쉽게 수그러들지 않았습니다. 게다
가 경찰이 여전히 일방적으로 한국인 학생들만 체포했기 때문에, 사
태는 더욱 확산되었습니다.

학생들은 다시 11월 12일, 광주 장날을 기해 일제히 시위 운동을
일으켰습니다. 이번에는 '민족 차별 교육 폐지와 한국인 본위의 교육
확립' 등 더욱 구체적인 구호를 내걸고 시위를 벌였습니다. 사태가
여기까지 이르자, 이제 광주 학생 운동은 광주만의 운동도 학생들만

의 운동도 아니었습니다. 전남청년연맹 등 여러 사회 단체가 학생들의 운동에 호응하여 시위 운동을 벌였습니다. 신간회에서도 경찰의 한국인 학생 차별에 항의하기 위해 광주로 조사단을 내려보냈습니다. 학생 시위도 전국으로 확산되어 이듬해 봄까지 모두 194개 학교에서 5만 4000여 명의 학생들이 시위에 참가했습니다. 그 결과 600여 명이 퇴학을 당하고 2300여 명이 무기 정학을 당했습니다. 체포되어 감옥에 갇힌 학생도 1500여 명에 이를 정도였습니다.

학생들끼리의 다툼에서 시작하여 이런 큰 규모의 운동으로 발전한 광주 학생 운동은, 그동안 민족 차별 교육으로 쌓인 한국인 학생들의 울분이 얼마나 컸는지를 분명히 보여 준 사건이었습니다. 또한 학생 운동가들에게는 비록 작은 조직이라도 운동의 중심이 될 수 있는 단단한 조직이 필요하다는 교훈을 일깨워 주었습니다. 그리하여 1930년대 학생 운동가들은 일제의 탄압을 피하기 위해 작은 규모의 독서회 등을 만들었습니다.

이런 조직에서 사회주의 사상을 공부한 학생들은 학교를 떠나 사회주의 운동가가 되기도 했습니다. 또 일제의 민족 말살 정책에 맞서 신사 참배 반대, 일본어 상용 반대, 창씨 개명 반대 등의 운동을 벌이기도 했습니다. 비록 규모는 크지 않았지만, 이런 운동은 일제의 가혹한 탄압을 뚫고 광복 때까지 계속되었습니다.

3

긴 어둠을 지나 찾아온 광복의 새벽

일제의 침략 전쟁과 민족의 수난

노동자와 농민의 저항이 시작되다

민족의 이름으로, 노동자의 이름으로

1920년 〈회사령〉이 폐지되면서 많은 일본인들이 한국에 공장을 세우기 시작했습니다. 그와 더불어 노동자 수도 늘어났습니다. 일본인들이 한국에 공장을 세운 이유 중 가장 중요한 것은 무엇이었을까요? 그것은 무엇보다도 한국인 노동자의 임금이 일본인보다 쌌기 때문입니다. 또 식민지인 한국에는 노동자의 권리를 보호할 아무런 법률도 없었고, 노동자들 자신도 노동자의 권리를 주장하는 법을 몰랐습니다. 그래서 한국인 노동사들은 긴 시간 노농에 시달리면서도 싼

목포의 제면 공장
제면 공업은 목화로 솜을 만드는 일로, 남성보다 여성 노동자가 더 많이 종사한 대표 업종이었다.

군산의 도정 공장
1930년대 본격적으로 공장 공업이 발달하기 전까지, 쌀 농사와 연계한 도정 공업은 대표적인 공업 업종 중 하나였다.

임금을 받았습니다. 또한 어린이나 여성들도 남성들과 거의 똑같은 조건에서 노동을 했습니다.

그렇다고 이런 상태를 계속 이어 갈 수는 없었습니다. 하루 12시간이 넘는 중노동을 하면서도 끼니조차 잇기 힘들 정도의 임금을 받던 노동자들은, 이제 최소한의 생존권을 보장받기 위해 노동 운동을 시작했습니다. 특히 '노동자가 주인 되는 세상'을 내세우는 사회주의 사상의 영향을 받아 노동 운동은 더욱 활발해졌습니다. 1924년 전국 182개 단체의 대표들이 모여서 조직한 '조선노농총동맹'에서는, 각지의 노동자 단체 조직, 노동자 의식 고양, 8시간 노동제, 최저 임금 보장 등을 주장했습니다.

공장 하나하나의 파업 건수도 1921년에 36건이던 것이 1930년에는 160건으로 늘어났습니다. 건수만 늘어난 것이 아니라 운동 내용도 달라졌습니다. 처음에는 주로 노동 조건 개선이나 임금 인상 같은 부분적인 요구에 그쳤으나, 점차 불평등한 사회 개선, 민족 독립과 같은 요구로 발전했습니다. 1929년에는 원산의 부두 노동자들이 총파업을 벌였습니다. 이 '원산 총파업'은 무려 80여 일이나 계속되었습니다.

　원산 총파업은 1928년 9월, 함경
남도 덕원군 문평리에 위치한 석유
회사의 일본인 감독이 한국인 노동
자를 구타한 데 대해 노동자들이 감
독 파면과 처우 개선을 요구하며 시
작되었습니다. 처음에 회사는 노동
자들의 요구를 받아들이는 듯하여
파업은 20여 일 만에 끝났습니다.
그런데 회사가 3개월이 지나도록
약속을 지킬 낌새가 보이지 않자,
이번에는 문평 석유 회사 노동조합
이 속한 원산노동연합회가 움직였
습니다.

　원산노동연합회에 속한 부두노동
조합은 1929년 초부터 파업에 들어
가며, 이 석유 회사의 화물 취급을
거부했습니다. 또 원산노동연합회
에 속한 모든 조합원들은 파업이 해
결될 때까지 술을 마시지 않고 매일 5전씩 파업 기금을 저축하기로
결의하기도 했습니다.

　이렇게 노동자들이 단결하자, 일본인 자본가들은 원산노동연합회
소속 노동자들을 모두 해고하겠다는 방침을 세웠습니다. 이에 대항

시위를 벌이기 위해 모여든 원산의 부두 노동자들

원산 부두 노동 현장
원료와 제품을 바다를 통해 운송해야 하는 항구 도시의 특징 때문에, 원산
총파업에서 부두 노동자들의 파업은 큰 힘을 발휘했다.

원산 총파업 관련 신문 기사
"30여 정사복 경관 출동 연합회관 등 포위 수색"이라는 문구가 보인다. 신문 전면을 가득 채운 관련 기사에서 원산 총파업의 규모와 분위기를 짐작할 수 있다. 《중외일보》 1929년 2월 11일 자.

하여 원산노동연합회는 1929년 1월 22일부터 총파업을 단행했습니다. 2월 초까지 파업에 참가한 노동자 수는 2200여 명에 이르렀습니다. 4월까지 계속된 원산 총파업은 폭력배까지 동원한 일본인 자본가들의 공격과, 총파업을 불법으로 규정한 일제 경찰의 탄압으로 패배하고 말았습니다.

그렇지만 한 회사의 파업에서 출발하여 그 지역 전체 노동자의 단결 투쟁으로 발전한 원산 총파업은 일제 강점기 노동 운동에서 가장 큰 규모의 투쟁으로, 그 뒤의 노동 운동에도 커다란 영향을 미쳤습니다. 더구나 원산만의 사건으로 그치지 않고 전국 노동자의 성원과 지지를 받았습니다.

한편 1930년대 들어 노동 운동은 사회주의자들의 직접 참여와 노동자들의 각성에 따라 이전보다 과격한 모습을 띠기 시작했습니다. 노동 조합도 1920년대까지는 되도록 법의 테두리 안에서 활동했으나, 이 무렵에는 법에 얽매이지 않고 투쟁을 벌였습니다. 이런 노동

을밀대에 올라간 여성 노동 운동가, 강주룡
1931년 7월 평양의 평원고무공장 노동자들은 임금 인하에 반대하여 파업을 시작했다. 파업의 지도자는 놀랍게도 여성인 강주룡이었다. 강주룡은 단지 파업을 하는 것에 그치지 않고 평양 을밀대 지붕 위로 올라갔다. 언론의 관심을 끌고 명승지인 을밀대를 구경하는 사람들에게 파업의 취지를 알리기 위해서였다. 이러한 기발한 투쟁 방법이 등장한 것은 우리 노동 운동이 그만큼 발전했음을 알려 주는 것이었다.

조합들은 일본에 본사가 있는 큰 규모의 공장이 많은 인천, 평양, 해주, 흥남 등에서 주로 조직되었습니다. 1930년대 전반에는 이런 노동 조합이 주도하는 강도 높은 투쟁과 관련하여 체포된 노동자 수가 1800여 명에 이르렀습니다. 이렇게 일제의 탄압이 날로 심해지자, 노동 운동가들은 탄압을 피하기 위해 겉으로는 상조계(서로 돕기 위한 계 모임) 등의 이름을 걸고 친목 단체처럼 위장하고, 비밀리에 사회주의 사상을 선전하고 파업을 계획했습니다.

한편 사회주의 사상에 따른 노동 운동은 일제에 저항하는 투쟁뿐 아니라 한국인 기업가에 대한 투쟁의 성격도 띠었습니다. 물론 이는 노동자의 당연한 권리를 주장하는 정당한 행동이었지만, 일제 식민 통치에 맞서 민족의 힘을 하나로 모으는 데에 자칫 걸림돌이 될 위험성도 있었습니다. 이런 위험성은 노동 운동가들 자신도 잘 알고 있었습니다. 그리하여 1930년대 중반 이후에는 노동 운동가들 사이에서도 양심적인 한국인 기업가와 힘을 합쳐 민족 통일 전선을 만들기 위한 방향을 찾기 시작했습니다.

소작료를 내리고 토지를 평등하게 나누어 주라

앞에서 점점 어려워지는 농민의 처지를 살펴보았지요? 이런 가운데 농민들은 최소한 먹고 살기 위해서라도 자신의 권리를 찾기 위해 싸

최초의 노동 운동 단체, 조선노동공제회

일제 강점기 최초의 노동 운동 단체는 1920년 조직된 조선노동공제회(朝鮮勞動共濟會)이다. 이 단체는 일제 강점기 노동 운동의 출발점이라는 데 큰 의미가 있지만, 실은 노동자가 아닌 지식인이 중심이 된 단체였다. 활동 방침도 노동자의 인격 수양, 노동자들끼리 서로 돕기 등, 근본적인 노동자의 권리 찾기와는 거리가 있는 단체였다.

적색 노동 조합 혹은 혁명적 노동 조합

1930년대 사회주의의 영향을 받아 강도 높게 투쟁한 노동 조합의 노동자들은 자신들의 단체를 '혁명적 노동 조합'이라고 불렀다. 부분적인 개량이 아니라 근본적 변화인 '혁명'을 추구한다는 뜻을 담은 것이다. 한편 일제는 이런 노동 조합을 '적색 노동 조합'이라고 불렀다. 적색(赤色), 곧 붉은색이 사회주의 혹은 공산당의 상징이라서 이런 이름을 붙인 것이다. 이런 식의 이름 붙이기는 농민 운동에서도 마찬가지였다. 비슷한 방식으로 '혁명적 농민 조합' 혹은 '적색 농민 조합'이라는 이름이 있었던 것이다.

우지 않을 수 없었습니다. 농민들의 요구는 크게 소작권을 보장해 달라, 소작료를 낮춰 달라, 세금은 지주가 부담하라는 등, 세 가지였습니다. 이 세 가지는 모두 소작농으로 전락한 많은 농민들을 괴롭힌 대표적인 굴레였습니다.

농민들은 처음에는 지주에게 항의하거나 면사무소, 군청 혹은 경찰서 같은 관공서에 진정을 하는 식으로 온건하게 저항했습니다. 그러나 이런 온건한 저항에 대해 경찰은 주동자 체포와 투옥으로 맞섰습니다. 따라서 다시 이들의 석방을 요구하는 투쟁이 자연스럽게 벌어졌고, 이 과정에서 농민들은 농민의 권리 찾기를 가로막는 근본적인 장애물은 일제 식민 통치임을 깨달았습니다. 그리하여 농민들은 야간 시위를 벌이거나 경찰과의 충돌도 피하지 않는 등 더욱 격렬히 투쟁했습니다. 투쟁에 참가하는 농민들 수도 늘어났습니다. 소작농 수가 점점 늘어 가는 데다가 투쟁에 참가하는 농민의 결의가 더욱 굳세어졌기 때문이지요. 경찰 통계에 따르면, 1920년대에 이런 투쟁에 참가한 농민의 수도 약 2배(1922년 2539명에서 1929년 4863명)로 늘어났습니다.

한편에서는 농민이 어려운 처지에 빠진 근본 원인을 일제 식민 통치나 소작 제도에서 찾지 않고, 농민의 무지(無知)와 게으름에서 찾는 지식인들이 있었습니다. 이런 사람들은 투쟁보다 근검 절약이나 생활 개선을 하여 농촌을 살리자고 주장했지요. 하지만 이런 주장은 농민들을 설득할 수 없었습니다. 아무리 부지런히 농사를 지어도, 생산한 곡식 대부분을 소작료로 빼앗기는 한 생활이 나아질 여지는 없었기 때문이지요.

그런가 하면 1930년대 들어 농민 운동에서도 노동 운동과 마찬가지로 사회주의 영향을 받아 강도 높은 투쟁을 벌이는 농민 조합이 등장했습니다. 대개 일제의 감시를 피해 비밀리에 조직된 농민 조합에서는 소작 조건 개선뿐 아니라, 식민 통치 타도, 토지의 평등한 분배, 언론의 자유 등과 같은 요구를 내걸고 농민들을 일깨웠습니다.

운동의 지도자들은 야학(夜學) 등을 통해 농민을 계몽하면서 여성과 어린이까지 포함하여 모든 농민이 투쟁에 나서도록 노력했습니다. 이

토지를 농사짓는 농민의 손에!

당시 농촌 문제는 결국 땅 주인 따로, 농사짓는 사람이 따로인 데에서 생겨났다. 땅이 중요한 것은 거기에서 생산되는 곡식 때문인데, 땅 주인은 땅을 가졌다는 이유만으로 가만히 앉아서 많은 곡식을 챙기는 반면, 막상 농사를 지은 사람은 자기가 생산한 곡식의 대부분을 땅을 빌린 값이라는 구실로 빼앗겨야 했다. 따라서 '토지의 평등한 분배'란 이런 문제를 근본적으로 짚은 요구였다.

이런 요구는 이미 1894년 농민 전쟁에서 '토지의 평균 분작(平均分作 : 토지를 똑같이 나누어 경작하자)'이라는 강령으로 등장했을 만큼 농민들의 오랜 염원이었다. 하지만 이러한 농민들의 염원은 광복 이후에야 실현되었다. 분단된 조국에서 남과 북은 서로 방식은 달랐지만, '농지 개혁' 혹은 '토지 개혁'이라는 이름으로 토지를 농사짓는 농민의 손에 돌려주었다.

런 운동은 전국에서 벌어졌으나, 특히 함경남도와 전라남도에서 활발했습니다. 이 운동은 농민의 어려운 처지를 널리 알려 사회적 공감대를 이끌어 낸 점에서는 한몫을 했습니다. 하지만 아직 농민의 힘이 부족한 상태에서 지나치게 과격한 투쟁을 벌여 일제의 탄압을 불러일으켜, 오히려 운동을 어렵게 한 면도 지나칠 수 없습니다.

한편 농민 조합의 강도 높은 투쟁을 본 일제는, 어떤 식으로든 농민의 생활을 개선하여 농촌을 안정시키지 않으면 안 되겠다는 생각을 하게 되었습니다. 1932년 7월부터 조선 총독부가 이른바 '농촌 진흥 운동'을 시작한 것은 바로 그 때문입니다. 조선 총독부는 지주들이 지나치게 높은 소작료를 받는 것을 제한하는 한편, 소작농에게 토지 구입 자금을 빌려 주어 이들을 자작농으로 키우려 하기도 했습니다. 그러나 이 모든 것들은 농민을 위해서라기보다는 농민 운동의

1920년대 농민 운동의 대표적 사건, 암태도 소작 쟁의

전라남도 무안군 암태도의 소작인들은 1923년 9월 암태소작회를 조직하여 지주들에게 소작료 인하를 요구했다. 그러나 지주들은 이를 거부하고 오히려 경찰을 동원하여 소작회를 협박했다. 이러한 가운데 소작회와 지주 측이 충돌하여 소작회 간부들이 구속되기도 했다. 그럼에도 불구하고 소작회의 운동이 계속되자, '암태도 소작 쟁의'는 전국적인 사회 문제로 퍼졌다.

그리하여 운동이 시작되고 1년 가까이 지난 1924년 9월, 경찰의 중재로 소작회와 지주 측은 소작료 인하와 쌍방 고소 취하에 합의했다. '암태도 소작 쟁의'는 1년 동안이나 강인하게 투쟁하여 결국 지주 측의 양보를 얻어낸 1920년대 농민 운동의 대표적 사건이다.

소작회 간부들이 구속되자 소작인들이 석방 운동에 나섰다는 내용을 실은 《동아일보》 1924년 6월 8일 자 기사.

조선 총독부가 펴낸 농촌 진흥 운동 선전 책자

힘을 약화시키고, 지주와 농민을 한꺼번에 통제하기 위함이었지요. 한국인의 대다수를 차지하는 농민의 불만이 계속 커진다면, 식민 통치를 유지하기가 불가능했으니까요.

백정도 인간임을 선언하다 – 형평 운동

조선 시대에는 소나 돼지를 잡는 사람들을 일반 백성과 구분하여 백정(白丁)이라고 불렀습니다. 백정은 노비와 더불어 사회에서 가장 낮은 대우를 받는 신분이었지요. 백정은 일반 백성들이 사는 마을에 살 수 없어서 따로 자기들끼리 마을을 이루어 살았고, 결혼도 백정 집안끼리만 할 수 있었습니다. 직업을 바꿀 자유도 없어 백정의 아들은 무조건 백정이 되어야 했고, 또 아무리 돈을 많이 벌어도 무명옷을 입고 패랭이를 쓰고 다니도록 정해져 있었습니다. 이런 차림으로 다니는 사람을 보면 누구나 백정인 줄 알고 업신여겼지요. 심지어 백정은 일반 백성 앞에서 담배도 피울 수 없었고, 할아버지라도 백정 신분이 아닌 어린 아이에게는 높임말을 써야 했습니다.

이렇게 오랫동안 차별을 받아 온 백정에게도 희망의 빛이 비쳤습니다. 1894년 갑오개혁으로 다른 백성들과 같이 교육도 받고 다른 직업을 선택할 수 있는 권리가 주어진 것입니다. 그러나 백정에 대한 공식적인 차별이 폐지되었다 하더라도, 사람들은 쉽게 백정을 자기들과 똑같은 사람으로 인정하지 않았고, 눈에 보이지 않는 차별은 계속되었습니다. 일제 강점기에도 돈을 많이 번 백정이 자식을 학교에 보내려고 하면, 다른 학부형들이 내 자식을 백정의 자식과 같이 학교에 보낼 수 없다고 반발했고, 학교는 학부형들의 반발을 구실로 백정 자식을 내쫓기 일쑤였습니다.

백정에 대한 이러한 사회적 차별에 반대하여 백정 신분의 진정한 해방을 이루려고 한 운동을 '형평(衡平) 운동'이라고 부릅니다. 형평 운동은 1920년대 초 경상남도 진주에서 시작되었습니다. 진주는 예부터 소, 돼지를 많이 잡던 곳으로 경제적으로 성공한 백정의 자손들이 많이 살았습니다. 이들은 백정 집안 출신도 차별 없이 입학시켜 주겠다는 약속을 받고, 보통학교 신축 공사에 많은 돈을 대고 힘을 보탰습니다. 그런데 막상 개교일이 다가오자, 학교에서는 백정 집안 출신의 입학을 거절했습니다. 학교의 처사에 백정 집안 사람들은 크게 실망했지요.

형평 운동의 발상지인 진주의 기념탑

이 무렵 진주에는 장지필이라는 사람이 있었습니다. 그는 일본 메이지 대학을 졸업하고 조선 총독부 관리가 된 사람이었지요. 그런데 조선 총독부가, 그가 백정 집안 출신이라는 사실을 알고는 뒤늦게 그의 임명을 거절했습니다. 장지필은 마침내 학교의 입학 거부로 분노한 다른 백정 집안 사람들을 설득해서, 백정 집안 출신에 대한 차별 폐지 운동을 벌이고자 '형평사(衡平社)'라는 단체를 조직했습니다. 이렇게 진주에서 형평 운동이 시작되자, 그동안 차별에 시달려 온 전국의 40만 백정의 자손들은 열렬히 호응했습니다. 그리하여 진주 형평사가 조직된 지 한두 달 만에 각 지역에 형평사가 100여 개 조직되었지요.

조선 형평사 제6회 전국 대회를 알리는 포스터

형평사에서는 직업에는 귀천(貴賤 : 귀하고 천함)이 없으며 백정도 같은 동포의 한 사람임을 밝히고, 백정에 대한 모욕에 반대하고 교육을 장려할 것을 결의했습니다. 형평사의 운동에 노동 운동, 언론, 종교, 청년 등 여러 단체에서 지지의 뜻을 나타냈습니다. 그러나 형평 운동에 대한 반대의 목소리도 많았습니다. 오랜 세월 백정에 대한 차별을 당연하게 여겨 온 사람들의 생각은 쉽게 바뀌지 않은 것이지요. 농민들은 형평사 회원이 경영하는 가게에 가서 행패를 부리기도 했습니다. 학생들까지 나서서 백정 집안 출신의 입학을 반대하는가 하면, 학부모들은 만일 백정 집안 출신이 입학하면 자기 자식을 자퇴시키겠다고 으름장을 놓기도 했습니다.

이러한 형평 운동과 그에 대한 반대는 낡은 관습에서 벗어나지 못한 한국 사회의 비극을 보여 줍니다. 그래서 일제는 다른 사회 운동에 대한 대처와는 달리, 전국에서 벌어지는 형평사 회원과 일반 농민 사이의 충돌을 마냥 지켜보기만 했습니다. 이에 형평 운동가 일부는 백정의 신분 해방 운동에 무관심한 일제 식민 통치에 대해서도 투쟁을 선언했습니다. 또 민족의 차이를 넘어 일본의 천민 해방 운동 단체인 '수평사(水平社)'와 손을 잡기도 했습니다. 형평 운동이 이렇게 발전하자, 일제는 형평사를 불온 단체로 규정하고 강제로 해산시키기에 이르렀고, 그 뒤 전국 조직을 잃은 형평 운동은 힘을 잃었습니다.

형평 운동은 식민 통치 아래에서 억압받는 한국인 중에서도 가장 소외된 사람들이 벌인 신분 해방 운동입니다. 신분 구별이 폐지된 근대 사회에서 누구나 누려야 할 보편적 인권의 문제를 제기한 운동이었지요. 비록 완전한 성과를 거두지는 못했지만, 형평 운동은 우리나라 사람 모두가 평등한 민주 사회를 향해 한 걸음 더 나아가는 계기가 되었음은 분명합니다.

한국인을 침략 전쟁에 동원하고
민족 말살을 기도하다

침략 전쟁에 동원된 물자와 사람들

1930년대 후반에서 광복에 이르는 수년 간은 전쟁의 시간이었습니다. 일제는 1937년 중국 대륙을 향한 전면적인 침략 전쟁을 시작했습니다. 그리고 더 나아가 1941년에는 하와이의 미군 기지를 기습하여 태평양 전체를 전쟁터 삼아 2차 세계 대전에 뛰어들었습니다.

이렇게 끝없이 확대되는 전쟁은 한국인에게 큰 고통을 안겨 주었습니다. 일제가 한반도를 군수 물자를 조달하는 병참 기지로 만들고, 한국인을 노동자나 군인으로 동원했기 때문입니다. 그 시절 사람들이 옛날부터 내려오는 민요 〈신고산 타령〉의 노랫말을 아래처럼 바꿔 부른 데에는 이런 사정이 잘 나타나 있습니다.

신고산이 우르르르 화물차 가는 소리에
지원병 보낸 어머니 가슴만 쥐어뜯고요
어랑어랑 어허야, 양곡 배급 적어서 콩깻묵만 먹고 사누나.
신고산이 우르르르 화물차 가는 소리에
금붙이 쇠붙이 밥그릇마저 모조리 긁어 갔고요
어랑어랑 어허야, 이름 석 자 잃고서 족보만 들고 우누나.

일제는 〈국가 총동원법〉이라는 악법을 만들어 전국의 모든 자원을

농촌의 미곡 공출 현장

농촌의 삼 공출 현장

그야말로 샅샅이 끌어모았습니다. 먼저 무기를 만들기 위해 쇠를 긁어모았는데, 경찰과 관리들은 집집마다 돌아다니며 집안의 놋그릇과 놋수저까지 훑어 갔습니다. 그런가 하면 학생들에게는 산에 굴러다니는 솔방울까지 모아 오게 했습니다. 또 공출(供出)이라는 이름으로 각종 농작물을 싼값에 강제로 거두어 갔습니다. 이런 지경이니 당연히 사람들이 먹을 식량이 모자랄 수밖에 없었지요.

그러자 이번에는 배급제를 실시하여 먹는 양까지 철저히 제한했습니다. 이렇게 일제의 수탈이 극도에 이르자, 많은 한국인들은 겨우 끼니를 때우며 목숨을 이어 가야 했습니다. 뒷날 전쟁에서 패할 것 같은 조짐이 짙어 가자, 강제로 성금을 거두어 전투기를 제작하는 데 사용하기도 했습니다.

물론 물자만 수탈한 것이 아닙니다. 1939년부터는 200만 명 이상의 한국인을 온갖 구실로 동원하여, 국내와 일본의 홋카이도와 사할린 등에 있는 군수 공장·비행장·철도·탄광 등의 공사장으로 끌고 갔습니다. 이렇게 끌려간 사람들은 강제로 수용되어 마치 노예처럼 일해야 했습니다. 이에 철저한 감시에도 불구하고 도망친 사람들이 적지 않았으니, 얼마나 고통스러웠는지 알 수 있겠지요. 게다가 이런 혹독한 강제 노동의 대가로 받은 월급조차 대부분 '애국 저축'이라는 이름으로 빼앗겼습니다. 그리고 광복이 되었을 때, 이 돈을 찾지도 못한 채 돌아와야 했습니다.

전쟁이 막바지에 이르자, 일제는 학생들까지 수업 대신 '근로 동원'이라는 이름으로 군사 시설을 만들기 위한 공사장으로 끌어내는가 하면, 우리 청년들을 직접 군인으로 동원하기도 했습니다. 1938년부터 광복 때까지 무려 20만 명 이상의 청년들이 군인으로 끌려가 원하지 않는 전쟁의 총알받이가 되어야 했습니다.

이때 동원은 어떻게 이루어졌을까요? 노동자 동원은 처음에는 '모집'이니 '알선'이니 하는 말을 붙여 가며, 일도 힘들지 않고 월급도 많이 준다고 속여서 데려가는 방법으로 이루어

금속류 공출 현장
놋그릇을 비롯한 각종 금속류의 공출 현장. 뒷벽에 "결전하 금속류 공출을 먼저 실행하자", "구리나 철을 남기는 것은 부끄러움을 남긴다"는 등의 구호가 보인다.

애국기
일제는 한국인들에게서 강제로 거둔 성금으로 제작한 전투기에 '애국기'라는 이름을 붙였다. 괄호 안에 보이는 '조선 강원'이라는 글자에서, 이 전투기가 강원 도민한테서 거둔 성금으로 제작되었음을 알 수 있다.

학생 근로 동원
전쟁이 막바지에 이르자, 일제는 학생들까지 군사 시설을 만드는 공사장으로 끌어냈다.

행군 훈련 중인 육군 지원병
중일 전쟁을 일으킨 일제는 먼저 '지원병'이라는 이름으로 우리 청년들을 전쟁터로 몰아냈다.

졌습니다. 그러나 얼마 지나지 않아 노동력이 더욱 부족해지자, 일제는 이런 속임수도 집어치우고 '징용(徵用)'이라는 이름으로 노동자를 강제로 동원하기 시작합니다.

군인 동원도 마찬가지였습니다. 처음에는 '지원병'이라는 이름으로, 마치 원하면 군대에 보내 주는 것처럼 이루어졌습니다. 그러나 실제로는 각 지역별로 모집해야 할 지원병 숫자를 정해 놓고, 관리들이 청년이 있는 집을 돌아다니며 지원병으로 나갈 것을 강요했습니다. 그러다가 전쟁 상황이 일제에게 불리해진 1944년부터는 '징병(徵兵)'을 실시하여, 군대 갈 나이가 된 청년은 무조건 동원하기 시작했습니다. 또 입대 시기를 연기할 수 있는 학생들에게도 '학도 지원병'으로 나갈 것을 강요했습니다.

학생 군사 훈련
태평양 전쟁기에 일제는 '교련'이라는 이름으로 각 학교에서 학생 군사 훈련을 할 것을 의무로 정했다. 언제라도 필요하면 학생들을 군인으로 동원하려고 한 것이다.

게다가 일제는 여성들까지 전쟁터로 내몰았습니다. 1944년에는 〈여자 정신대 근무령〉이라는 것을 만들어, 연약한 여성들을 일본과 한국의 군수 공장으로 끌고 갔습니다. 끌려간 여성들 중에는 겨우 열두 살 밖에 안 된 어린 소녀들도 있었습니다. 이들은 여성으로서는 견디기 어려운 힘든 노동을 강요당했습니다. 더욱이 이 여성들 중 일부는 중국이나 동남아시아의 일본군 부대가 있는 곳으로 끌려가서 노동자도 아닌 일본군의 '위안부'로 학대를 당했습니다. 여성을 위안부로 끌고 가 평생 씻을 수 없는 상처를 준 것은, 일제가 저지른 전쟁 범죄 중에서도 가장 야만적이고 악랄한 범죄입니다.

하지만 이 같은 전쟁 범죄에 대해 일본 정부는 지금까지도 위안부 동원에 관한 직접적 증거가 없다고 주장합니다. 직접적 증거란 그런

여성 근로 정신대
일제는 1944년에는 〈여자 정신대 근무령〉을 만들어 겨우 열두 살밖에
안 된 어린 소녀들까지 군수 공장으로 끌고 갔다.

사실이 적혀 있는 문서 같은 것을 뜻하겠지요. 실제로 일본군이 위안부를 강제로 동원했다는 문서는 발견되지 않고 있습니다. 그러나 이런 문서가 없다는 것이 역사적 사실이 없었다는 의미일까요? 위안부로 동원되었다는 것은, 당사자인 여성에게는 너무나 큰 상처가 되는 일이었습니다. 그래서 위안부 여성들은 대부분 자신이 겪은 끔찍한 일을 무덤까지 비밀로 가져갔습니다.

하지만 1990년대 들어 뜻 있는 이들의 노력으로 위안부 출신 할머니들의 생생한 증언이 나오기 시작했습니다. 이 할머니들은 숨겨 왔던 과거를 용기 있게 드러내는 데서 나아가, 일본 정부에게 잘못을 사과하고 피해를 배상할 것을 당당히 요구하기 시작했습니다. 그럼에도 불구하고 일본 정부는 여전히 정부 차원의 사과나 배상은 할 수 없다고 버티고 있습니다. 그들은 정말로 이 할머니들의 수십 년 한 맺힌 외침이 사실이 아니라고 생각하는 것일까요?

일본인이 될 것을 강요당하다

일제는 한국의 물자와 사람을 전쟁에 동원하는 한편, 한국인을 완벽하게 일본인으로 만들려는 정책을 폈습니다. 한국인의 민족 정신이 남아 있는 한, 언제라도 독립 운동이 일어날 수 있다고 생각했기 때문이지요. 그리고 이런 가능성은 외국과 전쟁을 하는 일제에게 가장 두려운 일이었기에, 이를 뿌리째 뽑아 버리려 했습니다. 바로 한국인의 민족 정신을 파괴하기 위해 '내선 일체(內鮮一體)'니 '일선 동조(日鮮同祖)'니 하는 구호를 내세운 것입니다. '일본과 조선은 하나다' 혹은 '일본과 조선(한국)은 조상이 같다'는 뜻이지요. 이런 생각을 한국인에게 주입하기 위해 일제는 여러 방법을 썼습니다.

먼저, 일본의 국가 종교인 신도(神道)를 믿을 것을 강요하고, 서울의 남산을 비롯해서 전국 곳곳에 신도의 사당인 신사(神社)를 세웠습니다. 그리고 한국인에게도 이 신사에 참배할 것을 강요했습니다. 물론 신사 참배를 거부하면 견디기 힘든 탄압을 받았습니다. 특히 신도의 신을 하느님이 아닌 우상이라고 하여 신사 참배를 거부한 기독교 계통 학교들은 폐교까지 당했습니다.

또한 한국인이 일본인이 되는 것은 일본 천황에게 충성하는 '황국 신민'이

조회 시간에 〈황국 신민의 서사〉를 외치는 학생들
일제는 1937년 중일 전쟁을 일으키면서 〈황국 신민의 서사〉(천황의 나라, 곧 일본의 신하 된 백성의 맹세라는 뜻)를 제정하여 학생들에게 외우게 하는가 하면, 모든 출판물에 의무적으로 이것을 포함시키도록 강요했다. 3조로 이루어진 〈황국 신민의 서사〉의 내용은 다음과 같다.

하나, 우리는 황국 신민이다. 충성으로 나라에 보답하자.
둘, 우리 황국 신민은 서로 믿고 도와 단결을 굳게 하자.
셋, 우리 황국 신민은 괴로움을 참고 단련하여 힘을 길러 황도(皇道)를 떨치자.

신사 참배
남산에 있는 조선 신궁에서 신사에 참배하는 사람들.

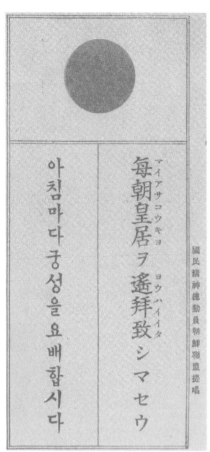

궁성 요배(宮城遙拜)를 강요하는 포스터
눈에 잘 띄는 벽에 붙여 놓고 매일 아침 잊지 말고 일본 천황이 사는 궁성(皇居:황거, 곧 궁성)을 향해 절을 하라는(遙拜:요배) 내용을 담고 있다.

되는 것이라고 하여 〈황국 신민의 서사〉를 만들고 외우도록 강요했습니다. 그런가 하면, '궁성 요배'라고 하여 하루에도 몇 번씩 시간을 정해 일본 천황이 사는 황궁 쪽을 향해 절을 하도록 강요했습니다. 한국인의 성과 이름을 일본 식으로 고치라는 '창씨 개명'도 강요했습니다.

나아가 모든 학교와 관청에서 한국어 사용을 금지하고 일본어만 쓰도록 했습니다. 학교에서 무심코 한국어를 내뱉은 학생들은 무거운 벌을 받았습니다. 관청에서는 공문서를 한국어로 신청하면 떼어 주지 않았습니다. 우체국에서는 한국어로 주소를 쓴 우편물은 전해 주지 않았습니다. 한국인이 발행하는 한글 신문도 없앴습니다. 조선 총독부는 《동아일보》와 《조선일보》에 스스로 폐간할 것을 강요하다가 두 신문이 이를 거부하자, 마침내 1940년 8월 강제로 폐간시켰습니다.

이렇게 일제는 아예 한국 민족 자체를 없애려는 '민족 말살 정책'을 시도했습니다. 그래서 이 시기는 우리 역사에서 어느 때와도 비교하기 힘든 어두운 시기였습니다. 그러나 어둠이 짙을수록 새벽이 다가온 것이라는 말도 있듯이, 많은 사람들은 일제의 민족 말살 정책이 심해지면 심해질수록, 그들의 패망이 다가오고 있음을 짐작했습니다. 그리고 일제의 패망과 함께 찾아올 광복의 그날을 기다리며 어려움을 견뎠습니다.

우토로 마을을 아십니까?

우토로 마을은 한국인들이 모여 사는 일본 교토 부근의 작은 마을이다. 그런데 언제부터 이곳에 한국인들이 모여 살게 되었을까? 그리고 이 마을에서 무슨 일이 일어났던 걸까?

1941년 7월, 일제가 비행장을 건설하기 위해 한국인 노동자 1300여 명을 동원하면서 이곳에 마을이 만들어졌다. 겨우 비바람이나 피할 수 있는 초라한 집에 살며 강제 노동에 시달리던 노동자와 그 가족들은, 광복이 되었어도 아무런 생활 기반이 없는 고국에 돌아오지 못했다. 물론 일본 정부로부터도 어떠한 사과나 배상도 받지 못한 채, 고물을 모아 파는 일 등을 하며 겨우 생계를 유지했다.

그런 이들에게 또 하나의 불행이 닥쳐왔다. 1987년, 땅 소유자인 회사(일본 유수 기업인 닛산 자동차 계열로 닛산(日産) 차체주식회사. 한국인을 동원했던 일본국제항공공업회사의 후신)가 몰래 땅을 팔아 버린 것이다. 그 뒤 생활 터전을 지키기 위한 우토로 마을 사람들의 싸움이 시작되었다. 그렇지만 새로 땅을 산 주인의 철거 위협에 많은 사람들이 마을을 떠나 한때 수천에 이르렀던 주민 수는 1999년 320명으로 줄어들었다. 게다가 2000년에 일본 최고재판소는 마을 사람들의 패소를 최종 선고했다.

그 뒤 뜻 있는 사람들을 중심으로 기금을 모아 우토로 마을의 땅을 다시 사서 주민들에게 돌려주자는 운동이 시작되었지만, 이 문제는 아직도 해결되지 않은 상태이다. 우토로 마을의 싸움은 지금도 계속되고 있다.

삶의 터전을 빼앗기지 않기 위해 투쟁 중인 우토로 마을
닛산(日産)이 책임지고 우토로 마을 문제를 해결하라는 구호가 보인다.

일제의 만주 점령으로 한국인 처지가 나아졌을까?

아시아에서 유일하게 제국주의 나라가 된 일본은 타이완과 한국을 차례로 식민지로 만들었다. 하지만 일제의 마지막 목표는 중국 대륙 전체를 점령하는 것이었다. 일제는 1931년 만주 침략을 시작하여 이런 그릇된 야욕을 채우기 위한 첫걸음을 내딛었다. 이를 '만주사변'이라고 부른다. 일제는 옛 청나라 황제였던 푸이를 내세워 만주 땅에 만주국이라는 나라를 세웠다. 만주국은 겉으로는 독립 국가였지만, 실제로는 일제의 조종을 받았다.

만주사변을 일으키고 만주국을 세운 것은 한국을 식민지로 만든 것과 다름없는, 중국에 대한 부당한 침략 행위였다. 그렇지만 당시 한국인 중에서는 일제의 만주 침략에 다른 생각을 갖는 사람들도 적지 않았다. 드넓은 만주 땅이 일제의 영향력 아래에 들어오자, 국내에서 일자리를 찾지 못한 많은 사람들이 만주로 건너간 것이다. 일본군을 따라 만주로 진출하여 사업을 확장한 기업가들도 있었다.

이런 가운데 일제는 교묘한 술책을 써서 한국인들이 일제의 만주 점령, 나아가 중국 대륙 침략을 긍정적으로 생각하도록 유도했다. 일본인은 1등 국민, 먼저 식민지가 된 한국인은 2등 국민, 막 점령한 만주의 중국인은 3등 국민이라는 식의 서열을 만든 것이다. 실제로 이런 서열 매기기로 인해 마치 일제가 만주를 점령하여 한국인의 처지가 나아진 것처럼 생각하는 사람들도 나타났다. 이런 사람들은 앞으로 일제의 대륙 침략이 성공하면 성공할수록 한국인의 처지는 더 나아질 것이라고 생각했다.

그러나 과연 식민지 처지를 벗어나지 못한 상태에서 근본적으로 처지가 나아진다는 것이 가능할까? 또 설사 부분적 발전이 있다 하더라도, 그것은 중국인을 희생양으로 삼은 발전에 불과할 뿐이다. 만일 이런 발전을 받아들인다면, 일제가 한국을 식민지로 만든 것도 비판할 수 없게 된다. 그런데도 일제의 만주 점령으로 얻을 수 있는 눈앞의 이익을 먼저 생각하는 사람들은 스스로 친일의 길로 들어섰다. 그리고 광복이 되었을 때, 이것은 우리 민족에게 큰 상처로 남을 수밖에 없었다.

남만주방적회사의 직원 조회
1930년대 일제의 선전에 넘어간 많은 한국인 기업가들은 대륙 침략에 호응하여 만주로 진출했다. 만주의 풍부한 원료와 노동력을 이용하여 기업을 확장하기 위해서였다. 우리 민족의 경제적 실력 양성을 내걸고 출발한 경성방직도 예외는 아니었다. 경성방직이 만주로 진출하여 세운 남만주방적회사는 당시 아시아 최고 수준의 규모를 자랑했다. 그러나 1945년 일제의 패전과 함께 남만주방적의 경영진은 공장과 설비를 고스란히 남겨 둔 채 귀국할 수밖에 없었다. 제국주의 침략 전쟁에 편승한 발전이란 한낱 신기루에 지나지 않았던 것이다.

중일 전쟁에서 태평양 전쟁까지

일제의 중국 대륙에 대한 전면적 침략은 이미 1931년 만주 점령 때부터 예고된 것이었다. 이런 일제의 야욕에 맞서 중국의 국민당과 공산당이 국공 합작을 이루어 내자, 오히려 일제는 이를 계기로 1937년 전면적인 중일 전쟁을 시작한다. 처음에 일제는 승승장구하며 중국의 주요 도시들을 점령하고, 마침내 몽골까지 쳐들어가 꼭두각시 정권을 세웠다.

그러나 시간이 가면서 일제는 드넓은 중국 대륙을 평정하기 위해 많은 피해를 무릅쓰고 무리를 할 수밖에 없었다. 게다가 중국인들의 저항도 예상 밖으로 강력했다. 중국 대륙 침략이 처음 계획한 대로 잘 진척되지 않자, 일제는 전쟁을 더 확대하는 길을 택한다. 특히 전쟁이 계속되면서 물자가 부족해지자, 다양한 산업 원료가 풍부한 동남아시아 쪽을 노렸다.

당시 동남아시아의 여러 나라는 네덜란드, 영국, 프랑스 등 유럽 강대국의 식민지였다. 그런데 이 나라들은 유럽에서 독일, 이탈리아 등과 싸우느라 식민지로 눈을 돌릴 겨를이 없었고, 일제는 그 틈을 노렸다. 그리하여 일제는 1941년 12월, 마침내 하와이 진주만의 미군 기지를 기습한다. 전쟁터가 태평양으로 확대되면 주로 싸워야 할 상대가 미국이었기 때문이다.

진주만 기습 이후 한때 일제는 동남아시아 대부분의 나라를 점령하여 태평양을 손에 넣기도 했다. 그러나 일본보다 훨씬 국력이 강한 미국을 적으로 돌린 것은 큰 실수였다. 미군은 곧 전열을 가다듬고 일본군을 거세게 몰아붙여 몇 달 뒤에는 도쿄까지 폭격한다.

결국 일본군은 태평양에서 전략상 가장 중요한 미드웨이 섬 해전에서 미군에 대패하고 이어서 연패를 거듭한다. 하지만 일제는 1945년 히로시마와 나가사키에 원자폭탄이 떨어질 때까지 항복하지 않는다. 이렇게 일제가 버텼다는 것은, 그만큼 식민지에서 많은 전쟁 물자와 사람을 동원했다는 뜻이다. 곧 일제가 버티면 버틸수록 한국인의 고통은 커져 갔다.

동남아시아를 침략한 일본군을 미화한 전쟁 기록화
태평양 전쟁기에 일제가 점령한 동남아시아의 여러 나라들은 대부분 유럽 강대국의 식민지였다. 그래서 일제는 자신의 동남아 침략을 오히려 서구 제국주의의 억압에서 동남아를 구출해 준 것이라고 주장했다. 그리고 일본인은 물론 친일 한국인 화가들을 동원하여 동남아에서 일본군의 활약상을 그리게 하여 이러한 주장을 미화하려고 했다.

국민학교라는 이름을 쓴 배경

이 책을 읽고 있는 여러분은 모두 초등학교를 졸업했거나 다니고 있을 것이다. 이렇게 지금 우리나라에서 처음 배움을 시작하는 교육 기관은 '초등학교'이다. 그렇지만 초등학교라는 이름을 쓰기 시작한 것은 그리 오래전의 일이 아니다. 예전에는 지금의 초등학교를 '국민학교'라고 불렀다. 그러다가 광복 50년이 되는 해인 1995년 8월, 우리 정부는 일제 잔재 청산을 위해 국민학교를 초등학교로 바꾼다고 발표했다. 그렇다면 국민학교라는 이름은 언제 만들어진 것일까? 또 그것이 왜 일제 잔재일까?

19세기 말 우리나라에 처음 등장한 근대적 초등 교육 기관의 이름은 '소학교' 또는 '보통학교'였다. 강점 이후 일제는 한국인과 일본인이 다니는 학교를 따로 나누었다. 한국인이 다니는 학교는 보통학교, 일본인이 다니는 학교는 소학교라고 불렀다. 1938년부터는 이 둘을 합하여 심상소학교(尋常小學校)로 통일했다. 한국인 학교와 일본인 학교의 이름을 통일한 데 대해, 일제는 민족 차별을 없애기 위해서라고 선전했다. 하지만 실은 한국인을 일본인으로 만들기 위한 황국 신민화 교육을 강화하기 위해서였다.

그런데 일제는 1941년 〈국민학교령〉이라는 법률을 제정하여 심상소학교라는 이름을 다시 '국민학교'로 바꾸었다. 우리나라에서 국민학교라는 말을 이때부터 쓰게 된 것이다. 그러면 일제는 왜 국민학교라는 이름을 쓰기 시작했을까? 〈국민학교령〉 제1조에서는 국민학교의 목적을 "황

복암 간이 학교 제1회 졸업 사진
당시 외진 시골에는 보통학교가 너무 멀어 오늘날의 분교처럼 '간이학교'라는 게 있었다. 가난한 아이들은 나이가 훨씬 지나서야 학교를 다닐 수 있었고, 2년 만에 졸업을 했다.

영랑 공립 국민학교 제1회 졸업 사진
교복을 입고 사진을 찍었다. 사진에 쓰여진 소화(昭和) 19년은 1944년을 말한다. 현재 강원도 속초시에 있는 영랑초등학교의 일제 강점기 졸업 사진이다.

국의 도(道)에 따라 보통 교육을 실시하고 국민의 연성(練成 : 훈련하여 익힘)을 행함"이라고 했다. 조선 총독부는 여기에 덧붙여 "조선에서는 국민의 연성 외에 내선 일체의 구현에 힘쓸 것"이라고 했다.

그러니까 국민학교는 그 이름에서부터 학교의 목적이 천황에게 충성하는 일본 국민을 만드는 것이라는 뜻을 담고 있었던 셈이다. 한국인에게 이것은 민족 정체성 말살과 일제 침략 전쟁으로의 동원을 뜻하는 것이었다. 바로 이것이 태평양 전쟁 도발을 앞두고 일제가 국민학교라는 이름을 쓰기 시작한 진짜 목적이었다.

단지 이름만 바뀐 것이 아니었다. 〈국민학교령〉에서는 국민학교에서 가르쳐야 할 것으로 '보편적인 도덕이 아니라 일본의 도덕'인 국민과(國民科)라는 교과목을 특별히 강조했다. 국민과는 수신(修身 : 일본 도덕), 국어(일본어), 국사(일본사), 지리(일본 지리)로 구성되어 있었다. 이런 국민과를 강조한 것은 어린이를 대상으로 하는 교육의 첫 단계에서부터 일본적인 것을 노골적으로 주입하겠다는 뜻이었다.

광복 이후 우리 사회 각 분야에서 일제 잔재가 청산되었다. 하지만 국민학교라는 이름은 50년 동안이나 별 생각 없이 쓰였다. 물론 광복 이후 국민학교를 다닌 사람들에게 국민이란 의미는 일본 국민이 아니라 대한민국 국민이었을 것이다. 그렇지만 국민학교에 쓰인 '국민'의 뿌리가 황국 신민, 곧 일본 국민이었다는 사실을 잊어버리고 지낸 것은 여전히 부끄러운 일이다. 이런 망각에 대한 반성이 국민학교를 초등학교로 바꾸게 한 것이다.

마지막까지 이어진 독립 운동의 불씨

중국과 만주에서의 독립 전쟁

1930년대 중반부터 민족의 힘을 하나로 모아 일제와 싸우려는 움직임이 많아졌다고 이야기했지요? 이런 움직임은 나라 밖에서도 활발했습니다. 중국에서는 넓은 대륙 곳곳에 흩어져 있던 의열단·조선혁명당·한국독립당·신한독립당·대한독립당 등 여러 단체들이 연합하여 '조선민족혁명당'을 조직했습니다. 그리고 조선민족혁명당은 그 아래에 '조선의용대'라는 독립군 부대를 만들어 독립 전쟁을 펼쳐 나갔지요.

또 1941년 중국의 허베이(華北 : 화북) 지방에서는 사회주의자와 민족주의자들이 연합하여 '화북조선독립동맹'이라는 단체를 만들었습니다. 여기에는 일본군에 끌려갔다가 탈출한 청년들이 많이 가담하여 '조선의용군'을 만들었습니다. 화북조선독립동맹은 민족의 독립과 자유, 민주 공화국 수립, 민족 통일 전선 건설, 무장 투쟁 수행 등을 강령으로 내걸고, 친일파라도 자신의 잘못을 뉘우치면 받아들였습니다. 그 결과 1944년에는 허베이 지방 일대에 10개 분맹(分盟)을 둘 정도로 성장하여 광복의 날까지 줄기차게 항일 투쟁을 벌여 나갔습니다.

한편 1930년대 초부터 일제가 점령하고 있던 만주에서도 일제에 대항하여 지속적으로 유격 투쟁을 벌인 사람들이 있었습니다. 주로 사회주의 사상에 영향을 받은 이들은, 공동의 적인 일제와 효과적으

보천보 전투를 크게 보도한 《동아일보》 호외 　　　동북항일연군 한국인 부대의 습격을 받아 불타 버린 일제 관공서 모습

로 싸우기 위해 중국 공산당과 연합하여 '동북항일연군(東北抗日聯軍)'이라는 부대를 조직했습니다. 동북항일연군의 한국인 부대는 만주에서만 싸운 것이 아니라, 국내로 진격하여 많은 성과를 거두었습니다. 이들의 국내 진격이 성공할 수 있었던 데에는 '조국광복회'라는 비밀 단체의 역할이 컸습니다.

　조국광복회는 말 그대로 조국의 광복을 위해 사상과 계층의 차이를 넘어 연합하려는 뜻을 가진 사람들이 만든 단체입니다. 원래 만주에서 조직되었는데, 한반도 북부 지역의 공업 도시인 원산·함흥·흥남 등과, 농촌인 길주·명천·성진 등에도 회원들이 많았습니다. 이들의 도움을 받은 동북항일연군의 한국인 부대는, 일제의 예상을 뒤엎고 각 지역의 일제 관공서를 정확하게 공격하고 재빨리 후퇴할 수 있었습니다.

만주의 한국인 유격 부대의 활약이 계속되자, 일제는 괴뢰 국가인 만주국 군대를 앞장 세워 대대적인 탄압에 나섰습니다. 그리하여 더 이상 만주에 근거지를 갖기 어려워진 한국인 유격 부대는 점점 만주와 소련의 국경 지대로 쫓겨 갔습니다. 그리고 결국에는 일제의 힘이 미치지 못하는 소련 영토로 넘어가 뒷날을 기약합니다.

침략 원흉을 처단한 한인애국단의 투쟁

3·1운동으로 터져 나온 뜨거운 독립 열기를 모아 수립된 임시정부는, 처음의 기대와는 달리 외교 독립 운동 노선을 둘러싼 논란에 휘말리는 등 어려움을 겪으며, 독립 운동 단체들에게 권위를 인정받지 못했습니다. 임시정부의 주석 김구는 이렇게 떨어진 임시정부의 권위를 회복하고 독립 운동 의지를 널리 알리고자, 일제의 주요 인물을 직접 처단할 목적으로 '한인애국단'이라는 단체를 조직합니다.

한인애국단은 자기 목숨을 바쳐 거사를 수행하겠다는 굳센 의지를 가진 사람만 단원으로 받아들였습니다. 모든 단원은 거사에 앞서 단장인 김구와 함께 태극기 앞에서 입단식을 갖고, 조국의 광복을 위해 온 힘을 다해 거사를 성공시켜 일제 침략자를 처단할 것을 맹세했습니다. 대표적인 한인애국단 투쟁으로는 이봉창 열사와 윤봉길 의사의 투쟁을 들 수 있습니다.

이봉창 열사는 한국 침략의 우두머리라고 할 수 있는 일본 천황을 처단하고자, 1932년 1월 8일 도쿄의 황궁 앞에서 천황 행차에 폭탄 두 개를 던졌습니다. 그러나 아쉽게도 처음 던진 것은 거리가 짧아

이봉창과 윤봉길
태극기를 걸어 두고 한인애국단 입단식을 거행하는 이봉창(왼쪽)과 윤봉길. 이들의 투쟁과 희생은 단지 침략자 몇 명을 죽이거나 다치게 하는 데 그친 것이 아니라, 자칫 사그러들 위기에 처해 있던 우리 독립 운동의 불꽃을 되살리는 데 크게 이바지했다.

천황 행차에 미치지 못했고, 두 번째 던진 것은 터지지 않아 뜻을 이루지 못했습니다. 하지만 거사 실패를 확인한 열사는 도망가지 않았습니다. 오히려 가슴에 품고 간 태극기를 꺼내 흔들며 "대한 독립 만세!"를 외치다 체포되어, 같은 해 10월 처형되었습니다.

그리고 또 한 사람, 윤봉길 의사는 고향인 충청남도 예산에서 농민 계몽 운동을 해 왔는데, 이런 활동의 한계를 깨닫고 중국으로 건너가 한인애국단에 들어갔습니다. 1933년 상하이 홍코우 공원(현재 루쉰 공원)에서 열리는 일본 천황 생일 경축 기념식은 좋은 기회였습니다. 윤봉길 의사는 중국군에서 일하는 동지에게 부탁하여 만든 폭탄 두 개를 숨겨 들고 참석하여 폭탄을 던집니다. 이로 인해 상하이 일본군 최고 사령관을 비롯하여 많은 일제 고위 관리들이 죽고 다쳤지요. 윤봉길 의사는 그 자리에서 체포되어 일본 오사카로 끌려갔고, 결국 사형 선고를 받고 처형되었습니다.

이런 한인애국단의 줄기찬 투쟁은 나라 안팎에 큰 울림을 일으켰습니다. 중국 국민당의 장제스 주석은 윤봉길 의사의 투쟁을 일러, "중국 8억 인민이 하지 못한 일을 한 사람의 한국 청년이 해냈다"고 말하기까지 했습니다. 그리고 중국 국민당의 우호적인 태도에 힘입어, 임시정부는 한국 청년들을 중국 군관 학교에 입학시켜 군사 훈련을 받게 할 수 있었습니다. 이렇듯 한인애국단의 투쟁은 그 자체로 끝나지 않고 더 큰 성과를 낳았습니다.

임시정부의 군대 양성과 한국광복군

임시정부도 결국 일제와 싸우기 위해서는 독립 전쟁을 수행할 군대가 필요하다는 생각을 하고 있었습니다. 윤봉길 의사의 투쟁을 계기로 한국 청년들을 중국 군관 학교에 입학시킨 것도 군대를 양성하기 위한 준비 작업이었지요. 이런 노력이 마침내 결실을 맺어 1940년 임시정부가 있던 중국의 임시 수도 충칭에서 '한국광복군'이 창설됩니다. 한국광복군 지휘는 1920년대 만주 독립 전쟁에서 큰 활약을 한 지청천과 이범석이 맡았습니다.

창설 이듬해 일제가 태평양 전쟁을 일으키자, 한국광복군은 곧 일본에 공식적인 선전 포고를 합니다. 1942년에는 임시정부와 조선민족혁명당이 연합하면서, 김원봉이 지휘하는 조선의용대가 한국광복군에 합류합니다. 일제와의 투쟁 경험이 풍부한 조선의용대가 결합

한국광복군
1940년 창설된 한국광복군이 주관한 중국 교민들과의 친목 운동회에서 시상식을 하는 모습이다.

하자, 한국광복군의 군사력은 크게 강화되었습니다. 한국광복군은 일본군에 동원되어 있던 한국 청년들을 탈출시켜 한국광복군에 합류시키는가 하면, 미군과 함께 인도·미얀마 등지의 전투에 참가하기도 했습니다.

또 다른 한편, 한국광복군은 중국에 파견된 미군 전략 첩보국(OSS)과 협의하여 특수 공작을 수행하기 위한 준비를 시작합니다. OSS는 한국광복군에 미군 장교를 파견하여 특수 훈련을 실시했습니다. 광복군을 국내에 잠입시켜 일제의 주요 기관을 점령하거나 파괴하기 위해서였지요. 이 특수 훈련을 마치는 자리에서, 임시정부의 김구 주석은 미군과 한국광복군의 특수 작전에 대한 군사 협정까지 맺었습니다.

그런데 이 계획을 미처 실행에 옮기기도 전에 일제의 항복 소식이 전해졌습니다. 김구 주석은 이 소식을 듣고 "이것이 기쁜 소식이라기보다 하늘이 무너지는 일"이라고 하면서, "우리가 이번 전쟁에서 한 일이 없기 때문에 장래에 발언권이 약한 것이 걱정"이라고 했습니다. 김구 주석의 걱정대로 광복과 함께 한반도에 진주한 미군은 한국광복군을 군대로 인정하지 않았습니다. 한국광복군은 미군의 요구로 모든 무장을 해제하고 민간인 신분으로 귀국할 수밖에 없었습니다.

독립 운동 전선을 끝까지 지킨 사람들

국내에서는 일제의 온갖 물자와 인력 동원, 민족 말살 정책이 날로

대한애국청년단이 폭파 의거를 감행한 서울 부민관
현재 서울 중구 서울특별시의회 청사이다.

부민관 폭파 의거 기념비
서울특별시의회 청사 앞에 세워져 있다.

심해지면서 사람들의 불만도 커졌습니다. 그러나 이런 불만을 하나
로 모아 독립 운동을 일으킬 만한 지도자가 없는 것이 문제였습니
다. 이미 수많은 독립 운동 지도자들이 일제의 끈질긴 회유에 넘어
가 침략 전쟁을 찬양하는 선전에 나섰고, 그나마 뜻을 굽히지 않은
이들은 독립에 대한 희망을 버리고 모든 활동을 정리한 채 숨어 버
렸습니다.

  하지만 이런 암흑기에도 비밀리에 독립 운동의 불씨를 이어 간 사
람들이 있었습니다. 예전에 사회주의 운동에 참여했던 사람들 가운
데 친일파로 변신하지 않은 사람들입니다. 이들은 1944년 8월, 여운
형을 중심으로 '건국동맹'을 조직합니다. 건국동맹은 일제의 패망을
예상하고 중국의 화북조선독립동맹과도 비밀리에 연락하면서 광복
후 새로운 나라 건국에 대비하고자 했습니다. 그러나 광복 직전 일

일본군을 탈출한 젊은이들, 독립 운동 전선에 서다

일제가 '학도 지원병(학병：學兵)'을 동원하기 시작한 것은 1943년 중반이다. 전쟁 상황이 일본군에 크게 불리해지면서, 드디어 입대가 연기되어 있던 학생들까지 동원하기 시작한 것이다. 조선 총독부는 1943년 11월 20일을 마감으로 정하고, 전문학교 이상에 다니는 학생들은 '전원 지원'하라고 선전했다. 전원 지원을 위해 가족들까지 협박하는 등, 말이 '지원'이었지 사실상 '강제 동원'이었다.

그러나 학병으로 동원된 젊은이들이 순순히 전선으로 끌려가기만 한 것은 아니다. 많은 학병들이 목숨을 걸고 일본군에서 탈출했다. 대표적인 보기로, 1944년 8월 평양에서의 한국인 학병 집단 탈출 사건을 들 수 있다. 탈출한 학병들은 한국과 만주의 국경 지대로 가서 일제에 대항하여 게릴라전을 하겠다는 계획을 세웠다.

또한 일단 전선으로 끌려간 뒤 탈출한 젊은이들도 있었다. 중국 전선에서 탈출한 학병들은 거의가 한국광복군에 들어갔다. 이들 가운데 일부는 1945년 중국의 미군 OSS가 주도한 '한반도 침투 계획'에 참가했다. 낙하산을 타고 한반도 북부 지대에 잠입하여 미군을 위한 정보 수집과 선전 공작을 벌이는 한편, 반일 무장 폭동을 일으키려 한 이 계획은 거의 성사 직전까지 갔으나 일본군의 항복으로 실현되지 못했다.

한편 버마 전선에서 탈출한 젊은이들도 있었다. 일본군이 영국군에게 대패한 틈을 타 탈출에 성공한 이들은, 영국군 사령부가 있는 인도를 거쳐 현지의 미군 OSS와 접촉하여 미국 본토에 건너가 특수 훈련을 받았다. 물론 한반도에 침투하여 반일 활동을 하기 위해서였다. 이들은 잠수함으로 한국 연안에 침투하여 각 지역에서 연합군 항공기 활주로 건설 등의 임무를 수행할 계획이었다. 이 계획 역시 일본군의 항복으로 실현되지 못했다.

비록 직접 대일 항전에 참여하지는 못했지만, 목숨을 걸고 독립 운동 전선을 마지막까지 지킨 젊은이들이 있었음을 기억해야 하겠다.

광복군의 '한반도 침투 계획' 참가에 합의한 임시정부 주석 백범 김구와 미군 OSS 도노반 준장

미군 OSS의 훈련을 수료한 광복군의 젊은이들

제에 발각되어 간부들이 체포되고 맙니다.

한편 광복의 날이 다가오면서 학생 운동은 더 활발해졌습니다. 당시 학교는 창씨 개명이나 일본어 사용을 더욱 철저히 강요해 학생들은 민족 정신을 지니기 힘들었습니다. 그렇지만 보통 사람들에 비해 전쟁 상황에 대해 정확한 정보를 더 많이 접할 수 있던 학생들은 일제가 전쟁에 이길 수 없다는 사실을 알았습니다. 특히 일제의 학도 지원병 동원을 거부한 학생들은 적극적으로 무기를 구해 산으로 들어가기도 했습니다. 또 일본군에서 탈출한 학생들은 해외 독립군 부대에 합류하기도 했습니다.

광복을 겨우 20여 일 앞두고 일어난 '부민관 폭파 의거'는 최후의 순간까지 우리의 독립 의지가 꺾이지 않았음을 잘 보여 준 사건입니다. 1945년 7월 24일, 서울 부민관에서 침략 전쟁의 승리를 기원하는 친일파들의 집회가 열렸습니다. 이에 앞서 1945년 5월, 대한애국청년단을 조직한 몇몇 청년들은 이 집회장에 폭탄을 던지기로 결의합니다. 통제와 감시가 가장 철저한 서울 한복판에서 울린 폭발음은 일제의 간담을 서늘하게 했습니다. 민심이 동요할 것을 우려한 일제는 보도를 통제했고, 이 의거는 광복 후에야 사람들에게 알려졌습니다.

4

변화하는 사회, 새로 태어나는 사람들

사회 환경과 의식의 변화

먹을 것, 입는 옷, 사는 곳의 변화

한국인의 입맛을 유혹한 새로운 먹을거리들

일제 강점기는 우리 역사에서 가장 어두운 시기였지만, 한편으로 우리 생활에 많은 변화가 일어난 시기이기도 합니다. 그 가운데 하나가 새로운 먹을거리의 등장입니다. 아무래도 새로운 문물이 쉽게 들어올 수 있는 도시에는, 옛날에는 볼 수 없었던 먹을거리를 파는 음식점들이 많이 생겨났습니다. 그 가운데 보통 사람들에게 가장 친숙해진 것이 값싼 중국 음식이었습니다. 19세기 말부터 생기기 시작한 중국 음식점은 서울·인천·평양 등 큰 도시에 많이 들어섰고, 광복

중국 음식점
일제 강점기에 중국 음식점 수는 점차 증가하여
평범한 작은 읍에도 중국 음식점이 들어설
정도였다.

지금은 빈 건물로 남아 있는 자장면의 원조, 공화춘
일제 강점기에 중국 음식점은 주로 화교(華僑：한국에 사는 중국인)들
이 경영했다. 공화춘은 일찍부터 중국인이 이주하여 차이나 타운을
형성한 인천에서 1905년 개업한 중국 음식점에서 시작되었다. 정식
음식점에서 자장면을 처음으로 팔기 시작한 곳으로 알려진 이 음식
점은, 1912년 중국에서 신해혁명으로 중화민국이 수립된 것을 기념
하여 공화춘(共和春：'공화국의 봄' 혹은 '공화국 원년'이란 뜻)으로 이름
을 바꾸었다. 공화춘은 광복 후에도 오랫동안 영업을 하다가 1984
년 문을 닫았다.

무렵에는 300곳이 넘었다고 합니다.

여러분도 자장면을 잘 알지요? 지금도 중국 음식 하면 많은 사람
들이 자장면을 먼저 떠올릴 겁니다. 원래 중국의 자장면은 산둥(山
東：산둥) 지방의 고유 음식으로, 지금 우리가 먹는 자장면과는 맛이
많이 달랐다고 합니다. 그런데 한국에 자리 잡은 중국 음식점에서는
한국 사람 입맛에 맞는 야채와 조미료를 사용하여 중국의 자장면을
아주 다른 음식으로 만들었습니다. 그 결과 자장면은 남녀노소 할
것 없이 누구나 좋아하는 중국 음식이 되었습니다. 또 중국 음식점

미쓰코시 백화점의 식당(위)과 카페
일제 강점기 당시 충무로 1가에 있던 미쓰코시 백
화점 4층 식당과 옥상 카페 모습이다.

에서는 호병(胡餠)이라는 중국식 호떡을 팔았습니다. 호병은 특히 젊
은이들에게 인기가 많았습니다.

  또 일본 음식과 서양 음식도 들어왔습니다. 처음에 백화점 식당가
에서 팔기 시작했지요. 일본 음식점에서는 덮밥·메밀국수·우동 들
을 팔았고, 서양 음식점에서는 카레라이스·비프 스테이크·돈가스
같은 양식(洋食:서양 음식)을 팔았습니다. 서양 선교사가 세운 학교에
서는 포크나 나이프를 써서 양식 먹는 법을 가르치기도 했지요. 이렇
게 우리나라에도 서양의 음식 문화가 조금씩 알려지기 시작했습니다.

캐러멜 광고
일본에서 만든 모리나가(森永) 밀크 캐러
멜 광고이다.

여름철 빙수 장사
"한 잔 안 잡숫고 그냥 가십니까?" 같은, 손님을 끌
려는 광고 글이 재미있다.

일제 강점기에는 오늘날 여러분이 즐겨 먹는 간식들도 등장했습
니다. 비스킷, 캐러멜, 아이스크림 같은 것들이지요. 당시에는 이런
간식거리를 서양에서 들어온 과자라고 하여 '양과자'라고 불렀습니
다. 1920년 서울 충무로에서 최초의 양과점인 메이지야(명치옥 : 明治
屋)가 문을 열었습니다. 또 1930년대에는 그때까지 서양 선교사들만
먹던 우유, 버터, 요구르트 등을 먹는 사람들이 생겼습니다. 한편 오
늘날의 사이다 같은 탄산 음료도 일본에서 들어왔습니다. 이런 것들
은 모두 당시 한국인에게는 매우 낯선 먹을거리였습니다. 게다가 값
도 비쌌습니다. 그렇지만 한 번 두 번 먹어 보면서 이런 먹을거리에
입맛을 들인 사람들도 많아졌습니다.

이렇게 일제 강점기 우리나라에는 새로운 음식 문화가 서서히 퍼
져 나갔습니다. 그러나 이것은 어디까지나 대개 도시에 사는 부유한
사람들 이야기였습니다. 농촌에 사는 많은 한국인들의 식생활은 여

평범한 사람들의 상차림
새로운 음식 문화가 퍼졌다고 하지만, 그것은 아직 일부 부유한 사람들의 이야기였다.

전히 예전과 다를 게 없었습니다. 물론 도시에 사는 가난한 한국인들도 마찬가지였고요. 그들에게 많은 돈을 주고 사야 하는 새로운 먹을거리는 그림의 떡이나 다름없었습니다. 많은 사람들이 이런 새로운 먹을거리를 즐기게 되기까지는 더 많은 시간이 필요했습니다.

색깔 옷 장려에서 국민복까지 – 패션의 변화

여러분도 '백의 민족'이라는 말 들어 보았지요? 이 말처럼 우리나라 사람들은 예부터 흰옷(白衣 : 백의)을 즐겨 입었습니다. 아직 염색 기술이 부족한 탓도 있었지만, 흰색을 깨끗하다고 생각했기 때문이지요. 일제는 색깔 옷이 때가 잘 타지 않는다고 선전했습니다. 그렇지만 많은 한국인들은 우리의 고유한 풍습을 없애려는 속셈이라고 생각하여 반발했습니다. 흰옷은 이제 그냥 옷이 아니라, 일제에 대한

春服과 春외ー투

實際春御洋服은昨年에 比하면 三割以上 下落됨

三月中割引大賣出

今春을迎하야繁昌丁子屋高級既成服部는 最新各種에 合寸法으로 二十餘通으로 謹製하옵고 品質優秀하며 理想的의新

合하오니 四海諸位시여 百聞이 不如一見이오니 一次枉臨하심을仰切하나이다

京城南大門通

丁子屋 高級 既成服部

電話本局 二九二〇〇番

1920년의 유행은 일본인 고바야시가 경영하던 丁子屋에서 주도하였으며, 이 양복점에서 한인 기술자를 배출하였다

양복점 광고
1920년대 서울의 유행을 주도한 일본인 고바야시가 경영한 조지야(丁子屋) 백화점 양복부의 광고이다.

최신 유행복 옷차림
짧아진 한복 치마, 학생복, 신사복, 노동복 등 다양해진 거리의 패션을 풍자한 만화이다.

장거리에서 먹물을 뿌려
海南市日에 黑色雨

【해남】 지난 二十二일 해남군(海南郡) 해남시장(海南市場)에서는...

◆善成高普

◆培材高普

兩高普同窓總會

활극 연출한 색의 장려 묘법
전라남도 해남에서 면사무소 직원들이 장에 흰옷을 입고 나온 사람들에게 먹물을 뿌린 일을 '묘법(妙法 : 기발한 방법)'이라고 비꼰 기사이다. 《동아일보》 1931년 3월 1일 자.

저항의 상징이 되었습니다. 그래서 큰 규모의 만세 시위가 있는 날이면, 어김없이 흰옷을 입은 사람들이 거리를 메운 것입니다.

그런데 1930년대에 이르러 일제가 아니라 《동아일보》나 《조선일보》 같은 한국어 신문이 색깔 옷을 입자는 운동을 벌이기 시작했습니다. 또 여성 단체에서도 이런 운동을 벌였습니다. 여성 단체 회원들은 '색의(色衣) 장려'라고 쓴 깃발을 들고 거리를 행진하기도 했습니다. 신문이나 여성 단체에서 이런 운동을 한 것은, 여성의 사회 활동을 돕기 위해서였습니다. 색깔 옷은 흰옷보다 덜 자주 빨아도 되어 여성의 가사 부담을 줄일 수 있고, 그렇게 되면 자연히 남는 시간만큼 사회 활동을 할 수 있다고 본 것입니다.

한국에서 최초로 양장을 입은 윤고려

양장을 차려입은 영친왕의 생모 엄비

양복으로 멋을 낸 도시 청년들

　이렇게 색깔 옷을 입자는 주장은 여러 곳에서 나왔습니다. 그러나 일제가 색깔 옷 입기를 너무 강압적으로 밀어붙여 문제가 되었습니다. 이를테면 장날 흰옷을 입고 나온 사람에게는 먹물을 뿌리는가 하면, 흰옷 입은 사람은 면사무소 출입을 못하게까지 했습니다. 그러니 반발이 클 수밖에 없었지요.

　한편 서울과 같은 대도시에서는 전통적인 한복 대신 남성의 양복이나 여성의 양장도 유행했습니다. 양복을 입은 사람들은 거기에 맞는 액세서리를 하기도 했는데, 바지 위쪽 작은 주머니에 넣는 금딱지 회중 시계도 그 가운데 하나였습니다. 양복 입는 사람이 늘어남에 따라 양복점도 생겨났습니다. 서울 종로에는 한국인이 경영하는

상점에 쌓여 있는 고무신

별표 고무신 광고
1920년대 한국인 기업이 생산한 '별표 고무신' 광고이다.

맥고모자
맥고모자가 진열되어 있는 쇼윈도에서 계절의 변화를 느낄 수 있다는 내용의 기사이다.

양복점만 50여 곳이나 생겼습니다. 양장은 양복보다 늦게 유행했는데, 이는 사회 활동을 하는 여성 수가 남성보다 훨씬 적었기 때문입니다. 하지만 점차 블라우스에 스커트를 입은 양장 차림의 여성들도 눈에 띄기 시작했습니다. 게다가 처음에는 한복이었던 여학교 교복도 1930년대에 오면 양장으로 거의 다 바뀝니다.

모자나 신발에도 새로운 유행이 생겨났습니다. 전통 시대부터 우리나라에서는 생활할 때 모자를 갖추어 쓰는 것이 예의였습니다. 물론 모든 신분의 사람들이 다 그런 것은 아니지만, 적어도 양반층은 그 예의를 지켰습니다. 이제 도시에서는 양복을 입는 사람들이 늘어나는 것에 비례하여 서양식 모자를 쓰는 사람들도 늘어났습니다. 여

하이힐을 신은 여성이 늘고 있음을 표현한 삽화

짧은 한복 치마에 하이힐을 신은 멋쟁이 여성

름용으로는 맥고모자나 파나마모자가 유행했고, 겨울용으로는 중절
모를 많이 썼습니다. 그리고 젊은이들은 챙이 없는 도리우치 모자라
는 것을 즐겨 쓰기도 했습니다.

한편 신발에서는 고무신이 크게 인기를 끌었습니다. 원래 일본이
나 서구에서 수입한 고무신은 한국 신발과 모양이 많이 달라 일부
개화한 사람들만 신었습니다. 그런데 한국인이 경영하는 공장에서
예전에 신던 짚신이나 코신의 모양을 본뜬 고무신을 생산하자, 이것
이 큰 인기를 끈 것입니다. 모양은 짚신과 비슷하면서도 짚신보다
훨씬 질기고 비가 와도 물이 새지 않았기 때문이지요.

도시 지역에서는 하이힐을 신은 '멋쟁이' 여성들도 눈에 띄기 시작

몸뻬 입은 여성(왼쪽)
일제는 일하기 좋도록 통이 넓고 허리에 고
무줄을 넣은 몸뻬를 입도록 강요했다.

남성의 국민복
신식 결혼식에서 양복 대신 국민복을 입은
신랑(1940년).

했습니다. 영화 같은 데서 본 서양 여성의 옷차림을 본뜬 것이었지
요. 하지만 굽 높은 하이힐은 그다지 실용적이지 않아 널리 퍼지지는
못했습니다. 주로 가수나 배우 같은 특별한 직업을 가진 여성들만 신
었습니다. 그러다 보니 사회적으로도 보는 눈길이 썩 좋지 않아, 어
떤 지역에서는 여교사가 하이힐을 신는 것을 금지하기도 했습니다.

　이렇게 도시를 중심으로 나름대로 피어나던 '패션 문화'는 일제의
침략 전쟁이 본격적으로 시작되면서 주춤합니다. 일제는 전쟁 물자
를 동원하기 위해 전쟁과 관계없는 분야에서도 물자 절약을 강조했
습니다. 옷도 간소하게 입을 것을 강요했고요. 급기야 1940년에는
군복 비슷하게 만든 옷을 '국민복'으로 지정하여 모든 남성들이 이것
을 입도록 강요했습니다. 한편 가정의 여성들에게는 일하기 편하게

1944년 당시 국민복 차림의 교사와 학생

통이 넓고 허리에 고무줄을 넣은 몸뻬를 입으라고 강요했습니다. 여성 노동을 최대한 동원하기 위해서였지요.

하지만 이렇게 모든 사람에게 똑같은 옷을 입게 하는 것은 일제의 생각처럼 잘 되지 않았습니다. 이미 많은 사람들이 자기 개성에 맞는 옷으로 자기를 표현하는 것을 당연하게 생각했기 때문입니다. 그래서 1943년에는 조선 총독이 직접 국민복을 입고 다니며 그 옷을 입도록 지시하는가 하면, 국민복을 입지 않은 사람은 관청 출입을 제한하기까지 했습니다. 침략 전쟁을 위한 동원과 통제는 옷차림에서도 예외가 아니었던 것이지요.

한옥 개량과 양옥 등장

일제 강점기에는 도시를 중심으로 새로운 형태의 주택도 보급되었습니다. 그 가운데 대표적인 것으로 개량 한옥(韓屋)과 문화 주택을 들 수 있습니다. 전통적인 한옥을 근대적인 도시 생활에 맞게 간소하게 고친 개량 한옥은 겉보기에는 전통 한옥과 비슷했습니다. 하지만 안에 들어가 보면 전통 한옥보다 규모가 많이 작을 뿐만 아니라, 마당을 둘러싸고 방들을 모아 놓아 안채·사랑채·문간채가 독립되어 있는 전통 한옥과는 구조도 많이 달랐습니다.

사람은 어떤 집에 사느냐에 따라 생활 방식이 달라질 수밖에 없습니다. 그리고 이런 생활 방식의 변화는 그 사람의 생각에도 영향을 주게 되지요. 그렇다면 개량 한옥의 구조는 사람들의 생활과 생각에 어떤 영향을 주었을까요?

개량 한옥은 마당을 중심으로 방들이 모여 있기 때문에, 옛날과 달리 남성과 여성의 생활 공간이 겹쳤습니다. 수도나 우물을 마당에 둘 수밖에 없기 때문에, 남성과 여성은 한곳에서 세수를 했습니다. 그렇다고 예전부터 내려온 '남녀는 구별이 있어야 한다(남녀유별 : 男女有別)'는 생각이 쉽게 변하지는 않았습니다. 특히 여자가 남자 앞에서 세수를 하거나 화장실에 가는 것은 그 당시에도 많이 꺼렸습니다. 그래서 여자들은 주로 인기척이 없는 새벽이나 한밤중이 되어서야 세수를 했습니다. 또 화장실에 가서는 물소리를 내지 않으려고 조심했고요.

그렇지만 한집의 남녀가 한데 모일 수 있는 공간이 생긴 것은 남녀를 구별하는 낡은 생각을 바꾸는 데 한몫을 했습니다. 사람들은 차츰

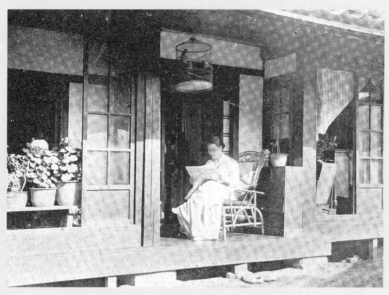

서울(맨 위)과 평양의 개량 한옥

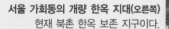

서울 가회동의 개량 한옥 지대(오른쪽)
현재 북촌 한옥 보존 지구이다.

전형적인 2층 문화 주택의 전경

새로운 집의 형태에 맞는 새로운 생각을 하게 되었지요.

서울에서 이런 개량 한옥은 대개 1920년대부터 지어졌습니다. 처음에는 양반들의 큰 전통 한옥이 많던 시내에 주로 지어지다가, 서울 인구가 늘어나면서 새롭게 사람들이 모여 살게 된 곳에도 많이 지어졌습니다.

그렇다면 개량 한옥은 누가 지었을까요? 예전에 전통 한옥을 짓던 목수 출신이 바로 그 주인공입니다. 이들은 이제 집을 지어 파는 것을 전문으로 하게 되었지요. 이런 사람들을 '집장사'라고 불렀고, 이 사람들이 지은 개량 한옥은 '집장사 집'이라고 불렀습니다. 이 집장사 집은 광복 후 1960년대까지도 도시 주택에서 가장 흔한 형태였습니다.

한편 부유한 한국인이나 일본인들이 주로 살았던 집은 '문화 주택'이라고 불렀습니다. 대개 정식으로 공부한 건축가들이 설계한 문화 주택은 벽돌이나 유리 등 새로운 재료를 써서 2층으로 지었습니다. 집 안도 오늘날과 같이 현관·거실·침실 등을 두고, 주방과 식당 등의 설비를 갖춘 완전한 서양식 집(양옥:洋屋)이었지요.

문화 주택에 사는 사람들은 의자나 침대를 놓고 서양식 생활을 하기도 했습니다. 또 문화 주택은 한옥과 달리 집 밖에

식탁과 의자가 놓인 문화 주택 실내

서 안을 들여다볼 수 없었습니다. 따라서 자연스럽게 모든 생활이 이웃과의 관계보다 가족이 중심이 되었습니다. 당시 문화 주택에 사는 사람들은 많지 않았지만, 이들은 오늘날과 비슷한 가족 중심의 생활을 처음으로 시작한 셈입니다.

이렇게 사는 곳이 바뀌면 그곳에 사는 사람의 생각도 바뀔 수 있다는 데에서 착안한 운동이 시작되었습니다. 《동아일보》 같은 신문에서 전통적인 생활 풍습의 단점을 고치자는 취지로 '주택 개량 운동'을 벌인 것입니다. 주택 개량 운동에서 이상(理想)으로 삼은 집 형태가 바로 문화 주택입니다. 사실 주택 개량 운동의 취지는 문화 주택에 살자는 것이라기보다, 문화

현재 서울 중구 청구동 일대의 일본인 문화 주택 단지

주택 개량 운동에 관한 기사

"주택을 여하(如何)히 개량할가 – 행랑방과 부엌을 개량할 필요, 미관과 위생을 존중합시다"라는 제목 아래 어떻게 개량할지를 조목조목 설명하고 있다. 당시 《동아일보》 같은 언론에서는 주택 개량을 단지 기술적 문제가 아니라, 우리의 잘못된 생활 관습을 고치는 문화 운동으로 이해하고 있었다. 《동아일보》 1923년 1월 1일 자.

주택이 대변하는 근대적이고 합리적인 서양식 생활 풍습을 받아들이자는 것이었습니다. 이 운동은 전통적인 생활 풍습의 단점을 날카롭게 지적하기는 했지만, 현실에 맞지 않는 운동이라는 비판을 받기도 했습니다. 당시 문화 주택을 짓거나, 거기에서 사는 것은 경제적으로 여유 있는 사람들만 가능했기 때문입니다.

도시와 철도의 발달

일제 강점기에는 전통 시대에 비해 새롭게 교통이나 산업이 발달한 면이 분명히 있습니다. 물론 이런 발달은 일제가 한국인을 위해서 해 준 것이 아니며, 그것 때문에 한국인이 행복해진 것도 아닙니다. 교통과 산업 발달의 열매는 대부분 일본인이 차지했고, 또 일본으로 빠져나갔습니다. 그렇지만 이때의 교통이나 산업 발달은 이 땅에도 여러 흔적을 남겼습니다. 새로운 도시가 만들어진 것도 그런 흔적 가운데 하나입니다.

일제 강점기에는 주로 각 도의 도청 소재지나 철도역, 항구 등의 교통 중심지에 도시가 발달했습니다. 이런 곳에는 대개 이런저런 일자리가 많아 사람들이 모여들었기 때문이지요. 이렇게 발달한 도시들 중에는 옛날부터 큰 도회지였던 곳도 있고, 새롭게 발달한 곳도 있습니다. 조선 시대 감영(監營: 관찰사가 직무를 보던 관아)이 있던 곳으로 일제 강점기에도 도청 소재지가 된 서울, 대구, 평양 같은 곳은 계속해서 대도시로 발전했습니다.

일제 강점기 대구의 중심가
조선 시대에 감영이 있었던 곳으로 일제 강점기에도 도청 소재지가 된 서울, 평양, 대구 등은 대도시로 발전했다.

그런가 하면 군산, 대전, 목포, 부산, 진해 같은 곳은 일제 강점기에 새롭게 도시가 된 곳입니다. 이곳들이 새롭게 도시가 된 데에는 여러 이유가 있지만, 모두 일제의 식민 통치와 관련이 있습니다. 예를 들어 군산이나 목포, 부산 등은 일본과의 교통, 무역 때문에 발달했습니다. 특히 군산이나 목포는 우리 땅에서 거둔 쌀을 일본으로 실어 나르는 항구로 유명했습니다. 또 허허벌판이었던 대전은 일제가 경부선 철도의 철도역을 만들면서 도시가 되었고, 진해는 일제가 해군 군항으로 개발했습니다.

이런 두 종류의 도시들은 여러 면에서 달랐습니다. 전통적으로 도시였던 곳에 한국인이 많이 사는 반면, 새롭게 만들어진 도시에는 일본인이 많이 살았습니다. 특히 일본인이 많이 모여들면서 도시를 만든 곳은, 교통이 편리하고 시장·통신·학교 등과 같은 편의 시설도 잘 갖추었습니다. 그래서 이런 도시들은 전통적인 중심지를 대신하여 지방의 중심 도시가 되는 경우가 많았습니다. 예

일제 강점기에 새롭게 개발된 새 도시인 부산, 목포, 군산(위에서부터)

조선 총독부 청사와 광화문 거리

컨대 충청남도에서는 대전이 공주를 대신했고, 전라북도에서는 군산이 전주를 대신했습니다. 또 경상남도에서는 부산이 진주를 대신했지요.

한편 전통 시대부터 일제 강점기까지 계속 대도시로 발달한 곳은, 그 도시 안에 일본인 중심으로 사는 곳과 한국인 중심인 곳으로 나뉘었습니다. 그 대표적인 보기가 바로 서울입니다. 서울은 1392년 조선을 건국할 때 우리나라의 수도가 되었습니다. 일제 강점기에도 조선 총독부를 비롯하여 식민 통치의 중심 기관들은 모두 서울에 모여 있었습니다. 그러나 서울의 도시 구조는 일제 강점기 동안 크게 변했습니다. 그 과정을 한번 살펴볼까요?

1876년 개항 이후 일본인들이 서울에 자리를 잡기 시작했습니다. 처음에 일본인들은 도성 안으로는 들어오지 못했습니다. 조선 정부가 일본인들에게 정착을 허용한 곳은 오늘날의 충무로 부근인 '진고개'였습니다. 당시 서울 남쪽의 외진 구석이었던 진고개는, 그 이름처럼 비만 오면 땅이 질어 걷기에도 불편할 정도로 엉망이 되었지요. 그러나 강점을 앞뒤로 진고개는 '본정(本町 : 오늘날의 충무로)'이라는 이름을 얻고, 일본인들의 중심지로 화려하게 발전했습니다. 본정과 더불어 또 한 곳이 일본인 중심지로 발전했는데, 본정 바로 북쪽에 있는 '황금정(黃金町 : 오늘날의 을지로)'입니다.

반면에 서울의 전통적 중심지인 종로는 본정, 황금정과 대조를

"에서 '본정'으로(오늘날의 충무로)

 이전 진고개 일대. 명동성당이 보인다.

식 거리로 단장한 1920년대 본정 거리.

의 중심지 '선은전'. 조선은행 앞 광장이라는 뜻의

"은 충무로와 남대문로의 교차점을 의미한다. 강점

본인 거류 민단이 자리 잡은 이곳에는 이후 조선은

, 경성 우편국 등이 차례로 들어서면서 광장이 만들

상업의 중심지였던 황금정(사진 ④)

의 을지로이다.

화신백화점이 새롭게 들어선 종로 거리.

이루었습니다. 조선 시대에 종로는 왕궁인 경복궁과 창덕궁의 앞 길이었고, 중요한 관청들과 육의전이라는 큰 상점이 들어선 서울의 유일한 대로(大路)였습니다. 그런 까닭에 일제 강점기에 종로는 본정, 황금정과 대비되면서 '한국인의 거리'로 생각되었지요. 양쪽은 청계천을 경계로 남, 북으로 나뉘었기 때문에 '남촌(南村)', '북촌(北村)'이라고 불리기도 했습니다. 남촌이 부당하게 한국을 강점한 일제 식민 통치의 상징이라면, 북촌은 일제에 저항하는 한국인의 상징이었습니다. 이렇게 서울의 거리 하나하나도 식민지 현실에서 자유롭지 못했습니다.

휘황 찬란한 도시화의 그늘, 토막민

토지 조사 사업으로 많은 농민들이 자기 토지를 잃고 소작농이 되었다고 이야기했지요? 소작농이 된 농민들은 아무리 열심히 농사를 지어도 소작료로 많이 빼앗겼기 때문에 늘 먹고살기가 힘들었습니다. 그래서 이런 농민들은 그나마 일거리가 있는 도시로 몰려들기 시작했습니다. 이른바 이촌향도(移村向都 : 농촌을 떠나 도시로 향함) 현상이 시작된 것이지요.

그런데 도시로 나간 농민들에게는 새로운 어려움이 기다리고 있었습니다. 그 가운데에서도 가장 큰 문제는 살 곳이었습니다. 생활이 어려워 도시로 나온 농민들에게 번듯한 집을 구할 능력이 있을 리가 없었지요. 그래서 이들은 대부분 보통 사람이 살기 어려운 다리 밑이나 강가 혹은 산 중턱에 모여들었습니다. 시간이 흐르면서 이런

토막민의 현실을 그린 작가, 유치진

한국 현대 희곡 문학의 선구자인 극작가 유치진은 1932년 〈토막〉이라는 작품으로 작품 활동을 시작했다. 어느 도시 근교의 토막을 무대로 가난한 한국인들이 겪는 비극을 그린 이 작품의 1막에서는 토막의 내부를 이렇게 묘사하고 있다.

> ……외양간처럼 음습한 토막집의 내부. 온돌방과 그에 접한 부엌. 방과 부엌 사이에는 벽도 없이 통했다. (중략) 온돌방의 뒷편에는 골방으로 통하는 방문이 보인다. 왼편에 한길로 통한 출입구. 오른편에는 문 없는 창 하나. 창으로 가을 석양의 여윈 광선이 흘러 들어올 뿐, 대체로 토막 안은 어두컴컴하다.

〈토막〉은 1933년 연극으로 상연되어 큰 인기를 모았다. 이러한 호응에 대해 유치진은, 작품이 예술적이어서라기보다 관객들에게 우리의 병든 현실을 그대로 보여 주었기 때문인 듯하다고 스스로 평했다.

곳에는 가난한 사람들의 동네가 만들어졌습니다.

이런 가난한 사람들은 제대로 된 집을 짓기도 어려웠습니다. 대개 땅을 파고 가마니로 지붕과 문을 만들었습니다. 조금 나은 경우는 땅 위에 기둥을 세우고 흙으로 벽을 쌓고 짚으로 지붕을 덮었지요. 이런 집에는 대부분 온돌도 없었습니다. 그냥 흙바닥에 자리를 깔고 사는 것이 보통이었으니까요. 당시 이런 집을 '토막(土幕)'이라고 불렀고, 이런 집에 사는 사람은 '토막민'이라고 불렀습니다. 토막민은

토막이 철거되자 부청으로 몰려가 항의하는 토막민들
"돈암정 토막 부락 이백 호 강제 철거"라는 제목과 함께 토막집 철거에 항의하여 경성 부청(지금의 서울 시청)으로 몰려가 항의하는 토막민들 사진이 실려 있다. 《조선일보》 1939년 7월 6일 자.

서울, 부산, 인천 같은 대도시 어디에나 있었습니다.

토막민들은 대부분 공사판의 막일꾼이나 자질구레한 물건을 파는 행상을 하여 먹고살았습니다. 쓰레기를 모아서 쓸 만한 물건을 골라 파는 날품팔이도 많았습니다. 이런 직업으로는 하루 벌어 하루 먹기에도 빠듯했습니다. 어떤 기록에 따르면, 토막민 가족은 매일 보리밥을 먹으면서도 그나마 보리쌀을 구하지 못해 굶는 날이 한 달에 4~5일씩 된다고 할 정도였습니다. 먹는 게 이런 수준이니 다른 데 쓸 돈이 있을 리 없었지요. 그래서 토막민은 대부분 사시사철 단벌로 지내야 했습니다. 어린이는 단벌조차 없어 헝겊 조각으로 몸을 감싸고 다니는 모습도 쉽게 찾아볼 수 있었습니다.

땅 주인이 당장 이용하지 않는 빈터에 토막집을 짓고 사는 토막민들

　게다가 이런 생활마저 마음놓고 할 수가 없었습니다. 이들이 토막을 짓고 사는 땅은 당장 이용하지 않는 빈터일 뿐, 엄연히 주인이 있는 땅이었기 때문입니다. 그래서 토막민들은 늘 토막을 철거하겠다는 땅 주인의 위협에 시달렸습니다.

　한편 일제는 토막민을 나라에서 구제해야 할 가난한 사람으로 생각한 것이 아니라, 도시의 미관(美觀)을 더럽히는 존재로 생각했습니다. 그래서 토막민에 대한 대책이라고 내놓은 것이, 그들을 도시 바깥으로 몰아내는 일이었지요. 그러나 토막민은 그냥 쫓겨날 수 없었습니다. 시내에 나가야 공사판 일거리라도 얻을 수 있었으니까요. 그래서 토막민들은 경찰에 의해 쫓겨났다가도 다시 슬금슬금 시내로 모여들었습니다.

한편에서는 적극적으로 일제에 대항해 싸우는 사람들도 있었습니다. 일꾼들이 경찰 호위를 받으며 토막을 철거하러 오면, 남녀노소할 것 없이 가재 도구를 들고 자기 집을 지켰습니다. 관청에 우리도 사람이니 먹고살게 해 달라고 진정서를 내기도 했습니다. 그래도 철거가 자행되면 토막민들은 관청 앞으로 몰려가서 2~3일씩 길에서 먹고 자며 시위를 벌였습니다. 물론 이런 투쟁은 당장 눈에 보이는 성과를 거두지는 못했습니다. 그렇지만 집을 지키기 위한 토막민의 투쟁은 최소한 먹고살 권리마저 짓밟는 식민 통치의 본색을 백일하에 드러내 보여 주었습니다.

문명의 길, 수탈의 길, 침략의 길

여러분이 서울에서 부산까지 여행을 한다면 무엇을 타고 갈까요? 아마 많은 사람들이 자가용을 타겠지요. 아니면 고속버스를 탈 수도 있고, 기차 혹은 비행기를 탈 수도 있습니다. 이렇듯 오늘날 기차는 먼 곳으로 갈 때 이용하는 유일한 교통 수단은 아닙니다. 여러 가지 교통 수단 가운데 하나일 뿐이지요.

하지만 일제 강점기에 기차는 먼 곳으로 이동하는 데 유일한 교통 수단이나 다름없었습니다. 큰 부자나 높은 관리들은 자가용을 갖고 있었지만, 그것은 겨우 시내를 다닐 수 있는 정도였습니다. 또 버스도 있었지만, 서울에서 버스를 타고 갈 수 있는 거리는 대개 경기도를 벗어나지 못했습니다. 그러니 서울에 사는 사람이 부산에 가려면

1899년 경인선 개통식
서울과 인천을 잇는, 한국 최초의 철도인 경인선 개통식 모습이다.

기차를 탈 수밖에 없었지요.

사람뿐이 아니었습니다. 여러 물자를 운송하는 데서도 기차의 운송량과 속도는 다른 교통 기관이 따라올 수 없었습니다. 물자 운송이란 단지 어떤 물자를 이곳에서 저곳으로 옮기는 일이 아닙니다. 그것은 공업 원료를 생산지에서 공장으로 옮기는 일이기도 하고, 추수한 곡식을 시장으로 옮기는 일이기도 합니다. 그 밖에도 다양한 경제 활동을 포함하는 일입니다.

그렇기 때문에 일제 강점기 철도의 경제적 역할은 지금보다 훨씬 컸습니다. 또 이런 경제적 역할은 거기에서 그치지 않고, 사회·문화 면에도 여러 영향을 미쳤습니다. 예를 들면, 앞에서 이야기했듯이 기차역이 들어서는 곳에는 새로운 도시가 발달했습니다. 그래서 기차역 부근에 사는 사람들은 그만큼 새로운 문화도 쉽게 접했습니다.

새로 지은 신의주 역사
경의선 도착역이 평안북도의 중심 도시인 의주(義州) 옆에 건설되면서 그곳에 '신의주(新義州：새 의
주)'라는 이름의 새로운 도시가 생겨났다. 경의선 건설과 함께 의주는 점점 쇠퇴하고 신의주가 발달
했다. 이처럼 기차역이 어디에 있느냐에 따라 그 도시의 운명이 달라졌다.

그러면 일제 강점기에 한국의 철도는 어떤 과정을 거쳐 건설되었
을까요? 1899년 경인선(京仁線：서울-인천) 개통으로 시작된 한국 철
도의 역사는 일제 침략의 역사와 겹쳐 있습니다. 일제가 한국을 완
전히 식민지로 만들기에 앞서 먼저 차지하려고 노력한 것이 바로 철
도 건설권입니다. 철도의 중요성을 잘 알고 있었던 것이지요.

일제가 가장 먼저 건설한 철도는 한반도를 동남에서 서북으로 가로
지르는 경부선(서울-부산)과 경의선(서울-신의주)입니다(1899~1906년).
일제가 이 두 철도를 건설하는 과정은 한국을 차지하기 위해 서로
다투던 러시아 세력을 몰아내는 과정이기도 했지요. 여러분도 잘 아
는 러일 전쟁이지요. 특히 러일 전쟁 중에 건설된 경의선의 첫 번째
역할은 전쟁터로 가는 일본군과 전쟁 물자를 나르는 것이었습니다.

러일 전쟁에서 승리한 일제는 뒤이어 한반도를 서남에서 동북으
로 가로지르는 호남선(서울-목포)과 경원선(서울-원산)을 건설합니

1920년대에 새로 지
은 서울역 전경

용산역 전경
일본풍으로 새로 건
설한 용산역. 용산은
일본인이 서울에서
처음 정착한 지역 중
하나였다. 따라서 기
차역도 일본풍으로
지은 것이다.

다(1906~1917년). 호남선과 경원선이 지나는 길은 한반도의 곡창 지
대였지요. 한국에서 생산되는 쌀을 일본으로 실어 나르기 위해 이
두 철도를 건설한 것입니다.

 이렇게 4대 철도가 모두 건설되자, 일제는 한반도 전체를 X자로
관통하는 중요한 철도망을 갖게 되었습니다. 그런데 이 철도들은 일
제가 자기네 목적에 따라 설계한 대로 건설되었지만, 정작 철도 건
설을 위해 많은 희생을 치른 것은 한국인들이었습니다. 한국인들은
철도를 놓기 위해 2000만 평 이상의 땅을 거의 대가 없이 빼앗겼습

특급 열차 '아시아호'
일제는 1930년대 만주
철도를 운행한 특급 열
차에 '아시아호'라는 이
름을 붙였다. 이 아시아
호는 대륙을 침략하는
일본군을 실어 나르는
데 큰 역할을 했다. 결
과적으로 아시아호라는
이름은 아시아 대륙을
침략한 일제의 상징이
되었다.

니다. 또 철도 건설 공사에 수십만 명 이상의 사람들이 동원되기도
했습니다. 이런 희생에 저항하는 사람들도 많았습니다. 공사에 동원
되는 것을 거부하기도 하고, 완성된 철도를 몰래 파괴하는 사람들도
있었습니다. 그래서 일제는 군대와 헌병의 힘으로 사람들을 위협하
며 철도를 건설해야 했습니다.

  그러면 이렇게 해서 건설된 철도는 어떻게 이용되었을까요? 벌써
짐작했겠지만, 그것은 한국인을 위한 교통 수단도, 한국에 문명을
실어 나르는 수단도 아니었습니다. 처음에 한국에서 생산한 쌀을 일
본으로 실어 나르는 데 이용된 철도는, 다음으로는 철광석·무연탄·
시멘트 등 한국의 중요한 지하 자원을 실어 날랐습니다. 반대로 일
본에서 배로 도착한 공업 제품을 한반도 구석구석으로 실어 나르기
도 했습니다. 혹시 이 책 맨 앞에서 제국주의는 식민지를 원료 공급

지와 상품 시장으로 삼았다고 이야기한 것을 기억하나요? 이렇게 철도는 제국주의의 가장 중요한 수단이었습니다. 그런가 하면 러일 전쟁 때 그랬던 것처럼, 철도는 1930년대 만주와 중국 대륙을 침략하기 위한 일본군을 실어 날랐습니다.

철도와 기차는 생명체가 아닙니다. 하지만 그저 쇳덩이라고 하기에는, 한국 철도에는 너무나 많은 식민지의 아픈 역사가 새겨져 있습니다. 그래서 일제 강점기 한국인들은 우렁찬 기적을 울리며 달려오는 기차를 반갑게 맞이할 수만은 없었습니다. 철도를 놓고 기차를 움직이는 데에는 많은 한국인들의 피와 땀이 배어 있었지만, 거기에서 나오는 모든 열매는 일제가 차지했기 때문입니다.

옛 것과 새 것이 공존한 상업 문화

사람들이 장시에 모여든 까닭
여러분은 '오일장'이니 '장돌뱅이'니 하는 말을 들어 본 적 있나요? 오일장(五日場)은 말 그대로 닷새마다 한 번씩 서는 시장이라는 뜻이고, 장돌뱅이는 그런 시장을 돌며 장사하는 사람을 조금 낮추어 부르는 말입니다. 원래 한국의 시장은 이렇게 며칠에 한 번씩 마을 빈터에 시장이 서고, 장사하는 사람은 전국의 시장을 돌아다니며 물건을 팔았습니다. 이런 시장을 '장시(場市)'라고 불렀지요.

그런데 일제는 장시를 시대에 뒤떨어진 것이라고 보았습니다. 그래서 〈시장 규칙〉이라는 법을 제정해서 장시를 규제하고, 그 대신 늘 같은 장소에서 1년 내내 장사를 하는 상설 시장을 세우도록 했습니다. 이것이 오늘날 보통 이야기하는 '시장'입니다. 처음에 시장은 서울 같은 대도시를 중심으로 세워지기 시작했습니다. 그러다가 점점 늘어나서 1940년에는 전국에 약 1500개의 시장이 생겼습니다.

그럼 이렇게 시장이 늘어나고 규모도 커지면서 장시는 사라졌을까요? 그렇지는 않았습니다. 시장은 주로 도시에 많이 세워졌기 때문에, 농민들은 쉽게 이용할 수 없었습니다. 또 시장에서 파는 물건에는 일본 제품이 많아서, 한국인에게는 취향이나 가격이 맞지 않았지요. 그래서 한국인들은 여전히 예부터 내려오는 장시를 찾았고, 장시를 돌아다니는 상인들은 예전처럼 장사를 했습니다.

그런데 일제가 장시를 시대에 뒤떨어진 것으로 보아 장시 대신 시장을 세우도록 했다고 이야기했지요? 과연 일제의 의도가 그것뿐이었을까요? 조용한 농촌 마을에 장시가 서는 날이면, 마을에는 갑자기 활기가 넘쳤습니다. 전국에서 상인들이 모여들고, 마을 사람들도 필요한 물건을 사기 위해 모여들었습니다. 이렇게 사람들이 모이다 보니, 자연스럽게 장시는 며칠에 한 번씩 얼굴을 보고 안부를 묻는 장소가 되었습니다.

사람들이 모이면 서로 안부만 묻지는 않았겠지요? 새로 들은 바깥 소식을 나누기도 하고, 삼삼오오 모여서 물건 구경, 사람 구경을 하는 사람들도 많았습니다. 그런가 하면 장시에는 물건을 파는 가게만 선 것이 아니었어요. 지방을 도는 서커스단도 들어오고, 극단이 와서 연극도 공연했습니다. 영사기를 들고 와서 영화를 트는 사람도 있었습니다. 물건을 사러 온 사람들은 물건도 사고, 이런저런 구경도 하고, 때로는 주막에 들러 막걸리를 마시며 쌓인 피로를 달랬습니다.

그러다 보니 자연히 시끄러운 소동이 일어나기도 했습니다. 사람들은 술도 한잔 하고, 오랜만에 여럿이 모여 들뜬 김에 순사에게 욕도 한번 해 보고, 돌팔매질을 하기도 했습니다. 물론 이런 행동에 무슨 대단한 뜻이 있는 것은 아니었습니다. 하지만 일제는 장시에서 일어나는 별것 아닌 일들에도 경계를 늦추지 않았습니다. 사람들의 이런 행동에는 일제에 대한 저항이 숨어 있다고 본 것이지요.

사실 일제의 경계가 아주 근거가 없는 것은 아니었습니다. 도시와 달리 농촌에서 장이 서는 날은 마을 사람 모두가 자연스럽게 모일 수 있는 유일한 기회였기 때문에, 3·1운동 같은 때에는 만세 시위의 출발점이 되기도 했습니다. 유관순 열사의 시위도 아우내장터에서 시작되었고, 광주 학생 운동 때도 많은 시위가 장터에서 시작되었습니다. 그래서 어느 한 곳에서 큰 만세 시위가 일어나면, 일제는 다른 곳에 장시가 서는 것을 금지해 버리곤 했습니다. 아예 사람들이 모이지 못하도록 한 것이지요.

이렇게 일제 강점기의 장시는 한국인에게 여러 의미가 있었습니다. 생활에 필요한 물건을 구하는 곳이자 즐겁게 노는 곳이었고, 또 일제에 대한 저항을 시작하는 곳이기도 했습니다.

일제 강점기 지방과 서울의 시장들

①	②
③	
④	

① 강경 시장
② 대전 시장
③ 평택 시장
④ 영동 시장

서울의 상설 시장들
일제는 예전의 시장을 재편하거나 새로운 시장을 세워 먼저 대도시에서부터 상설 시장을 세워 나갔다. 이런 시장들 중에는 남대문 시장과 같이 오늘날까지 이어지는 시장도 많다. 왼쪽 위에서 시계 방향으로 남대문 시장, 종로 중앙시장, 광장시장이다.

화려한 도시 문화의 꽃, 백화점

일제 강점기에는 도시를 중심으로 새롭고 화려한 상점이 등장하기도 했습니다. 예컨대 서울 거리에 등장한 백화점(百貨店)이 그런 것이었지요. 물론 백화점이 등장하기 전에도 본정의 일본인 상가는 화려한 모습으로 한국인을 유혹했습니다. 많은 한국인들은 일본인이 활개치는 본정에 가는 것을 불편해했지만, 그 화려함에 이끌려 본정으로 발걸음을 옮기는 사람들 수가 점점 늘어났습니다. 그리고 그 화려함의 가장 높은 봉우리가 백화점이지요.

본정(충무로)의 화려한 야경

오늘날에도 그렇지만 '백 가지 물건을 판다'는 뜻의 백화점에는 넓은 매장에 많은 양의 갖가지 물건들이 갖추어져 있었습니다. 그래서 백화점 등장은 작은 규모의 소매 상인들의 생계를 위협했지요. 하지만 보통의

종로의 한국인 상점 거리

종로 손님과 본정 손님
종로와 본정을 찾는 손님들이 한국인과 일본인, 서민과 부자로 뚜렷하게 나뉘는 세태를 풍자한 만화이다.

소비자들은 백화점을 근대적 소비 문화
의 시작으로 받아들였습니다. 이런 백화
점으로 서울에 처음 등장한 것은 미쓰코
시(三越) 백화점입니다. 일본 재벌이 소
유한 미쓰코시 백화점은 1906년 영업을
시작하여 1930년에 매장을 크게 신축했
습니다. 1921년에는 조지야(丁子屋) 백
화점이 세워졌습니다. 그 뒤를 이어
1922년과 1926년에 미나카이(三中井)
백화점, 히로타(平田) 백화점이 문을 열
면서 서울의 백화점 시대가 본격적으로
시작되었습니다.

그런데 이 백화점들은 모두 일본인이
경영했습니다. 위치도 일본인 상가의 중

일본인이 경영한 백화점
위에서부터 본정 입구에 위치한 미쓰코시 백화점의 건물 모습
과 그 내부, 그리고 조지야 백화점 건물 모습이다.

심에 자리 잡고 있지요. 특히 가장 먼저 문을 연 미쓰코시 백화점은
본정 입구에 있어, 마치 일본인 상가로 들어가는 현관 같은 역할을
했습니다. 이런 백화점들에 대한 한국인의 감정은 복잡했습니다. 경
제적 여유가 있는 사람들은 그 화려함에 이끌려 백화점을 이용했지
만, 마음 한켠에서는 한국인이 주인인 백화점이 없는 데서 오는 안
타까움을 떨칠 수 없었기 때문입니다.

　이런 가운데 1931년, 반갑게도 최남이라는 사람이 종로 2가에 동

①	②	③
④	⑤	

일본인이 경영하는 백화점에 뒤지지 않은 화신백화점 건물 모습과 그 내부
① 박흥식이 동아백화점을 인수한 직후 3층으로 증축한 화신백화점
② 화신백화점 쇼윈도
③ 1937년, 새로 지은 화신 백화점의 화려한 모습
④ 화신백화점 포목부
⑤ 화신백화점 화장품부

아백화점을 열었습니다. 한국인이 경영하는 최초의 백화점이었지
요. 그 뒤 동아백화점은 박흥식이 경영하는 화신상회에 흡수되어
화신백화점이 되었습니다. 화신백화점은 1937년 화재로 건물이 모
두 불타 버리는 시련을 겪기도 했지만, 곧 지하 1층, 지상 6층의 화
려한 건물을 지어 새로 출발했습니다. 일제 강점기에 이 화신백화
점은 그냥 백화점이 아니었습니다. 한국인 거리인 종로의 유일한
백화점이었던 화신백화점은 종로의 상징이었고, 나아가 한국인의

화신백화점 창업자 박흥식

박흥식과 화신백화점이 걸어 간 길은 일제 강점기 한국인 기업가의 '영광'과 '치욕'을 한 몸에 보여 준다.

상징이었지요.

게다가 화신백화점은 지하 식료품부에서 맨 꼭대기층의 식당가, 극장에 이르기까지 당시 어떤 백화점과 비교해도 뒤지지 않는 수준이었습니다. 그 밖에도 다양한 최신 시설을 갖추어 살 물건이 없는데도 구경 삼아 와 보는 사람들이 있을 정도였습니다.

이렇게 일본인이 경영하는 백화점 못지않은 화신백화점은 한국인의 자랑거리일 수밖에 없었습니다. 본정의 백화점을 이용하던 많은 사람들은 이제 뿌듯한 마음을 안고 화신백화점으로 발길을 돌렸습니다. 물론 화신백화점도 처음부터 일본인이 경영하는 백화점과 어깨를 나란히 하지는 못했습니다. 그러나 서서히 고객이 늘어나 1942년 즈음 화신백화점의 영업액은 조지야·미나카이·히로타 백화점을 앞서, 당시 최고였던 미쓰코시 백화점과 비슷한 정도까지 이르렀습니다.

그런데 불행히도 화신백화점의 성장에는 어두운 그림자가 드리워져 있습니다. 일제가 대륙 침략 전쟁을 일으키자, 화신백화점 사장 박흥식이 일본 천황에게 충성을 맹세하고 전쟁에 쓰일 비행기 공장을 지어 일제에게 바친 것입니다. 화신백화점의 눈부신 성장은 이렇게 민족을 배신한 대가이기도 했습니다.

화신백화점의 성장의 빛과 그림자가 가르쳐 주는 교훈은 무엇일까요? 그것은 나라의 광복 없이 어떤 분야에서 성장하는 데에는 한계가 있을 수밖에 없다는 점이겠지요. 화신백화점은 일본인이 경영하는 백화점과의 경쟁에서 승리했습니다. 그리고 모든 한국인이 이

아동 문학가 어효선이 기억하는 화신백화점

어린이들의 많은 사랑을 받은 동요 〈과꽃〉, 〈꽃밭에서〉 등의 노랫말을 비롯해 많은 동화와 동시를 지은 아동 문학가 어효선(1925~2004)은 서울 종로에서 태어나 평생 서울에 살았다. 어효선은 어렸을 때 가 본 화신백화점을 《내가 자란 서울》(대원사, 111~112쪽)에서 아래와 같이 기억했다. 어린이의 눈에 비친 화신백화점의 '최신 시설'이 잘 묘사되어 있다.

새로 지은 화신에는 승강기(엘리베이터)가 있고 에스컬레이터도 있었다. 사야 할 물건이 없어도, 승강기나 에스컬레이터를 타 보려고 사람들이 모여들었다. (중략) 에스컬레이터는 곤두박질칠 것 같아 타기를 꺼렸고, 승강기는 저마다 타는데, 배멀미를 하듯이 어지러워하는 이가 많았다. 올라갈 때는 공중에 붕 떠오르는 것 같고, 내려올 때는 공중에서 스르르 떨어지는 것 같아서, 처음에는 누구든지 어지러워했다.

이 건물에 옥상이 있었다. 6층 지붕 위인데, 여기서 내려다보면 현기증을 느끼면서도 신기했다. 옥상에는 정원을 꾸몄던 것 같다.

(중략) 밖에 나와서 이 건물을 쳐다보면 어지러웠다. 그때는 까맣게 높다고들 했다. 6층 꼭대기에 전광판이라는 것이 또 신기했다. 높이 1미터에 길이 10미터쯤인데, 촘촘히 꽂힌 전구에 불이 켜지고 꺼지고 해서, 글자가 나타나서 돌아가는 것처럼 보인다. 그래서 전광 게시판이라고 하고, 전광 뉴스라고도 했다. (후략)

를 자랑스럽게 생각했습니다. 그러나 그 승리는 일제의 침략 전쟁에 대한 협력이라는 값비싼 대가를 치르고 얻은 것임을 잊어서는 안 되겠습니다.

새로운 사람들이 역사의 무대에 등장하다

어린이는 나라의 보배

"어린이는 나라의 보배"라는 말을 들어 보았지요? 어린이는 소중한
존재이고, 앞으로 나라를 이끌어 갈 존재라는 뜻이 담긴 말입니다.
그렇다면 옛날 옛적부터 어린이를 '나라의 보배'라고 불렀을까요?
만일 그렇지 않다면, 옛날 어린이들은 가정이나 사회에서 어떤 대접
을 받았을까요? 그리고 어린이를 나라의 보배라고 부를 만큼 중요하
게 생각한 것은 언제부터일까요?

조선 시대에는 장유유서(長幼有序)라는 말이 있었습니다. 어른과
어린이 사이에는 순서가 있다는 뜻이지요. 이 말은 모든 일에서 어
른이 먼저이고, 어린이는 나중이라는 뜻입니다. 나아가서 이 말은
모든 일을 결정하고 지시하는 것은 어른이고, 어린이는 어른 말씀을
따르기만 해야 한다는 뜻입니다. 대체로 당시 사람들은 어린이도 인
격이 있고 권리가 있는 존재라는 사
실을 꿈에도 생각 못 했습니다.

알제 강점기의 유치원

위에서 계속 '어린이'라고 쓰기는
했지만, 사실 이 말도 그렇게 오래
전부터 쓴 말이 아닙니다. 옛날에는
나이가 어린 사람을 단지 '아이', '어
린놈', '얼라' 같은 말로 불렀습니다.
어떤 말 뒤에 '이'를 붙이는 것은 '높

은 이', '착한 이' 하는 것처럼 그 사람을 높이는 것이었기 때문입니다. '높은 분', '착한 분' 하는 것과 같은 뜻이지요. 그러니 옛날 사람들이 어린이라는 말을 생각조차 했겠어요?

그러면 어린이라는 말은 언제부터 쓰기 시작했을까요? 3·1운동 이후 다양한 문화 운동이 활발히 벌어지면서, 많은 이들이 우리 나라의 미래를 짊어질 나이 어린 세대를 주목하기 시작했습니다. "조선의 장래를 생각하시는 마음으로 내일의 조선의 일꾼인 소년, 소녀들을 잘 키우"(《개벽》1923년 3월 호)려는 자각이 생긴 것이지요. 이런 분위기 속에서 어린 세대를 대상으로 하는 잡지들도 많이 등장했습니다. 1920년 《새동무》를 시작으로 1923년에만 《어린이》·《신소년》·《새벗》 등 세 종류의 잡지가 창간되었고, 1926년에도 《아이생활》·《별나라》 등의 잡지가 창간되었습니다.

잡지 《어린이》에 실린 글들

방정환 등 어린이 운동가들이 만든 잡지 《어린이》에는 지금까지도 널리 읽히고 불리는 많은 동화와 동요들이 발표되었다. 방정환의 많은 동화들과 마해송의 〈바위나리와 아기별〉(1926년 1월 호), "나의 살던 고향은……"으로 시작되는 이원수의 〈고향의 봄〉(1926년 4월 호), "아버지는 나귀 타고 장에 가시고……"로 시작되는 윤석중의 〈집 보는 아기 노래〉(1928년 12월 호) 등은 모두 《어린이》에 처음 발표된 작품들이다.

게다가 "뜸북 뜸북 뜸북새 숲에서 울고……"로 시작되는 〈오빠 생각〉(1925년 11월 호)은 당시 열두 살이던 최순애 '어린이' 독자가 투고한 작품이라고 한다.

이 가운데 단연 오랫동안 많은 독자들의 사랑을 받은 잡지는 방정환 등 어린이 운동가들이 만든 《어린이》입니다. 그리고 이 잡지를 중심으로 어린이라는 말이 널리 쓰이기 시작했습니다. 방정환은 결국 일제의 식민 통치를 무너뜨리고 나라의 광복과 발전을 가져올 존재는 어른이 아니라 나이 어린 세대라고 굳게 믿었습니다. 그래서 이렇게 소중한 어린 세대에게 하찮아 보이는 아이라는 말보다, 그들을 높이는 말인 어린이를 쓰자고 제안한 것입니다.

방정환은 말 하나를 바꾸더라도 많은 것이 달라질 수 있다고 생각했습니다. 그는 잡지 《어린이》에 쓴 글에서, 모든 것이 어른 중심으로 되어 있는 당시의 가정과 사회를 비판했습니다. 그리고 앞으로 끝없는 가능성을 지닌 어린이를 잘 기르고 가르치는 데 온 정성을 다하라고 주장했습니다. 그는 "지금까지 어린이는 어른의 말썽꾼, 잘해 봐야 심부름꾼이었지만, 이제부터는 어른이 어린이의 심부름꾼이 되어야 한다"고 외쳤습니다.

방정환은 뜻을 같이하는 사람들과 함께 운동의 뜻을 널리 알리기 위해, 1922년 5월 1일 '어린이날'을 제정했습니다. 여러분, 지금도 어린이날이 있지요? 어린이날 부모님한테서 선물도 받고 가족과 함께 나들이를 간 적도 있을 것입니다. 이 날만큼은 공부나 다른 할 일은 잊고 즐겁게 지내라는 이야기도 많이 들었을 거고요. 그런데 어린이날이 처음 만들어졌을 때는 지금보다 조금 더 큰 의미가 있었습니다.

두 번째 어린이날을 맞아 발표된 〈소년운동선언〉이라는 글(《동아일보》 1923년 5월 1일)에서는 다음과 같이 주장했습니다.

첫째, 어린이를 재래(在來)의 압박으로부터 해방하여 완전한 인격적 대우를 허락하라.

둘째, 어린이를 재래의 경제적 압박에서 해방하여 만 14세 이하에 대한 노동을 폐지하라.

셋째, 어린이가 고요히 배우고 즐겁게 놀기에 충분한 가정 및 사회적 시설을 갖추게 하라.

이 선언에서 지적한 것처럼, 당시에는 교육받을 권리도 빼앗긴 채 공장에 나가서 일을 해야 하는 어린이도 많았습니다. 특히 방직 공장에 '어린이 노동자'들이 많았는데, 1930년대부터 크게 늘어나 1943년 통계에 따르면 전체 노동자의 1/4 정도가 어린이 노동자였습니다. 이들의 처지는 "주림과 괴로움에서 싸우고 있는 소년의 동무들을 생각할 때에는 끝없이 마음이 탄다"(《어린이》 1932년 7월 호)고 할 정도였습니다. 어린이 노동자들은 즐겁게 공부하고 노는 대신, 어른과 똑같이 하루 열 시간 이상 일을 했습니다. 그러고도 받는 임금은 어른

어린이날에 관한 기사
"오늘 어린이날"이라는 큰 제목 아래 "어린이를 위하여 처음 축복, 오후 3시 전국에서 선전"이라는 작은 제목이 보인다. 1923년 두 번째 맞이하는 어린이날을 보도한 기사로, 왼쪽의 "행렬은 의례 금지"라는 제목에서 짐작할 수 있듯이, 일제는 어린이날 행사마저도 위험한 것으로 취급했다. 《동아일보》 1923년 5월 1일 자.

일제 강점기에 펴낸 대표적인 어린이 잡지 《어린이》.

일제 강점기 대표적인 어린
이 운동가 방정환

보다 훨씬 적었습니다. 게다가 어른보다 몸이 약했기 때문에, 당연
히 사고도 많이 당하고 병에도 많이 걸렸습니다.

　어린이날을 제정한 것은, 이렇게 어린이를 귀하게 여기지 않
는 사회에 대한 항의였고, 최소한의 어린이 권리 선언이었습니
다. 처음에 5월 1일로 정해진 어린이날은 1927년부터는 5월 첫
째 일요일로 바뀌었습니다. 그러다가 광복 후 지금과 같이 5월 5
일로 정해졌습니다. 여러분이 해마다 기다리고, 또 즐겁게 보내는
어린이날이 만들어지기까지 이렇게 긴 과정이 있었고, 또 많은 사람
들의 노력이 있었던 것입니다.

청년과 학생, 새로운 시대를 선포하다

비록 허약하더라도 나라가 있는 것과 아주 망해 버린 것은 하늘과 땅
만큼이나 큰 차이가 있습니다. 그래서 강점은 당시 사람들에게 큰 충
격이었지요. 나라를 잃어버린 충격 속에서 젊은이들은 이렇게 될 때
까지 사태를 막지 못한 어른들에게 실망과 분노를 느꼈습니다. 당시
가장 앞서 가는 젊은이였던 일본 유학생들은, 이런 정서를 담아 나라
를 잃게 만든 부모 세대를 이제 할 일을 다한 '늙은 아버지(父老)'라고
부르며, 자신들을 '청년(靑年)'이라고 불렀습니다. 그러니까 여기에서
'청년'은 단지 나이가 젊은 사람이라는 뜻이 아니라, 앞으로 민족의
장래를 짊어지고 나라의 독립을 되찾을 사람이라는 뜻이었지요.

　청년의 활동은 3·1운동 이후 본격적으로 시작되었습니다. 청년들
은 먼저 민족을 계몽하고 광복의 길을 찾기 위해 청년회를 만들었습

니다. 청년회는 각 지방에서 매우 활발히 만들어졌습니다. 당시 신문은 한 면이 지방 면이었는데, 거의 매일같이 지방 면 전체가 각 지방의 청년회 조직 기사로 채워질 정도였습니다. 1920년과 1921년 두 해 동안 전국에서 1300개가 넘는 청년회가 만들어지는가 하면, 심지어 한 고장에서 서너 개의 청년회가 만들어지기도 했습니다.

꼭 그런 것은 아니지만, 청년은 학생인 경우가 많았습니다. 학생은 아직 경험이 많지 않기 때문에 미숙한 점도 있지만, 정의감이나 역사에 대한 사명감이 컸습니다. 또 일부러 모이지 않아도 매일 학교에서 자연스럽게 모일 수 있었습니다. 그래서 여러 운동에서 앞장 서는 역할을 많이 맡았습니다. 3·1운동, 6·10 만세운동, 광주 학생 운동 등을 보면, 모두 처음에 학생들이 앞장 서서 큰 만세 시위로 발전했음을 알 수 있습니다.

일제 강점기의 대표적인 청년 단체인 조선기독교청년회(YMCA) 회원들

학생들의 운동은 1920년대 들어 일제가 문화 통치의 하나로 학교를 늘리면서 더욱 활발해졌습니다. 배움의 기회는 늘어났지만, 일제의 소극적인 산업 정책 때문에 학교를 졸업하고 사회로 나가도 일할 곳이 없다는 게 큰 이유였습니다. 일자리가 없어 거리를 방

청년 운동에 관한 사설
"금일의 청년 운동"이라는 제목 아래 "조선의 현재와 미래는 모두 청년에게 있다"는 내용을 담아 청년 운동에 대한 기대를 잘 표현하고 있다. 《동아일보》 1925년 1월 30일 자.

'청년 실업'을 풍자한 만화
왼쪽 만화는 여학교를 졸업하고도 일자리를 구하지 못해 백화점 쇼윈
도 앞에서 하염없이 구경만 하고 서 있는 젊은 여성을 그렸고, 오른
쪽 만화는 졸업장·성적표·이력서를 담은 바구니를 메고 구직 전선
에 나선 전문 학교 졸업생을 그렸다.

황하는 젊은이들은 자연히 모든 문제의 근원이 식민 통치에 있음을
알게 되었습니다. 그리하여 교육이 퍼지면 퍼질수록 독립에 대한 젊
은이들의 열망도 커졌습니다. 학생 운동이 언제나 전체 독립 운동에
서 중요한 부분을 차지한 것은 바로 이런 이유 때문이었습니다.

여성, 세상의 절반이 되다

오늘날에는 남성과 여성이 똑같은 권리를 가졌다거나, 모든 일을 같
이 할 수 있다는 것이 보통 생각입니다. 하지만 옛날부터 그랬던 것
은 아닙니다. 바깥일은 남성 몫이고, 여성의 일은 가정에서 자녀를
기르고 살림하는 것이었습니다. 그런데 일제 강점기에 서양 문물이
들어오고 여성에게도 교육의 기회가 주어지면서, 여성도 남성과 똑
같은 권리와 의무를 가져야 한다는 생각이 자라나기 시작했습니다.
이런 새로운 생각은 당연히 옛날 식 생각과 부딪칠 수밖에 없었지요.

그래서 일제 강점기에는 이런 문제를 둘러싸고 많은 갈등이 생겼습니다. 때로는 개인의 삶에서 매우 안타까운 결과를 낳기도 했습니다.

이런 문제는 나이가 든 남녀가 자연스럽게 거치는 과정인 연애와 결혼에서 먼저 일어났습니다. 당시에는 새로운 교육을 받은 여성을 '신여성(新女性)'이라고 불렀습니다. 신여성들은 옛날 식으로 부모가 정해 준 남성과 결혼하는 것을 거부하고, 스스로 교육의 정도나 생각이 비슷한 남성을 찾아서 사귀려고 했습니다. 당시에는 이런 것을 '자유 연애'라고 했지요.

그런데 신여성의 자유 연애는 쉽지 않았습니다. 옛날에는 지금 기준에서 보면 아주 어린 나이에 결혼하는 것이 보통이었습니다. 이런 관습은 일제 강점기에도 계속되어 결혼을 하지 않고 스무 살 정도만 되면 노총각, 노처녀 소리를 들었습니다. 그런데 여성이 학교에 다니며 공부를 계속하려면 당연히 결혼을 하기가 어려웠습니다. 그에 비해 신여성이 연애의 대상으로 생각하는 남성들은 대부분 학교를 다니고 있지만, 고향에서 부모가 정해 준 여성과 결혼한 처지였습니다. 그러니 신여성은 자유 연애 상대를 찾기가 어려웠지요.

또 마침 어울리는 남성을 찾아서 결혼을 해도 신여성에게는 어려움이 계속되었습니다. 교육을 많이 받고 생각이 깬 남성이라도, 여성도 남성과 똑같이 사회 활동을 할 수 있다는 생각을 받아들이는 사람은 드물었습니다. 그래서 결혼한 여성은 아무리 능력이 뛰어나도 여전히 가정의 울타리를 벗어나지 못하는 경우가 많았습니다. 혹 직장을 갖게 되어도 또 다른 문제가 기다리고 있었습니다. 여성은 남성에 비해 할 수 있는 일이 훨씬 적었고, 같은 일을 하더라도 적은

신식 결혼식
신식 결혼식을 한 신여성은 당연히 남녀가 평등한 '신식 결혼 생활'을 꿈꾸었을 것이다. 그러나 현실은 그렇지 못한 경우가 많았다.

임금을 받았습니다. 또 직장 일을 마치고 집에 돌아오면 남성은 쉴 수 있지만, 여성은 그때부터 다시 집안일을 돌보아야 했습니다.

사정이 이렇다 보니, 이런 불공평한 여성의 처지를 개선하려는 운동이 시작되었습니다. 이 운동은 3·1운동 이후 활발히 일어났습니다. 3·1운동에는 여성들도 많이 참가했습니다. 거대한 시위의 물결에 몸을 맡기고 "대한 독립 만세!"를 외친 경험은, 여성들에게 자유의 공기를 느끼게 해 주었습니다. 그리하여 1920년대 들어 많은 여성들이 '남녀 평등'을 외치며 여성 운동에 뛰어들었습니다. 그리고 이들 중에는 남녀 평등이란 남성과 여성이 똑같은 권리를 갖는다는 뜻일 뿐 아니라, 남성과 여성은 똑같이 나라의 독립을 되찾을 의무가 있다는 뜻임을 깨닫는 사람들도 생겨났습니다.

그리하여 수많은 여성들이 독립 운동에 참가했습니다. 정종명 같은 사람은 남편을 잃고 생계마저 어려운 처지에서도 근우회 중앙집행위원장까지 지내며 독립 운동에 몸바쳤습니다. 노동 운동가인 박진홍은 여러 사건으로 10여 년이나 감옥살이를 하면서도 일제에 굴복하지 않았습니다. 마침내 1944년에는 중국으로 탈출하여 화북조선독립동맹에 참여하기까지 했습니다.

한편 비록 독립 운동에 앞장 서지는 않았지만, 자기 분야에 몰두하여 옛날 여성들은 꿈도 꾸지 못할 성취를 이룬 여성도 많았습니

일제 강점기 최초의 스타, 윤심덕
윤심덕은 실력 있는 소프라노이자 최고의 인기 가수였다. 그러나 그의 이름을 유명하게 한 것은 그의 노래 실력이 아니라, 극작가 김우진과의 동반 자살이다. 김우진은 이미 아내와 자식이 있는 유부남이었기 때문이다.

최초의 여성 운전수, 김영희(위 오른쪽)

직업 여성의 세태를 그린 만화
일제 강점기는 여성이 본격적으로 사회로 진출하여 직업을 가지기 시작한 시기이다. 물론 여성이 가질 수 있는 직업은 한정되어 있었다. 백화점 등에서 손님을 안내하는 '가이드 걸', 버스에서 요금을 받고 정류장을 안내하는 '버스 걸', 극장에서 표를 파는 '티켓 걸' 등은 당시 여성이 흔히 가질 수 있는 직업이었다.

다. 여성으로 처음 의사가 된 박에스더, 역시 여성으로 처음 병원을 개업한 허영숙, 최초의 여기자 최은희, 최초의 여성 비행사 권기옥·박경원, 최초의 여성 서양화가 나혜석, 당대 제일의 인기를 누린 소프라노 가수 윤심덕, 무용가 최승희 등은 모두 남보다 한 발 앞서 간 선각자입니다.

　하지만 이 때문에 개인적으로는 다른 여성들보다 힘든 짐을 지고 행복하지만은 않은 삶을 산 경우도 많습니다. 이런 선각자들의 희생이 있었기에, 오늘날 여성의 사회적 지위가 옛날과 비교할 수 없을 만큼 높아졌다는 사실을 기억해야겠습니다.

선구자 나혜석의 도전과 좌절

나혜석은 '한국 최초의 여성 서양화가'이다. 그러나 나혜석은 단지 화가만이 아니라 소설가, 수필가이면서 여성 운동가이기도 했다.

자신의 작품 옆에 서 있는 나혜석
현대 여성과 크게 다를 바 없는 세련된 모습이다.

1896년 경기도 수원의 부잣집에서 태어난 나혜석은, 경제적으로 여유 있고 새로운 문화에 열려 있는 집안 분위기에다 계몽 운동가인 오빠 나경석의 적극적인 후원으로 당시 여성으로서는 드물게 일본 유학길에 올랐다. 일본의 도쿄 여자미술전문학교에서 서양화를 공부한 나혜석은 유학 시절에 만난 변호사 김우영과 결혼했다.

결혼 후 한동안 나혜석의 삶은 아무런 어려움이 없는 행복, 그 자체였다. 남편의 후원으로 당시 남성도 열기 어려웠던 개인전을 여는가 하면, 일제의 외교관이 된 남편과 함께 1년 이상 유럽 여행을 다니기도 했다. 이런 나혜석의 생활은 당시 보통 여성의 생활과는 크게 동떨어진 것이었다. 일제의 관리이면서 자상한 남편을 둔 그에게는 식민 통치의 고통도, 가사를 돌보아야 하는 의무도 모두 남의 일이었던 것이다.

그러나 나혜석의 유복한 삶은 남편을 먼저 돌려보내고 몇 달 동안 프랑스 파리에 혼자 남아 그림 공부를 하고 귀국하면서 금이 가기 시작했다. 파리에서 천도교 지도자 최린과 만난 것이 문제의 시작이었다. 당시는 결혼한 여성이 남편이 아닌 남성과 몇 마디 이야기라도 나누면 이상하게 생각하던 시대였다. 처음에는 나혜석을 감싸던 남편 김우영도 결국 당시 사회의 일반적인 생각을 따라 나혜석에게 이혼을 요구했다. 당시는 부부가 이혼을 하면 모든 책임이 여성에게 돌아가는 시대였다. 나혜석과 김우영의 이혼은 김우영에게도 최린에게도 아무런 상처를 주지 않았지만, 나혜석에게는 그동안 쌓아 온 화가로서의 사회적 지위를 물거품처럼 사라지게 하는 일이었다.

나혜석은 이런 사회에 분노했다. 이때부터 그는 단지 훌륭한 여성 화가에서 여성 운동가로 거듭났다. 그는, 남편은 부인이 아닌 다른 여성을 집에 들이는 것조차 눈감아 주면서, 부인은 다른 남성과 단순히 만나는 것도 허락하지 않는 것은 부당하다고 항의했다. 그 밖에도 많은 글을 통해 남녀 사이의 권리와 의무의 평등을 주장했다. 그의 주장은 시대를 크게 앞서 나간 것이었다. 평소에 진보적이라고 스스로 일컬으면서 여성 운동에 찬성하는 말을 하던 남성 지식인들까지 그의 주장을 비난했다. 개인적으로는 김우영 집안의 반대로 자기가 낳은 아들, 딸과도 만날 수 없었다.

나혜석을 둘러싼 사방의 벽은 혼자 뚫고 나가기에는 너무나 두꺼웠다. 그는 점점 지쳐 갔다. 여성을 차별하는 사회와 싸우다 마음의 병을 얻은 나혜석은 뒤이어 손, 발까지 마비되어 글도 쓰지 못하고 그림도 그리지 못하게 되었다. 끝내 부모도 형제도 찾지 않고 혼자 양로원과 보육원을 떠돌며 지내던 나혜석은 광복 이듬해인 1946년 안타까운 삶을 마감했다.

처음에 나혜석은 당시 어떤 여성보다 좋은 환경에서 남들은 꿈도 꿀 수 없는 생활을 하며 자신만만하게 자기 삶을 개척해 나갔다. 이런 경험이 있었기에 그는 다른 여성 운동가보다 한 발 앞선 주장과 실천을 할 수 있었다. 그러나 남성 중심의 사회에 도전한 탓에 가혹한 시련을 겪어야 했다. 그렇다면 그의 도전은 실패한 것일까? 개인적으로는 실패한 것일지도 모른다. 하지만 나혜석의 도전과 좌절은 여성의 권리 찾기가 한 걸음 더 나아가는 밑거름이 된 것은 아닐까? 그렇다면 그의 도전은 성공한 것이라고 보아야 하지 않을까?

여성의 의복 개량 문제에 대한 나혜석의 논설
부인 의복 개량 문제 1"이란 제목의 논설이다. 여성이 사회 활동을 하는 데 편리하도록 의복을 개량해야 한다는 내용을 담고 있다. 나혜석은 단지 화가였을 뿐만 아니라, 여성 문제에 대한 많은 논설과 소설을 쓴 여성 운동가이자 문필가이기도 했다.

나혜석의 작품 〈선죽교〉(1933)
김우영과 이혼한 뒤 최린과 소송을 시작한 나혜석이 소송 비용 대신 변호사에게 준 그림이다.

5

역압 속에서 피어난 새로운 학문과 문화

일제 강점기의 역사·문화·예술과 스포츠

학문으로 민족혼을 일깨우다

한국인은 한국을 알아야 한다 – 조선학 운동

1930년대 초 독립 운동을 더욱 힘들게 하는 여러 일들이 일어났습니다. 먼저 많은 사람들의 기대 속에서 민족 통일 전선으로 만들어진 신간회가 해체되었습니다. 일제는 만주사변을 일으켜 중국 대륙을 침략하기 시작했습니다. 또 민족의 완전 독립을 포기하고 일제와 타협하는 길을 걷는 사람들도 많아졌습니다. 앞에서 말했듯이, 이런 사람들 중에는 일제가 만주를 차지해서 식민지로 삼으면, 상대적으로 한국의 지위가 높아질 거라는 헛된 기대를 하는 사람들까지 있었습니다.

더욱 눈에 띄는 점은, 이제 강점 이후 태어나 교육을 받은 세대가 사회로 진출하기 시작했다는 사실입니다. 이 세대는 민족 차별 교육을 받으며 일제에 대한 반감을 키우기도 했지만, 앞 세대에 비해 고유한 민족 문화를 배우거나 경험할 기회가 적었습니다. 그래서 자연히 한국의 역사나 문화에 대해 아는 것도 적고 자부심도 낮을 수밖에 없었습니다.

이런 가운데 신간회가 해체된 뒤 새로운 길을 찾던 민족주의자들 가운데 우리 민족의 역사와 문화를 연구하여 많이 알려야겠다고 생각하는 사람들이 나타났습니다. 그들은 마침 1934년 다산 정약용 서거 99주기를 맞이하여, 우리 역사에서 가장 위대한 학자 가운데 한 사람인 정약용을 기념하는 행사를 크게 열었습니다. 그리고 이를 계기로 '조선학(朝鮮學) 운동'을 일으켰습니다. 이들은 이후에도 해마다 정약용을 기념하는 행사를 열었습니다. 조선학에 대한 관심을 계속 불러일으키려는 뜻이었지요.

안재홍·정인보·문일평 등이 중심이 된 조선학 운동은, 우리 민족 문화의 고유한 정신과 함께 세계적 보편성을 찾는 것을 목표로 삼았습니다. 정인보는

다산 정약용 서거 100년을 기념하는 기사
당대 최고의 학자인 정인보의 "다산 선생의 일생", 백남운의 "정다산의 사상", 현상윤의 "이조유학사상의 정다산과 그 위치" 등의 글이 보인다 《동아일보》 1935년 7월 16일 자.

일찍이 중국으로 유학하여 동양학을 공부하면서 독립
운동에 참여했습니다. 1918년 귀국한 뒤에는 연희전문
학교 교수를 지내면서 《시대일보》, 《동아일보》 등의 논
설위원으로도 활동했습니다. 정인보는 한국 역사를 연
구하면서 '얼'을 강조했습니다. 그는 얼은 인간 존재의
핵심으로 언제까지나 없어지지 않고 끊임없이 활동하

조선학 운동을 벌인 정인보와 문일평
정인보는 '얼'을, 문일평은 '조선심'을 강조하며
우리 역사와 문화를 지키기 위해 노력했다.

며, 역사 발전에 원동력이 된다고 보았습니다. 그리고 우리 얼을 찾
아 되살리는 것이 역사 연구의 궁극적인 목적이라고 주장했습니다.

문일평은 처음에 상하이에서 활동하다가 귀국하여 중학교 교사와
《중외일보》, 《조선일보》 기자로 활동했습니다. 정인보와 마찬가지로
한국의 역사를 연구한 문일평은 '조선심(朝鮮心)'을 강조했습니다. 그
는 조선심은 우리 역사를 통해 형성된 우리 마음이라고 했습니다.
그리고 조선심이 쌓여서 밖으로 표현될 때, 우리 고유의 민족 문화
가 탄생한다고 했습니다. 문일평은 조선심이 표현된 대표적인 민족
문화로 조선 시대 세종대왕이 반포한 우리 고유의 글자인 훈민정음
을 들었습니다.

이렇게 조선학 운동에 참가한 사람들은 대부분 우리 역사를 깊이
연구하여 그 속에서 우리 민족 정신을 찾으려고 했습니다. 그래서
이들은 우리 역사뿐만 아니라 우리 민족 문화의 원형을 과학적인 방
법으로 연구했습니다. 또 우리 민족 고유의 전설을 연구하기도 했습
니다. 전설은 진짜 일어났던 일이 아니라 전해 내려오는 이야기이지
만, 그 이야기 속에는 우리 민족 정신의 뿌리를 알려 주는 실마리가
있다고 보았기 때문입니다.

조선학 운동은 직접 나서서 일제와 싸운 독립 운동은 아니었습니다. 그렇지만 우리 역사와 문화를 점점 잃어 가는 때에, 그것을 지키려고 노력한 소중한 운동이었음은 틀림없는 사실입니다.

우리 말과 글을 지킨 사람들 – 조선어학회

조선학 운동을 한 사람들을 비롯해서 우리 고유의 문화를 지키려고 한 사람들이 가장 관심을 가진 것은 아무래도 우리 말과 글이었습니다. 말과 글은 모든 문화의 표현 수단이기 때문이지요. 일제 강점기에 처음으로 우리 말과 글을 연구하기 시작한 것은 1921년에 만들어진 '조선어연구회'입니다.

조선어연구회를 만든 사람들은 대부분 서울의 사립 학교 교사들로, 국어 문법의 선구자인 주시경의 제자들이었습니다. 조선어연구회는 우리 말과 글을 연구하여 한 달에 한 번씩 연구 발표회를 열고, 강연회와 강습회도 열었습니다. 1926년에는 훈민정음 반포 480주년을 기념하여 오늘날의 '한글날'인 '가갸날'을 제정하는 한편, 이듬해인 1927년에는 《한글》이라는 잡지도 창간했습니다.

조선어연구회는 1931년 '조선어학회'로 이름을 바꾸고 더 활발히 활동했습니다. 1933년에는 사람마다 맞춤법이 달라 우리 말과 글이 잘 통하지 않는 현실을 바꾸기 위해 〈한글 맞춤법 통일안〉을 제정했습니다. 그 내용은 기본적으로 소리나는 대로 적되 어법에 맞게 하고, 표준어는 서울의 중류층이 쓰는 말로 한다는 것 등이었지요. 조선어학회는 이 〈한글 맞춤법 통일안〉을 제정하기 위해 무려 125차례

주시경

주시경이 한글 문법에 처음 관심을 가지게 된 것은 1896년 순 한글 신문인 《독립신문》의 회계 사무를 맡으면서부터였다. 그는 그 뒤 여러 학교의 교사를 지내며 한글 문법을 연구하고, 강점 이후에는 조선어강습원을 만들어 제자를 길렀다. 1897년 《독립신문》에 〈국문식(國文式)〉이라는 논설을 발표한 뒤 한글 문법에 대한 많은 글을 썼고, 1910년에는 자신의 연구를 집대성한 《국어문법》을 펴냈다.

나 학회를 여는 등 많은 노력을 기울였습니다. 1936년에는 《조선어 표준말 모음》을 편찬했습니다. 조선어학회는 한 걸음 더 나아가 《우리말 큰사전》 편찬을 시작했습니다.

그런데 이때 중국 대륙에 대한 침략 전쟁을 시작한 일제는 우리 민족 문화를 없애려는 정책을 더욱 강화했습니다. 그리고 그 가운데 가장 무게중심을 둔 것 하나가 우리 말과 글을 못 쓰게 하고 일

조선어연구회가 조선어학회로 확대되면서 정식 학회지로 다시 창간된 잡지 《한글》

조선어 표준말 모음
《조선어 표준말 모음》에서 비로소 오늘날 우리가 알고 있는 '서울의 중류 계층이 쓰는 말'이라는 표준어의 정의가 확립되었다.

본어 사용을 강요한 것입니다. 이런 가운데 우리 말과 글을 연구하고 보급하는 조선어학회 활동은 일제의 중요한 감시 대상이 될 수밖에 없었습니다. 일제는 어떤 꼬투리를 잡아서라도 조선어학회를 탄압하려고 호시탐탐 노렸습니다.

마침 1942년 여름, 함흥에서 한 학생이 기차 안에서 우리말을 쓰다 경찰에 체포되었습니다. 경찰은 이 사건을 빌미로 이 학생에게 우리말을 가르친 선생님까지 체포했습니다. 이 선생님은 조선어학회에서 《우리말 큰사전》을 만드는 일을 하는 정태진이었습니다. 경찰은 정태진을 고문하여 조선어학회는 그냥 연구 단체가 아니라 독립 운동을 준비하는 단체라는 허위 자백을 받아 냈습니다. 그리고 이 자백을 근거로 수많은 회원들을 체포하고 10년 넘게 노력하여 완

우리 말과 글을 지킨 사람들
'조선어학회 사건'으로 감옥에 갇혔던 조선어학회 사건 수난 동지회 회원들(1946년 6월).

성한 《우리말 큰 사전》의 원고와 단어 카드를 압수했습니다.

경찰은 체포한 조선어학회 회원들을 1년 동안이나 모질게 고문하여 마침내 조선어학회는 상하이 임시정부와 연락하고 있으며, 강연회 등을 통해 민족 의식을 드높이고, 《우리말 큰사전》에 백두산·대한제국·단군 같은 단어들을 포함시켰다는 등의 죄목을 덮어씌웠습니다. 일제의 고문이 얼마나 지독했던지 이윤재, 한징 등은 굶주림과 추위를 이기지 못하고 판결이 나기도 전에 감옥에서 숨을 거두었습니다. 2년에서 6년까지의 징역을 선고받은 나머지 11명도 광복이 되어서야 비로소 감옥 문을 나올 수 있었습니다.

한때 유명한 민족주의자였던 사람들이 일본군의 승리와 천황의 은혜에 감사하는 글을 쓰고 앞장 서서 창씨 개명을 하던 때에, 조선어학회 회원 같은 분들이 있었기에 일제의 민족 말살 정책에도 불구하고 우리 말과 글을 지킬 수 있었던 것입니다.

여러 갈래로 발전한 민족의 역사학

일제는 자신들의 침략 행위를 합리화하기 위해 우리 문화를 여러 가지로 왜곡했습니다. 그 가운데 일제가 가장 신경을 많이 쓴 것은 역사입니다. 먼저 일제는 1910년 대한제국을 강점하자마자, 이전에 발간된 역사책 가운데 민족 정신을 드높일 가능성이 있는 책들을 팔지 못하게 했습니다. 《을지문덕전》·《이순신전》 등 우리 역사상의 위인 전기, 《월남 망국사》·《이태리건국삼걸전》·《미국 독립사》 등 다른 나라의 독립과 건국을 다룬 책들, 대한제국의 역사 교과서 들이 판매 금지를 당한 책이지요.

일제는 여기서 더 나아가 식민 통치를 정당화하는 식민사관을 만들어 유포했습니다. 그들은 우리 민족은 주체성이 없어서 옛날부터 다른 민족의 지배를 받아 왔고(타율성론), 자기 힘으로 발전할 능력이 없어서 늘 뒤처진 상태에 머물 수밖에 없으며(정체성론), 서로 단결도 하지 못해 무리를 지어 싸움만 한다(당파성론)고 주장했습니다. 우리 민족은 원래 이렇기 때문에 식민 통치를 받는 것은 당연하다는 말이었지요.

일제는 이런 논리에 따른 왜곡된 우리 역사를 쓰기 위해 1925년 '조선사편수회'라는 기구를 설치했습니다. 일제의 역사 왜곡과 날조의 총본산이라고 할 수 있는 조선사편수회는 1930년대에 《조선사(朝鮮史)》 37책을 펴냈습니다. 《조선사》는 우리 역사를 연구한 책이라기보다, 전통 시대의 여러 문헌에서 역사 관련 자료를 뽑아서 정리한 책에 가깝습니다. 그런데 여기에 문제가 있습니다. 조선사편수회가 여러 자료를 공정하게 정리한 것이 아니라, 식민사관을 증명하는

조선사편수회가 간행한 〈조선사〉(왼쪽)와 조선사편수회의 활동을 정리한 〈조선사편수회사업개요〉
조선사편수회는 우리 역사 왜곡에 앞장 선 대표적 기구였다.

것처럼 보이는 자료만 골라서 실었기 때문입니다.

　이 방대한 양의 책에서 일제는, 한민족은 태생적으로 열등하여 스스로 발전하거나 독립할 능력이 없기 때문에 식민 통치를 받는 것이 당연하며, 그것은 오히려 한민족에게 축복이라고 했습니다. 지금 들어도 기가 막히는 이야기입니다. 당시에도 이런 역사 왜곡에 많은 사람들이 걱정했습니다. 어떤 사람들은 직접 우리 역사를 써서 일제의 역사 왜곡에 대항하려고 했습니다. 그 대표 인물이 바로 신채호와 박은식입니다.

　신채호는 이미 1900년대 초부터 을지문덕·강감찬·최영·이순신 등 명장들의 전기를 써서 애국심을 높이는 한편, 〈독사신론〉(讀史新論 : 우리 역사를 새롭게 읽는 방법) 같은 글을 쓰며 우리 역사를 새롭게 보자고 외쳤습니다. 강점 이후에는 중국으로 망명하여 독립 운동에 참가하는 한편, 우리 역사를 연구하여 《조선상고사(朝鮮上古史)》, 《조선상고문화사(朝鮮上古文化史)》,《조선사연구초(朝鮮史研究草)》 등의 책을 썼습니다. 그는 《조선상고사》의 첫머리에서 역사는 '아(我 : 나)와 비아(非我 : 내가 아닌 것)의 투쟁'이라고 정리했습니다. 여기에서 '아'는 우리 민족이며, '비아'는 일제를 가리킨다는 것이 보통의 해석입니다. 곧 신채호는 자신이 살고 있는 당대의 현실에서 우리 민족과 일제의 투쟁이 곧 역사라고 주장한 것입니다.

신채호
1880~1936년. 일제 강점기의 대표적인 민족주의 역사학자로, 대한제국 시절에는 언론인으로 활동하며 많은 애국 논설을 썼다. 합병 직전 중국으로 망명하여 우리 역사를 연구하는 한편, 1920년대 중반부터는 무정부주의 운동에 참가했다. 독립 운동 자금을 마련하기 위해 타이완으로 가던 길에 체포되어 1936년 뤼순(旅順 : 여순) 감옥에서 순국했다.

신채호는 우리 민족이 고유의 독립성과 창조성을 잃고 중국 중심의 사대주의에 빠진 나머지 힘이 약해져서 식민지가 되었다고 주장했습니다. 그래서 우리 민족 고유의 기상이 살아 있다고 본 고대사를 집중적으로 연구했지요. 신채호의 주장은 우리 민족의 위대함을 드러내어 독립 정신을 드높이는 데 너무 집중된 나머지, 우리 고대사를 사실과 다르게 화려하게 그린 면이 있습니다. 오늘날 기준에서 보면 꼭 사실과 맞지 않는 구석도 있습니다. 하지만 일제 강점기에 그의 역사학은 독립 운동의 정신적 바탕이 되기에 부족함이 없었습니다.

한편 임시정부의 대통령을 지내기도 한 박은식은 강점 이전 평안도 지역에서 가장 유명학 유학자 중 한 사람이었습니다. 그래서 일제는 강점 이후 그를 경학원(經學院 : 일제가 조선 시대 성균관을 개편하여 만든 어용 기구)의 평안도 강사로 임명했습니다. 그러나 그는 이 지위를 거부하고 중국으로 망명하여 1915년에 《한국통사(韓國痛史)》를, 1920년에 《한국독립운동지혈사(韓國獨立運動之血史)》를 썼습니다. 이 두 책은 모두 1880년대부터 강제 병합 이후까지의 근대사를

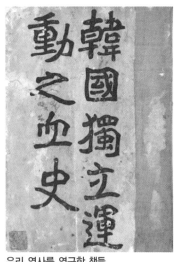

우리 역사를 연구한 책들
신채호가 쓴 《독사신론》(위), 박은식의 《한국독립운동지혈사》(아래)와 백남운이 쓴 《조선봉건사회경제사》(오른쪽)이다.

다룬 책입니다. 그 중 '한국의 고통받은 역사'라는 뜻을 지닌 《한국통사》가 주로 외세의 침략과 그에 따른 우리 민족의 고통을 쓴 것이라면, '한국 독립 운동의 피의 역사'라는 뜻의 《한국독립운동지혈사》는 주로 외세의 침략에 맞선 우리 민족의 독립 운동에 대해 쓴 책입니다.

그는 한 나라에는 그 나라의 '국혼(國魂)'이 있다고 주장했습니다. 그래서 비록 나라의 껍데기는 망했어도 국혼만 살아 있다면, 그 나라는 언젠가 독립할 수 있다고 했습니다. 이 말은 식민 통치가 아무리 가혹해도 독립할 수 있다는 희망을 버려서는 안 된다는 뜻이지요.

한편 이렇게 민족 정신을 강조한 사람들과는 좀 다른 방향에서 우리 역사를 연구한 학자들도 있었습니다. 그 대표 인물은 백남운입니다. 그는 무엇보다 역사 연구는 과학적이어야 한다고 보았습니다. 그래서 일제와 친일 학자들의 식민사관은 우리 역사를 객관적이고 과학적으로 바라본 것이 아니라, 식민 통치를 합리화하는 수단일 뿐이라고 주장했습니다. 그런가 하면, 신채호나 박은식의 역사학도 우리 민족의 특수성을 지나치게 강조하다 보니 과학과 거리가 멀어졌고, 그래서 오히려 일제의 역사 왜곡을 극복하기 어렵다고 주장했습니다. 그는 우리 민족의 특수성을 강조하기보다, 우리 민족도 세계의 다른 민족들과 비슷한 발전의 길을 걸어 왔다는 내용을 담아 《조선봉건사회경제사(朝鮮封建社會經濟史)》 등의 책을 썼습니다. 백남운의 역사학은 신채호나 박은식과는 달랐지만, 우리 민족의 발전 가능성을 부정한 일제의 역사 왜곡을 비판한 점에서는 같았습니다.

또 1930년대 들어 주로 일본의 대학이나 경성제대에서 역사학을 전공한 이병도, 김상기, 송석하 등이 '진단학회(震檀學會)'를 조직했습니다. 진단학회는 한국과 그 주변 지역에 대한 순수한 학술적 연구를 내세우며 《진단학보》라는 학술지를 발간했습니다. 진단학회에 모인 역사학자들은 대학에서 역사학을 체계적으로 공부했기 때문에, 그들의 연구 성과는 누구와 비교해도 손색이 없을 만큼 수준이 높았습니다. 하지만 그들의 연구는 연구 대상인 역사 자체에만 집중되어 당시의 식민지 현실을 충분히 돌아보지 않았다는 아쉬움이 있습니다.

한편에서는 민족 내부의 이념적 대립을 역사학으로 극복해 보려는 움직임도 있었습니다. 신간회에 참여했던 안재홍, 손진태 등은 이런 취지에서 '신민족주의' 역사학을 제창했습니다. 그들은 신민족주의란 민족 구성원 모두 평등하게 단결하여 새로운 나라를 건설하자는 생각이라고 주장했습니다. 신민족주의 역사학은 광복 후 새로운 나라를 만드는 데 바탕이 될 수 있었습니다. 하지만 이념에 따라 남과 북으로 민족이 분단되는 현실에서 이 주장은 설 자리를 잃고 제대로 이어지지 못했습니다. 그러나 다시금 민족 통일을 이루어야 하는 오늘날, 신민족주의 역사학의 주장은 우리에게 소중한 정신적 자산으로 남아 있습니다.

한국 과학의 씨앗을 뿌리다

과학으로 민족의 힘을 기르자

앞에서 민족의 힘을 길러 식민 통치에 맞서자는 실력 양성 운동이 있었다고 이야기한 것 생각나지요? 우리 손으로 만든 물건을 쓰자는 물산 장려 운동이나, 우리 힘으로 민족의 최고 교육 기관을 세우자는 대학 설립 운동 등이 그런 운동이었습니다. 한편 이런 취지에서 대중에게 과학 지식을 보급하여 과학적으로 생각하는 습관을 기르게 해야 한다는 운동도 일어났습니다. 이 과학 운동에 힘쓴 사람이 김용권입니다.

잡지 《과학조선》
표지에 실린 발명왕 에디슨의 모습에서
과학 운동가들의 꿈을 엿볼 수 있다.

일본에서 과학을 공부한 김용권은, 나라가 망한 현실에서 혼자 과학을 연구하는 일보다 대중에게 과학을 널리 알리는 것이 더 중요하다고 생각했습니다. 그래서 공부를 마치고 귀국한 뒤 뜻을 같이하는 사람들과 '발명가협회'와 '과학지식보급회' 등의 단체를 만들고, 과학적 원리를 알기 쉽게 알려 주는 행사도 열었습니다. 또 《과학조선》이라는 잡지를 만들어 여러 가지 과학 상식을 소개했습니다. 김용권과 뜻을 같이한 사람들은 대부분 전에 물산 장려 운동이나 대학 설립 운동에 참여했던 사람들이었습니다. 실패한 실력 양성 운동의 희망을 과학 운동에서 찾은 것이지요.

그래서 실력 양성 운동과 마찬가지로 과학 운동의 정신적 바탕도 '사회 진화론'이었습니다. 과학 운동가들은 다윈이 서거한 4월 19일을 기념하여 '과학데이(과학의 날)'를 제정하기도 했습니다. 그런데 여러분, 앞에서 사회 진화론은 강한 나라가 약한 나라를 침략하는 것을 합리화하는 문제가 있다고 이야기했지요? 하지만 당시 과학 운동가들은 사회 진화론의 문제점까지 생각할 여유가 없었습니다. 그들에게 중요한 것은 하루빨리 과학을 발전시켜 민족의 힘을 기르는 것이었으니까요. 그러지 않고서는 우리는 영원히 독립할 수 없다고 생각한 것입니다.

과학 발전이 민족의 힘을 길러 준다는 사실은 일제도 잘 알고 있었습니다. 그래서 일제는 1925년 경성제국대학을 만들면서, 여기에 자연과학과 공학을 가르치는 이공학부를 두지 않았습니다. 한국인이 단순

제6회 '과학의 날' 행사를 알리는 기사
"과학조선을 건설하자"라는 큰 제목과 함께 과학데이를 맞아 여러 행사를 연다는 내용의 기념 선전탑 사진이 보인다. 《동아일보》 1939년 4월 19일 자.

기술 이상의 고급 과학 지식을 익히는 것을 달가워하지 않았기 때문이지요. 그러다가 침략 전쟁을 위한 무기 기술의 연구 개발이 급격히 필요해진 1940년대에 비로소 경성제국대학에 이공학부를 설치했습니다.

과학 운동가들의 독립을 향한 꿈은 《과학조선》에서 자주 소개한 '영구 동력 기관'에 잘 나타나 있습니다. 그들은 동력을 공급하지 않아도 영원히 작동하는 영구 동력 기관을 발명하면 공업을 획기적으로 발전시킬 수 있다고 생각했습니다. 그런데 이런 일이 가능한 것일까요? 사실 '에너지 보존의 법칙'이 발견되면서 오늘날 영구 동력 기관은 불가능한 것으로 판명되었습니다. 그러나 당시 과학 운동가

들은 영구 동력 기관은 반드시 발명할 수 있고, 또 발명해야 한다는 의지를 불태웠습니다. 여기에는 하루빨리 우리 과학을 발전시켜 독립을 이루고 힘 있는 나라를 만들겠다는 꿈이 담겨 있었지요.

이렇듯 얼핏 보면 독립 운동과 관계가 없어 보이는 과학 운동에도 독립 의지가 숨어 있었습니다. 그래서 일제는 과학 운동에도 감시의 눈길을 늦추지 않았습니다. 결국 일제는 사소한 죄목을 씌워 과학 운동의 중심인 김용권을 체포해 버렸습니다. 그가 체포된 뒤 과학 운동은 더 이상 크게 일어나지 못했습니다. 하지만 광복 후 우리나라가 빠르게 과학 발달과 경제 발전을 이룬 바탕에는 김용권 같은 사람들의 노력이 있었습니다.

우리 과학의 선구자들

일제 강점기에는 김용권처럼 대중에게 과학 지식을 널리 보급하는 일에 열정을 쏟은 사람이 있는가 하면, 묵묵히 자기 분야에서 연구에 매진하여 뛰어난 업적을 이룬 과학자들도 많습니다. 이런 이들은 표나게 민족을 이야기한 것도, 직접 독립 운동에 참여한 것도 아닙니다. 하지만 이들의 업적은 한국을 세계에 알리는 데 크게 이바지했고, 광복 이후에는 우리 과학 발전에 밑거름이 되었습니다.

개성에서 생물 교사를 한 석주명(1908~1950)은 나비 학자입니다. 그는 10여 년 동안 한국의 여러 지역을 직접 뛰어다니며 나비를 연구했습니다. 그리고 자신이 채집한 나비를 하나하나 분류하고 거기에 '떠들썩팔랑나비'니 '번개오색나비'니 하는 식으로 순 우리말 이

'한국의 10대 과학자'와 '한국 과학사의 10대 성취'

1999년 한 잡지에서는 국내 과학자 93명의 추천을 거쳐 '한국의 10대 과학자'를 선정했다. 선정된 과학자는 이태규(화학자), 이휘소(물리학자), 이호왕(유행성 출혈열 바이러스 발견), 공병우(한글 타자기 개발), 김성호(구조 생물학자), 우장춘(농학자), 최형섭(금속 공학자), 김순권(농학자), 김진의(물리학자), 성기수(기계 공학자) 등이었다(《월간조선》 1999년 2월 호).

또 비슷한 시기에 한 텔레비전 프로그램에서는 '한국 과학사의 10대 성취'를 소개했다. 석주명의 나비 연구, 이승기의 비날론 개발, 이태규의 이-아이링 이론, 반도체 개발, 한글 워드프로세서 개발, 국산 전전자 교환기 개발, 과학 위성 우리별 발사, 포항 방사광 가속기 준공, 코드 분할 다중접속 기술 상용화, 생명 복제 성공 등이 포함되었다(KBS, 1999년 8월 2일, '20세기 한국 톱 10').

여기에 이름이 등장하는 과학자들 중에는 일제 강점기부터 활동한 이들이 있다. 석주명, 우장춘, 이태규, 이승기가 그들이다.

름을 붙였습니다. 석주명은, 생물은 지역에 따라 종류와 특징이 다르기 때문에, 우리 생물학은 우리 땅에서 나는 생물을 연구하는 '조선적 생물학'이어야 한다고 주장했습니다. 그의 연구 성과는 외국에도 알려졌고, 영국의 왕립 아시아 학회의 지원으로 1940년 미국 뉴욕에서 《조선산 나비류 총목록》이라는 책을 출판하기도 했습니다. 이 책을 통해 석주명이 이름 붙인 '한국의 나비'들이 세계에 알려졌습니다. 그의 연구는 말하자면 과학 분야에서의 '조선학 운동'이었지요.

오늘날 보통 '씨 없는 수박'을 만든 것으로 알려져 있는 우장춘(1898~1959)은 일본에서 태어났습니다. 을미지변에 가담한 아버지 우범선이 일본으로 망명했기 때문입니다.* 아버지가 죽은 뒤 어려운

을미지변(乙未之變)이란 1895년 일본인들이 경복궁에 난입하여 명성황후를 시해한 사건이다. 그들은 이 사건을 한국인들끼리의 다툼으로 보이게 하려고 명성황후와 대립 관계였던 대원군을 내세웠다. 당시 훈련대 대대장으로 대원군을 지지하던 군인 우범선은 부하들을 지휘하여 일본인들의 경복궁 난입을 도왔다. 그 뒤 전국에서 "국모(國母: 나라의 어머니, 곧 명성황후)의 원수를 갚겠다"며 의병들이 봉기하자, 생명의 위협을 느낀 우범선은 일본으로 망명한다. 그리고 그곳에서 만난 일본 여성과 결혼하여 얻은 아들이 우장춘이다.

환경 속에서도 도쿄제국대학에서 농학을 공부한 우장춘은, 여러 가지 뛰어난 연구 성과를 발표하여 유명한 농학자가 되었습니다. 그러나 그의 가슴속에는 언제나 조국이 있었습니다. 1950년, 그는 광복된 조국의 농업을 일으키겠다는 사명감으로 일본에 부인과 자식들을 두고 홀로 한국에 돌아옵니다. 그때까지만 해도 한국은 식생활에 꼭 필요한 채소의 종자를 외국에서 비싼 값에 수입하는 실정이었습니다. 그래서 한국인들은 김치조차 마음껏 담가 먹지 못하는 처지였지요. 한국에 돌아온 우장춘은 그 뒤 10여 년 동안 이런 채소의 종자를 개발하는 데 온 힘을 쏟았습니다. 그리하여 그는 역적의 아들에서 한국 농업의 아버지가 된 것입니다.

이태규(1902~1992)와 이승기(1905~1996)는 모두 일본 교토제국대학교에서 화학(화학공학)을 전공하여 그 대학 교수로 활동한 사람들입니다. 일제 강점기에 한국인이 일본 대학의 교수가 된다는 것은 거의 불가능했던 사실만 보더라도, 두 사람의 업적이 얼마나 대단했는지 짐작할 수 있습니다. 이태규는 더 나아가 1938년 미국 프린스턴 대학교의 초청을 받아 그곳에서 세계적인 과학자 아인슈타인과 교류하기도 했습니다. 또 이승기는 뒷날 '비날론'이라고 불리는 합성 섬유를 개발하여 박사 학위를 받았습니다.

그런데 광복과 더불어 귀국한 두 사람은 전혀 다른 길을 걷습니다. 1948년 다시 미국 유학을 떠나 그곳에 정착한 이태규는 1969년 노벨 물리학상 후보에 오르기까지 합니다. 또 그가 가르친 많은 제자들은 우리나라 과학 발전에 크게 이바지합니다. 한편 한국전쟁 때 서울에 머물던 이승기는 북한행을 선택합니다. 그리고 그곳에서 일제 강점기에 자신이 개발한 비날론을 공업화하여 북한의 섬유 공업 발전에 크게 이바지합니다.

두 사람은 처음에 쌍둥이처럼 비슷한 길을 걷다가, 나중에는 정반대로 엇갈린 길을 걸었습니다. 하지만 두 사람 모두 20세기 한국이 낳은 위대한 과학자임은 틀림없는 사실입니다.

시와 소설로 그린 민족의 수난

2인 문단 시대에서 근대 문학의 성장기로 – 1910~20년대 문학

일제 강점기 우리 문학의 출발점은 보통 최남선과 이광수의 계몽 문학으로 잡습니다. 흔히 이 시기를 '2인 문단 시대'라고 일컫지요. 역사학자이기도 한 최남선은 열여덟 살 때인 1908년, 한국 최초의 근대 잡지 《소년》을 창간합니다. 그리고 창간호 권두시로 한국 최초의 신체시* 〈해(海)에게서 소년(少年)에게〉를 발표합니다. 이 시는 바다로 표현된 근대 문명과, 소년으로 표현된 우리 민족, 그 중에서도 민족의 미래인 청년의 만남, 그리고 그를 통한 우리 역사의 새로운 창조를 그린 희망찬 시입니다.

3·1운동 당시의 최남선

만화가 안석주가 그린
최남선의 캐리커처

한편 일본에 유학 중이던 이광수는 1917년 1월 1일, 총독부 기관지인 《매일신보》 1면에 한국 최초의 근대 장편 소설 〈무정(無情)〉을 연재하기 시작합니다. 같은 해 6월까지 126회 연재된 〈무정〉은 주인

1939년 박기채가 감독한 영화 〈무정〉의 한 장면
이광수가 쓴 한국 근대 문학의 기념비적 장편 소설 〈무정〉은 영화로
도 여러 차례 만들어졌다.

〈무정〉을 쓸 무렵의 이광수

공을 통해 식민지 시대를 방황하는 이광수 자신의 모습을 그린 자전적 소설로, 자유 연애 사상과 민족주의 이념을 담았지요. 이 작품은 작가의 미숙한 역사 이해에서 비롯한 설교 중심의 통속 소설이라는 차가운 평가를 받기도 합니다. 하지만 파격적인 문체, 시제에 대한 새로운 기법 시도, 섬세한 등장 인물 묘사, 그리고 봉건 사회의 낡은 사상과 제도에서 벗어나 새로운 문화를 받아들여야 한다는 계몽 정신을 담은 점은 높은 평가를 받습니다. 그리고 이것이 〈무정〉을 한국 근대 문학의 출발점으로 놓는 이유입니다.

1910년대 문학을 근대 문학의 태동기라 한다면, 1920년대 문학은 근대 문학의 성장기라 할 수 있습니다. 3·1운동을 계기로 문화 통치 방식으로 바뀐 이 시기에는 《조선일보》와 《동아일보》가 창간되는 한편, 한국 문단에는 1919년 《창조》를 시작으로 《폐허》·《백조》 같은 '동인지 시대'가 열립니다. 또한 신교육을 받은 문학 지망생들이 부쩍 늘어나 교훈적이고 계몽적이던 1910년대 문학을 반대하고, 낭만주의·사실주의·자연주의 등 갖가지 서구 문예 사조*를 받아들입니다. 그리고 한국 전통 문학을 이어 가고자 하는 의지도 두드러지게 나타납니다.

이와 함께 식민지 현실을 담은 신경향파 문학이 사회주의 사상과 만나면서 계급 문학으로 발전하여, 1925년 노동자·농민 계급을 위

문예 사조
한 시대의 문학 예술을 움직이는 세상의 뚜렷한 흐름을 말한다.

한 카프가 결성됩니다(222쪽 참조). 또 이에 맞서 국민문학파가 모습을 드러내면서 좌익과 우익 문학이 대립하게 되고요.

1920년대 문학을 간단히 볼까요?

먼저 시 문학에서는 낭만주의 색채 아래 시인들의 자유로운 의식이 여러 형태로 싹 텄습니다. 식민지 현실을 한탄하며 절망과 슬픔, 비애로 죽음을 찬미하는 퇴폐적 낭만

이상화 시비
1926년 《개벽》 6월 호에 실린 〈빼앗긴 들에도 봄은 오는가〉는 나라를 빼앗긴 현실과 조국에 대한 애정을 노래한 이상화의 대표작이다. 대구 광역시 달서구 두류 공원에 있다.

주의가 짙은 시가 등장하는가 하면, 이런 흐름에 반발하는 경향시가 등장했습니다.

그러나 한편 이런 일반적 흐름과 다른 모습을 보여 준 시도 있습니다. 변영로의 〈논개〉, 이상화의 〈빼앗긴 들에도 봄은 오는가〉를 들 수 있는데, 이들은 절망에 빠진 당시 시 세계에서 벗어나고자 노력합니다. 토속적인 소재나 논개 같은 역사 속 인물, 그리고 민족의 현실을 비유와 상징의 시 세계로 알맞게 끌어들여 민족 정서를 일구어 내는 계기가 되었지요.

이 시기 시 문학에서 두드러진 특징 가운데 하나가 시어 표현이 긴밀해지면서 시적 형상화가 더욱 다져지고, 산문 형식의 시가 나온 점입니다. 주요한의 〈불노리〉 이후 김동환, 한용운의 시에 이르기까지 호흡이 긴 장시(長詩)도 나타났습니다. 김동환의 〈국경의 밤〉은 한국 문학사에 서사시의 등장을 알리는 작품이지요.

한편 카프 문학이 새로운 바람을 몰고 올 무렵, 김소월*의 《진달래꽃》과 한용운*의 《님의 침묵》이 눈길을 끌었습니다. 김소월은 우

김소월
〈엄마야 누나야〉, 〈진달래꽃〉, 〈개여울〉, 〈먼 후일〉, 〈예전엔 미처 몰랐어요〉, 〈산유화〉 등 김소월의 시는 오늘날 가곡이나 동요, 대중가요로도 널리 불릴 만큼 시대를 넘어 이어 오고 있다.

한용운
〈님의 침묵〉을 비롯해서 〈알 수 없어요〉, 〈이별〉, 〈당신을 보았습니다〉 등 시 88편을 묶어 1926년 《님의 침묵》을 펴냈다. 한용운은 이 시기에 등장한 서구 문예 사조와 상관 없이 산문체 시에 은유와 역설을 자유롭게 드나들며, 근대 자유시의 완성에 크게 이바지했다.

김소월 시비
1925년 김소월의 시집 《진달래꽃》에 실린 〈산유화〉는 고독하고 순수한 삶의 모습을 꽃에 비유한 김소월의 대표작이다. 서울 남산에 있다.

리나라 전통 율격(운율)에 토속적인 제재들을 끌어들여 우리 고유의 정과 한을 간결하고 짜임새 있게 창작했습니다. 한용운은 1926년에 시집 《님의 침묵》을 펴냅니다. 사랑과 이별을 다룬 점에서는 김소월 시와 비슷하지만, 대상 자체가 많은 뜻으로 읽히지요. 또한 한용운의 시에는 독립 운동가로서, 불교계에 혁신을 불러온 사상가로서, 그리고 일제 식민지에 저항하는 시인으로서 독립을 갈망하는 마음이 짙게 깔려 있습니다.

한편 소설에서는 서구 문예 사조의 영향을 받아 낭만주의·사실주의·자연주의 작품들이 뿌리를 내리고, 기법 면에서도 이전 소설과 비교할 수 없을 만큼 치밀한 구성과 객관적인 묘사력을 발휘합니다. 대개 식민지 현실을 비판하는 작품들이 나오고, 가난을 주제로 한 최서해 중심의 신경향파 문학이 등장했지요.

이 시기의 대표 작가로는 김동인, 염상섭, 현진건, 나도향, 최서해가 있습니다. 특히 김동인은 당시까지만 해도 한국 문학을 대표하던 이광수의 이상주의적 계몽 문학에 반기를 들고 문학 자체에서 예술성을 얻는 데 힘을 쏟았습니다. 그는 수많은 장단편 소설을 써 근대 소설을 뿌리내리고 현대 소설의 지평을 열었다는 평을 받습니다.

염상섭은 1921년 《개벽》에 단편 소설 〈표본실의 청개구리〉를 발표하면서 작품 활동을 시작했습니다. 실험실에서 해부당하는 청개구리를 통해 3·1운동 실패 이후 청년 지식인이 겪는 방황과 갈등을 그

김동인(1900~1951)

이광수와 더불어 한국 근대 문학의 개척자로 불린다. 1919년 한국 최초의 문학 동인지 《창조》를 발간했다. 처음에는 계몽주의적 문학 경향에 반대하여 순수 문학을 제창했고, 1930년대부터는 장편 역사 소설을 쓰기도 했다. 대표 작품으로는 단편 소설로서 완성도가 한층 돋보이는 〈배따라기〉, 자연주의 색채가 강한 〈감자〉, 탐미주의적 관점에 바탕한 〈광염 소나타〉, 〈광화사〉를 들 수 있다. 그 밖의 작품으로 〈발가락이 닮았다〉, 〈붉은산〉, 〈대수양〉, 〈아기네〉 등이 있다.

염상섭(1897~1963)

일본 유학 시절 3·1운동에 참가한 혐의로 투옥되었다가 귀국한 뒤 1920년 《폐허》 동인으로 문학 활동을 시작했다. 1921년 발표한 단편 〈표본실의 청개구리〉는 한국 자연주의 문학의 시초로 평가된다. 이후 자전적 소설 《만세전》과 《제야》를 발표하여 그의 작품 세계에 분기점을 이루었다.

현진건(1900~1943)

현진건은 자전적 소설 〈빈처〉와 〈술 권하는 사회〉에서는 어렵고 어두운 현실 속에서 시대 의식을 찾아가는 지식인의 갈등을 그렸고, 〈피아노〉·〈할머니의 죽음〉·〈운수 좋은 날〉에서는 식민지에서 고통받는 하층민의 불행한 현실을 담아냈다. 그리고 〈불〉에서는 민며느리 제도에 따른 한국의 농촌 현실을 고발했다. 현진건은 나도향과 함께 감상적·낭만적인 시인들로 꾸려진 백조파 동인이면서도 민족 현실을 외면하는 문학을 거부하고, 오로지 사실주의 소설가의 길을 걸었다.

린 작품이지요. 이 작품은 인간 내면의 갈등을 상징 기법으로 묘사하여 우리나라 근대 소설사에서 '사실주의적 자연주의 소설'로 자리매김합니다.

한편 젊은 나이로 세상을 뜬 작가 나도향은 1920년대 초기 문단에 분 낭만주의 경향을 차츰 극복하고, 당시 식민지 농촌 사회의 가난한 현실과 소외 계층을 전면에 내세워 남녀의 사랑 이야기와 성을 솔직하게 그렸습니다. 그의 소설 〈벙어리 삼룡이〉, 〈물레방아〉, 〈뽕〉은 당시 독자들에게 무척 인기를 끌었습니다.

카프 작가와 그들의 활동 - 문학도 시대를 비켜갈 수 없다!

1920년대에는 사회주의 운동의 발전과 함께 문학에서도 이를 좇는 흐름이 나타났다. 1922년 사회주의 예술 단체인 '염군사'가 만들어지고, 이듬해에는 일본 유학 시절 마르크스 사상에 깊이 빠진 김기진을 중심으로 박영희가 적극 나서서 본격적인 문학가 조직 '파스큘라'가 결성된다. 이에 따라 신경향파 문학 운동이 본격화되고, 1925년 한국 문단의 새 흐름으로 자리 잡게 된다. 이른바 '프롤레타리아 계급 문학론'이 고개를 든 것이다.

김기진의 〈붉은 쥐〉를 시작으로 박영희·최서해·이익상·이기영 등은, 일제 강점 아래 가난에 내몰린 민중들의 처참한 삶을 작품에 담아 그동안 주류를 이루던 소설계에 큰 충격을 준다. 마침내 이러한 움직임은 1925년 조선 프롤레타리아 예술가 동맹(줄여서 카프, KAPF)이라는 단체로 모아진다. 형식을 중요시하는 김기진과 계급성을 강조하는 박영희가 카프 문학의 내용과 형식을 놓고 비평 논쟁을 벌이는 한편, 일제에 정면으로 저항하는 저항 문학 또는 현실주의 문학 운동이 카프를 중심으로 펼쳐진다. 이들의 계급 문학은 곧 일제에 맞서는 저항 문학이 된 것이다.

카프의 작가들은 주로 일제 식민 통치에 따른 민족적 억압 속에 자본가와 지주에 의한 계급적 억압을 동시에 받는 노동자·농민의 현실과, 그에 저항하는 노동 운동·농민 운동을 작품에 담았다. 이기영의 《고향》, 강경애의 《인간 문제》가 빼어난 카프 문학 작품으로 꼽힌다. 그런데 이들은 작품 활동만 한 것이 아니라, "단결로써 여명기에 있는 무산 계급의 문화 수립을 기한다"는 목표를 내세우며, 사회주의 문학 이론 정립, 노동자·농민에 대한 계몽 활동 등을 활발히 벌였다.

그렇지만 문학과 예술의 고유한 요소를 무시하고 그것을 정치적으로만 해석하는 데 대해 안팎에서 반발이 일었다. 거기에다 계속되는 일제의 검거와 탄압까지 겹치면서 결국 카프는 1935년 해체를 선언한다. 하지만 이 시기를 계급 문학 시대라고 일컬을 만큼, 카프가 조선 문단에서 차지하는 비중은 매우 컸다. 나라를 빼앗긴 식민지 현실에서 카프 작가들은 문학만을 위한 문학이 아닌, 현실 참여를 통한 문학의 사회적 역할을 고민한 것이다.

훨씬 성숙해진 시와 소설 – 1930년대 문학

1930년대 들어 서서히 대륙 침략을 본격화한 일제는 사상 탄압에도 열을 올렸고, 결국 사회주의 문학 단체인 카프가 해체되고 맙니다. 그런가 하면 일제의 공업화 정책과 더불어 도시가 발달하면서, 도시 문화를 배경으로 새로운 문학 흐름도 나타나기 시작했습니다. 이에 따라 1930년대 한국 문단은 예술적 기능을 중요하게 여기는 순수 문학이 주류를 이루었고, 역사를 소재 삼아 식민지 현실에서 도피하려는 역사 소설이 많이 발표되었습니다.

먼저 시 문학은 1930년대에 크게 발전합니다. 박용철·김영랑·정지용·신석정을 중심으로 한 시문학파는, 동인지 《시문학》을 발간하고 목적성을 뺀 순수 서정시와 언어의 기법에 관심을 가졌습니다. 한편으로는 이전 시풍을 거부하고 삶을 근원적으로 노래한 생명파 시인 유치환·서정주·오장환 등이 등장했습니다. 또한 전원시가 여럿 발표되고, 이병기·이은상을 중심으로 시조 문학이 부흥기를 맞는 한편, 여느 때보다 많은 여성 시인들이 등장합니다. 특히 1920년대부터 고개를 든 모더니즘*이 1930대 후반부터 본격 소개되면서 문학적 기교가 더욱 성숙해졌습니다.

소설 또한 주제와 기법이 이전보다 훨씬 다양해지고, 단편 소설에서 장편 소설로 대체되면서 사실주의 창작 방법이 일정한 수준에 이르게 됩니다. 특히 서구 모더니즘의 영향력이 커지면서 크게 도시 소설*과 농촌 소설*로 나뉘고, 다른 한편에서는 역사 소설*이 두드러지게 많이 나타났지요. 더불어 식민지 땅에서 억압받는 노동자들의 삶을 계급 해방으로 그려낸 노동 소설도 큰 반응을 얻었습니다.

모더니즘
1920년대에 일어난 서구 문예 사조의 하나로, 도시적이고 근대적인 감각을 나타내는 예술상의 흐름.

도시 소설
대표적인 도시 소설로는 도시 생활을 배경으로 식민지 현실을 풍자한 채만식의 〈탁류〉, 〈치숙〉이 있다. 그리고 모더니즘의 영향을 크게 받아 일제 강점 아래 지식인들의 공포와 좌절을 담은 이상의 대표 소설 〈날개〉, 도시의 풍속적 세태를 담은 박태원의 〈천변 풍경〉이 이 시기에 발표되었다.

농촌 소설
대표적인 농촌 소설로는 도시 도피적 색채가 짙은 이효석의 〈메밀꽃 필 무렵〉, '브나로드' 운동에 따른 이광수의 〈흙〉과 심훈의 〈상록수〉, 자작농이 소작농으로 전락해 가는 과정을 그린 농민 운동과 관련된 이기영의 〈고향〉, 그리고 계몽성이나 목적성을 드러내지 않고 농촌 실상을 자세히 다룬 이무영의 〈제1과 1장〉이 있다.

역사 소설
이 시기의 역사 소설은 일제의 민족 말살 정책에 대한 하나의 돌파구로서 영웅주의적 역사관에 머무르거나 흥미 위주의 줄거리가 많았지만, 장편 소설의 길을 열어 준 중요한 중간 역할을 하기도 했다. 대표 소설로는 이광수의 〈마의태자〉, 홍명희의 〈임꺽정〉, 김동인의 〈운현궁의 봄〉, 박종화의 〈금삼의

피), 현진건의 〈무영탑〉, 이태준의 〈황진이〉가 있다. 가족사 성격이 짙은 염상섭의 〈삼대〉와 김남천의 〈대하〉도 이 시기에 나온 작품이다.

우리 민족의 정체성을 토속적인 삶과 무속 신앙 같은 데서 찾으려는 김동리의 〈무녀도〉, 정비석의 〈성황당〉도 이 시기 작품입니다.

그 밖에 해학적인 문체와 속어로 우직하고 엉뚱한 인물을 그려낸 김유정의 〈봄봄〉·〈동백꽃〉과, 현실을 고발하는 문학의 역할을 담아낸 김정한의 〈사하촌〉, 인간의 참된 가치와 행복을 묻는 계용묵의 〈백치 아다다〉 들이 화제가 되었습니다. 그리고 박화성, 강경애, 백신애, 최정희와 같은 여성 작가들이 잇달아 등장합니다.

변절에서 절필까지 – 1940년대 문학

이제 여러분도 분명히 알게 되었듯이, 일제는 태평양 전쟁(1941년)을 앞뒤로 전시 동원 체제로 돌아서면서 민족 말살 정책을 펼쳤습니다. 내선 일체를 빌미 삼아 신사 참배와 창씨 개명을 강요하고, 표현의 자유를 송두리째 빼앗았지요. 이것은 문학 예술에서도 마찬가지였습니다.

일제의 지시 아래 1939년 10월 조선문인협회(1943년 '문인보국회'로 바뀜)가 만들어졌고, 작가들은 황국 신민의 이름으로 친일 작품을 쓸 것을 요구받았습니다. 이에 이광수·최남선·주요한·김동인·박영희·최재서·김동환·노천명·유치진·모윤숙 등 이름이 알려진 수많은 작가들은 일제의 태평양 전쟁을 '성전(聖戰 : 성스러운 전쟁)'으로 받들거나, 창씨 개명은 물론 수많은 한국 청년과 여성들을 전쟁터로 내모는 선동 글을 서슴지 않고 썼습니다.

물론 모든 작가들이 그런 것은 아닙니다. 어떤 작가들은 일제를 찬양하는 글을 쓸 수 없어 차라리 붓을 꺾었고, 이 육사·윤동주 같은 시인들은 감옥에서 죽임을 당하면서까지 독립 운동가로서의 신념과 한 점 부끄러움 없는 자기 성찰의 흔적을 역사에 남겼습니다. 그래서 흔히 이 시기를 한국 문학사의 암흑기라 일컫습니다.

학창 시절의 시인 윤동주(맨 오른쪽)
뒷줄 가운데가 늦봄 문익환 선생이다.

모더니즘을 중심으로 서구 문학을 활발히 받아들인 1930년대와 달리, 이 암흑기에는 우리 전통 문화를 바탕으로 하는 시와 소설이 많이 창작되었습니다. 모더니즘을 이끌어 온 정지용·이태준이 가람 이병기와 만나면서 이 시기의 문학을 이끌어 갔지요. 정지용은 동인지 《문장》을 통해 '청록파' 시인 박목월·조지훈·박두진 같은 빼어난 신인을 탄생시켰고, 그들의 작품은 그나마 암흑기 문단에 큰 활력소가 되었습니다.

한편에서는 일제의 노골적인 문단 탄압에 따라, 삶에 대한 허무와 절망이 담긴 시·소설이 여럿 등장했습니다. 당시의 가장 토속적이고 민속적인 작품으로 평가받는 김동리의 소설 〈황토기〉와, 최명익·허준 등 신인 작가들의 작품에는 현실에서 절망하는 지식인들의 좌절감이 짙게 배어 있습니다.

정열적인 계몽 문학가 이광수의 변신

앞서 말했듯이, 1920년대 문화 통치로 인해 약간의 자유가 생기면서 독립 운동을 거의 포기하고 일제가 허락한 범위 안에서 활동하자는 주장이 생겨났다. 이런 주장을 가장 잘 정리하여 표현한 사람이 이광수다. 〈무정〉의 작가 이광수는 소설에서뿐만 아니라, 1910년대 내내 다양한 논설을 발표한 정열적인 계몽 운동가였다. 그는 여러 글에서 부모가 자식의 앞날을 결정하는 가부장제를 비판하고, 결혼을 너무 일찍 하여 배움의 기회를 잃게 하는 조혼 풍습을 공격했다. 그 대신 자신의 배우자를 스스로 결정하는 자유 연애를 옹호했다. 또 새로운 사상에 바탕한 교육과 과학적인 생활의 필요성을 주장했다.

또한 이광수는 1919년 일본 유학생의 〈2·8독립선언서〉를 쓴 독립 운동가였다. "우리 민족은 생존의 권리를 위하여 온갖 자유행동을 취하여 최후의 한 사람까지 자유를 위한 뜨거운 피를 흘릴 것이며, 우리 민족은 일본에 대하여 영원한 투쟁을 선포하리라"고 한 〈2·8독립선언서〉는 당시 많은 청년 학생들을 감동시킨 명문이었다. 그 뒤 이광수는 임시정부에 참여하여 그 기관지 《독립신문》의 편집을 맡기도 했다.

그런 이광수가 돌연히 귀국하여 《개벽》 1922년 5월 호에 발표한 〈민족개조론〉이라는 글은 많은 사람을 놀라게 했다. 왜냐 하면 〈민족개조론〉은 처음부터 끝까지 한국인의 민족성이 잘못되었다는 주장과, 그러니 식민지가 된 것은 당연하다는 주장으로 이루어졌기 때문이다. 이광수는 〈민족개조론〉에서 한국 민족은 성격에 결점이 많고 인종적으로 저능하기 때문에 식민지가 된 것은 당연하다고 썼다. 그런 만큼 독립 운동은 쓸데없는 짓이며, 모든 사회 활동은 일제가 허락한 문화 운동으로 제한해야 한다고 했다. 결론적으로 한국인에게 무엇보다 필요한 것은 낮은 민족성을 개조하기 위한 인격 수양과 개조라고 주장했다.

이광수의 〈민족개조론〉은 문화 통치의 본질을 깨닫지 못하고 그 겉모습에 속아 일찍부터 독립 운동을 포기한 사람들의 생각을 대변한 것이었다. 또 그는 식민지가 된 중요한 이유가 일제의 침략이 아니라 한국인 스스로의 잘못이라고 하여 일제에게 면죄부를 주어 버렸다. 한갓 무명 인사도 아닌 당대 최고의 계몽 문학가 이광수가 이런 글을 발표하자, 많은 사람들이 이를 비판했다. 그러나 이광수는 자신의 생각을 굽히지 않았다. 한번 길을 잘못 들면 빠져나오기 어려운 법이다. 그는 오히려 한 발 더 나아가 1924년 1월 《동아일보》에 〈민족적 경륜〉이라는 글을 발표했다.

〈민족적 경륜〉에서 이광수는 "조선 내에서 허락하는 범위 내에서 일대 정치적 결사를 조직해야 한다는 것이 우리의 주장"이라고 썼다. 여기에서 '우리'는 누구일까? 〈민족적 경륜〉에서

'우리'는 완전한 독립을 포기하고 식민 통치 아래에서 자치권을 얻자는 운동을 시작한 사람들이다. 〈민족적 경륜〉은 유명한 문학가 이광수의 이름을 빌려 자치 운동의 깃발을 올린 것이다.

그 뒤 이광수는 더욱 노골적인 친일의 길로 들어섰다. 1938년 일제의 창씨 개명 정책이 시작되자, 당시 지식인 가운데 가장 먼저 향산광랑(香山光郎)으로 이름을 바꾸었다. 또 일제의 내선 일체 정책과 대륙 침략 전쟁을 찬양하는 수많은 글을 썼다. 청년 학생들을 군대에 동원하기 위한 연설회에도 가장 중요한 연사로 참석했다. 한때 독립 운동가였고, 또 당대 최고의 문학가였기 때문에 그의 활동은 더욱 주목을 받았다.

이광수는 광복 후 반민특위 법정에서 자신은 "민족을 위해 친일을 했노라"고 변명했다. 정말 그런 생각을 했을지도 모른다. 그는 어서 빨리 뒤떨어진 나라를 발전시켜야 한다는 계몽의 정열을 평생 간직하고 있었다. 그런데 문제는 그 정열이 선택한 길이 친일이었다는 점이다. 눈앞의 어려움을 이겨 내지 못하고 쉽게 독립 운동의 길을 포기한 것이다.

이광수가 걸어간 길은 그만이 걸어간 길이 아니었다. 끝까지 일제와 대결한 독립 운동가들이 있는 반면, 이광수와 같이 조금만 어려워도 일제와 타협한 수많은 사람들이 있었다. 그들은 자기 나름으로는 민족과 나라를 위한다고 하면서도, 현실에서는 민족과 나라를 배신하고 개인의 안위(安慰 : 몸을 편안하게 하고 마음을 위로함)를 위하는 길을 걸은 것이다.

이렇게 이광수나 그 비슷한 사람들이 걸어간 길은, 어려운 시대에 무엇이 정말 민족과 나라를 위하는 길인지를 반대로 비춰 주는 거울이라고 할 수 있다.

이광수의 창씨 개명을 알리는 총독부 기관지 《경성일보》 기사
일제 강점기에 이광수는 단지 한 명의 개인이 아니라 한국을 대표하는 소설가이자 지식인이었다. 그러므로 총독부는 이광수의 창씨 개명을 큰 선전 재료로 삼은 것이다.

이광수의 〈민족개조론〉
《개벽》 1922년 5월 호에 실린 이광수의 〈민족개조론〉은 "우리 민족은 민족성이 잘못되어서 식민지가 된 것이므로 독립 운동에 앞서 민족성을 먼저 고쳐서 독립할 자격을 갖추어야 한다"는 격렬한 내용으로 많은 사람들에게 큰 충격을 주었다.

그림 속에 비친 일제 강점기

낯선 서양화가 밀려오다

19세기 후반에 들어온 사진이 한국 전통 회화에 새로운 예술 세계와 안목을 가져다 주었다면, 1910년대 들어 불기 시작한 일본인들의 미술 활동은 이 세계에 큰 변화를 가져왔습니다. 이미 일본인들을 상대로 미술 도서가 판매되었고, 곳곳에 화방이 생겨났지요. 특히 이름난 일본 화가들이 우리나라에서 작품전·그룹전을 열고 단체를 만들어 활동하기 시작하면서 무척 낯선 서양 미술이 알려지기 시작했습니다.

한편 일본의 강제 병합 이후 도화서 같은 전문 기관이 없어지면서 궁정의 직업 화가들은 하루아침에 설 자리를 잃었고, 새로운 화가를 길러낼 방법 또한 없어졌습니다. 일제를 통해 물밀듯 밀려오는 서구 문물 속에서, 꺼져 가는 우리나라 전통 회화 양식이 어떤 길을 가야 할지를 묻는 시기였지요. 이 무렵 생겨난 것이 우리나라 최초의 미술 교육 기관인 경성서화미술원*입니다(1911년). 경성서화미술원은 핵심 지도 교수인 안중식·조석진이 3·1운동 앞뒤로 세상을 떠나면서 해체되지만, 이곳을 통해 우리나라 전통 회화의 맥을 잇는 신인들이 탄생했습니다.

1910년 고희동*이 동경미술학교로 유학을 떠나면서 김관호*, 김찬영, 나혜석이 그의 뒤를 이었습니다. 3년 만에 유학에서 돌아온 고희동은 작품 활동보다는 주로 후학들에게 서양 미술을 가르치며 우

경성서화미술원(京城書畵美術院)
당시 문인화가로 이름이 알려진 윤영기가 상류층 서화 애호가들을 설득하여, 안중식·조석진·정대유 등 당대 유명한 화가들을 초빙하여 강습생들을 가르쳤다. 서과와 화과로 나누어 3년 강습을 거쳐, 오일영·이용우·김은호·박승무·이상범·노수현·최우석 같은 화가들이 전통 회화의 대를 이었다.

고희동
궁내부 행정 관리로 일하면서 서양 화가들이 궁궐을 드나들며 남긴 그림을 보고 서양화를 처음 알았다. 을사늑약 이후 안중식·조석진 문하에 있다가, 1910년 동경미술학교로 유학을 떠난 우리나라 최초의 서양 화가이다. 대표 작품으로는 서양화 〈자화상〉, 〈두 자매〉가 있고, 동양화 〈금강산 소경〉, 〈삼선암 설경〉 등이 있다.

김관호
고희동에 이어 두 번째로 동경미술학교 서양화과를 유학하여, 작품 〈해질녘〉으로 수석 졸업했다. 고향 평양에서 동료들과 '삭성회'를 설립하여 후배들을 양성하는 등 뛰어난 기량으로 미술계의 시선을 한몸에 받았으나, 그림에 회의를 품고 붓을 꺾었다.

리나라에 서양화를 처음 알리는 개척자가 되었습니다. 또한 그는 미술 단체인 서화협회(書畵協會)를 만들어 한국 화단에 뚜렷한 흔적을 남깁니다.

고희동이 그린 〈자화상〉
한복을 입고 콧수염을 기른 개화기풍의 청년 모습이다. 유학에서 돌아와 교직에 있으면서 신미술 교육에 힘썼으나, 미술에 대한 한국 사회의 부정적 인식에 막혀 다시 동양화로 전환했다.

서화협회와 조선미술전람회

서화협회는, 당시 우리나라에서 활동하던 일본인 서양 화가들이 우리 화단을 장악할 기세를 보이자, 1918년 고희동을 중심으로 한국의 전통 서화가들이 만든 우리 나라 첫 미술 단체입니다. 이로부터 4년 뒤 조선미술전 람회(줄여서 '선전'이라 함)가 설립되고, 사회주의 운동이 일면서 조선 프롤레타리아 예술가 동맹도 꾸려지지요.

서화협회는 해마다 협회전(줄여서 '협전'이라 함)을 열고 후학을 가르치면서 우리나라 전통 서화의 맥을 이어 갔지만, 선전에 밀리고 조선 총독부가 간섭하면서 1936년 해체되고 맙니다. 협전이 연례 행사에 머무른 단순한 그룹 전시이고 후원 없이 회원들 스스로 운영하는 체제인 데 반해, 선전은 조선 총독부의 든든한 배경 아래 공모전을 열어 등용문 역할을 했기 때문입니다.

조선 총독부는 선전을 설립하는 이유로 조선 미술의 부족함을 채워 주기 위해서라고 내세웠습니다. 하지만 다른 분야에서 그랬듯이, 실제로는 일본 미술로 우리 민족을 동화시키려는 식민 정책의 하나일 뿐이었지요. 그럼에도 선전의 역할을 아예 무시할 수는 없습니다. 선전은 일제 강점기에 거의 모든 미술인이 참가한 한국 근대 미술의 거점이었기 때문이지요. 이 무대를 통해 서양화가 이인성·박수근, 전통 산수화가 이상범 등이 이름을 얻었습니다. 또 선전은 그림 감상의 폭을 넓혀 주어, 그림에 관심 있는 사람들이 즐기는 장르로 발전하는 계기가 되었습니다.

한편 제1회 조선미술전람회에서 서화(書畵)가 글씨와 그림, 곧 서부(書部)와 동양화부(東洋畵部)로 나뉘면서 '동양화'라는 용어가 처음 등장하고, 서구적 양식을 나타내는 '미술'이라는 용어도 이 무렵 처음 사용됩니다. 일제 강점기 미술은 이렇게 선전을 중심에 두고 크게 동양화와 서양화로 나뉘어 발전하게 됩니다.

전통 회화, 동양화라 불리다

그럼 동양화라 불리기 시작한 이 시기 우리나라 전통 회화는 일본 화풍을 만나면서 어떻게 변화했을까요? 간단히 말하면, 인물화와 산수화가 저마다 다른 모습으로 자리를 잡아 갑니다.

먼저 인물화는 동양화이면서도 선으로 그림을 묘사하는 선묘 처리가 전혀 없고, 여백 또한 남기지 않고 면 전체에 채색을 했습니다. 서양화를 받아들이기 위해 선묘와 여백을 포기한 일본 화풍이 우리나라 인물화에 고스란히 녹아들었기 때문이지요. 산수화와 달리 인물화에서는 어느 나라 화가가 그린 작품인지 구분할 수 없을 정도였던 것도 이 때문입니다. 조선 말기 김정희 – 장승업 – 안중식·조석진으로 이어지는 산수화가 나름대로 전통을 다져 온 반면, 인물화는 김홍도·신윤복 이후 단절되었고, 일본 화풍이 그 빈 자리를 차지하여 오늘날까지 한국 전통의 뿌리인 것처럼 이어져 오고 있습니다. 해학적이고 감정 표현이 살아 있는 조선 시대 인물화와 달리, 표정이 없고 평면적이며 화려한 장식에 정돈미가 뛰어난 인물화가 대세를 이루었지요.

산수화는 대체로 서화협회 회원을 중심으로 전통적인 관념산수화*가 맥을 이어 왔습니다. 그렇지만 스승의 영향에서 벗어난 노수현·이상범은 변관식과 함께 관념산수를 기본으로 하되, 주변에서 쉽게 볼 수 있는 경관을 사실대로 그린 사경산수화(寫景山水畫)로 옮아갔습니다. 일본화와 서양화의 거센 물결 속에서도 자연의 정취라는 전통적 주제와 수묵필법을 버리지 않은 것이지요.

그러다가 1920년대 후반 들어 선전의 동양화부 심사위원이 대부분 일본인으로 채워져 일본인 참여가 크게 늘어나자, 일본화의 영향을 받은 채색화가 인기를 끌었습니다. 1930년대 들어 관념산수화가 빛을 잃고 1944년 선전이 막을 내릴 때까지, 사경산수화와 함께 인물·새·꽃 중심의 일본풍 채색화가 큰 축을 이루었지요.

이런 흐름 속에서도 1930년대 후반 들어 사경산수를 따르던 작가들 가운데 관념적 요소를 끌어오는 화가가 있는가 하면, 몇몇 신진 작가들은 일본의 새로운 감각을 받아들여 변화를 시도합니다. 이때 활발하게 활동한 화가로 이영일·김은호를 들 수 있고, 그 뒤를 정찬영·김기창·백윤문이 이어 갑니다.

진경산수화의 맥을 이은 변관식
어린 시절 화가인 외할아버지(조석진) 집에 살면서 자연스레 화가의 길로 들어선 소정(小亭) 변관식은, 사경산수의 대가로서 이상범과 함께 근대 한국화의 양대 산맥으로 통한다. 거친 붓 자국과 대담한 구성력, 짧고도 검은 먹을 무수히 반복하여 기개가 넘치는 그의 그림은 생전에는 이상범에 가려 제대로 평가받지 못했다. 청전(靑田) 이상범이 시대와 타협하며 평생을 순탄히 산 것과 달리, 불의를 못 참는 강직한 성격인 변관식은 현실에 등돌리고 반항과 방황의 삶을 살다 갔다. 작품으로는 〈외금강 옥천류〉, 〈외금강 삼선암〉, 〈누각청류〉, 〈내금강 진주담〉, 〈설경산수〉, 〈만추〉 등이 전한다.

관념산수화(觀念山水畫)
단지 생각과 상상만으로 심산유곡을 수묵으로 그린 전통 수법의 산수화를 말한다. 허백련은 호남 지방을 중심으로 1930년대에 와서 퇴조하던 관념산수의 맥을 이어 갔다.

한국적 서양화를 꿈꾸었지만

앞에서 이야기했듯이, 한국에서 서양화는 일본의 절대적인 영향 아래 1920년대의 선전을 통해 뿌리내렸습니다. 한국에 거주하는 일본의 이름 없는 서양화가들이 선전을 거의 장악하다시피 했기 때문이지요. 그런 만큼 한국 화가들은 참여가 아주 미미했습니다. 그리고 이들 또한 일본에서 서양화를 공부한 사람들이었습니다. 하지만 이들은 한국 화단을 주도하지 못하고 붓을 꺾거나 일찍 삶을 마감하는 비운을 맞기도 합니다. 초기 선전에 참여한 대표 작가로는 고희동·김관호·나혜석 말고도 이종우·손일봉·강신호·이승만·김복진을 들 수 있는데, 특히 김복진은 동경미술학교에서 서양 조각을 공부하고 돌아와 근대 이후 한국 조각사에 큰 영향을 끼쳤습니다.

1930년대에 이르면 한국의 서양화단에도 2세대가 등장합니다. 한국에 거주하는 일본인 화가들의 영향을 받아 서양화를 익히거나, 유학에서 돌아온 1세대 서양화가들이 미술 단체를 꾸리고 후학을 키운 결과였습니다. 선전이 낳은 '천재 화가'라 불린 이인성*이 이 시기의 대표적 인물이지요. 또한 일본뿐 아니라 미국·독일·프랑스 등 유학파가 늘어났고, 임용련·장발·배운성·이종우·나혜석·백남순은 유학에서 돌아와 개인전이나 협전을 통해 여러 작품을 선보였습니다. 이들의 작품은 표현 기법과 색채가 참신하고 독특했지만, 일본의 영향 아래 있는 한국 서양화단에 새로운 변화를 주지는 못했습니다.

한편 1920년대 후반과 1930년대 초반에는 목일회*, 백우회 같은 그룹 활동이 활발했습니다. 뚜렷한 이념이나 취향보다는 같은 고향이나 같은 학교 출신이라는 인간 관계에 따른 모임이었지만, 그래도

이인성(1912~1950)
수채화가 서동진의 가르침을 받아 서양화가의 길로 접어 들었다. 선전에서 수많은 상을 휩쓸었을 뿐만 아니라 유학중 일본의 이름난 여러 공모전에 잇달아 입상하면서 이인성 예술의 절정기를 이루었다. 1934년 국내에 돌아와 아틀리에를 열고 후배를 양성하는 등 왕성한 활동을 보였으나 더 이상의 예술혼을 꽃피우지 못하고 39세에 세상을 떠났다. 주요 작품으로는 〈초여름의 빛〉, 〈경주 산곡에서〉, 〈가을 어느 날〉, 〈호미를 가지고〉, 〈해당화〉 등으로, 주로 향토색 짙은 한국의 산천과 자연의 색채를 화폭에 담았다.

목일회(牧日會)
1934년, 이종우·구본웅·김용준 등이 주축이 되고, 나중에 임용련·백남순·장발·이마동이 합류한 서양화가들의 미술 단체. 조선 총독부가 주관하는 선전을 배격하고, 주로 인물과 풍경을 그렸다. 반일의 의미가 있다 하여 조선 총독부의 압력으로 이름을 목시회(牧時會)로 바꾸고 전람회를 여는 등, 1930년대 미술계를 이끌었으나 1940년 해체되었다. 이후 한국 화단은 급격히 친일로 기울었다.

일제 탄압의 대상이 되기도 했습니다.

1930년대 후반에 들어 한국 서양화단은 서구의 인상파를 토속적인 소재에 결합시키려는 흐름(이인성, 오지호, 김주경 등)과, 인상파 이후의 여러 장르를 받아들여 새로운 표현 방식을 모색하려는 흐름*이 나타납니다. 더불어 인상파와는 다르지만 서양화를 향토적인 주제로 그리는 개성 있는 작가들(양달석, 박수근, 박상옥, 이봉상 등)도 나오지요. 그 뒤로는 후기인상파·야수파·표현파 같은 사조가 등장합니다. 하지만 이런 유파는 서구에서처럼 시대의 흐름 속에서 뚜렷한 이념 논쟁에 따라 태어난 게 아니라, 서양화 정착 단계에서 여러 사조가 한꺼번에 흘러들어온 결과물이었지요.

이인성이 그린 〈해당화〉
1944년 해방을 바로 앞두고 세상을 뜬 만해 한용운을 기리며 그의 시 〈해당화〉에서 착안하여 그린 그림이다. 아이들은 꽃에 취해 있지만, 엄마는 해방은 오지 않고 속절없이 해당화만 피어 있는 현실이 야속할 뿐이다.

1940년대 전시 체제에 들어서자, 일제는 문학 분야에서 그랬듯이 미술 또한 침략 전쟁을 위한 도구로 삼으려 했습니다. 태평양 전쟁이 일어난 해인 1940년, 일제는 부랴부랴 조선미술가협회를 만들고 전쟁을 합리화하는 소재로 그림을 그릴 것을 강요했습니다. 이에 따라 이상범, 김은호, 김기창 등 당대의 유명한 화가들은 일제의 유혹을 뿌리치지 못하고 친일의 길을 걷기도 했습니다. 다른 한편에서 우리 것을 되찾자는 운동으로 전통 서화가들이 활발히 움직였으나, 불안정한 정세 속에서 창작 활동은 주춤하게 됩니다.

새로운 표현 방식을 모색하려는 흐름
이 경향은 1930년대 후반에 시작하여 1940년대에 나타난다. 당시 일본 화단에서 생겨난 반관학적(反官學的:조선총독부에서처럼 관에서 주도하는 성격에 반대하는) 운동의 영향을 받아 선전을 거부하고, 일본의 자유미술협회가 주관하는 '자유전'에 출품하여 활동한다. 재야 작가로는 이중섭을 위주로 김환기·유영국·송혜수·김병기·문학수가 있다.

서민의 웃음과 눈물을 자아낸 문화 탄생

위기에 선 우리 소리, 판소리의 운명

1905년 을사늑약 이후 대한제국이 망국의 길로 치닫던 무렵, 황금기를 맞던 판소리 또한 갑작스런 시련기에 접어듭니다. 창극 〈춘향가〉·〈심청가〉·〈최병두 타령〉이 협률사*에서 공연되는 날에는 내로라하는 전국 남녀 소리꾼들을 보기 위해 관객들이 구름같이 몰려들었습니다. 나라 잃은 설움을 창극에서나마 달랬던 것이지요.

그러나 일제는 재정이 어렵다는 이유로 1906년 강제로 폐쇄해 버렸습니다. 1867년 메이지 유신 이후 쇠락하는 일본의 전통 예술 가부키를 적극 장려하던 그들이, 남의 나라를 강점하면서 창극(판소리)을 저급하고 불결한 문화라고 내몰면서 공연 무대를 없앤 이유는 무엇이었을까요?

협률사 폐지령에 따라 터전을 잃게 되자, 협률사 책임자인 국창 김창환은 전라도 출신 명창들을 모아 김창환 협률사를 만들어 지방 공연을 시작했습니다. 그러자 국창 송만갑도 동대문 안에 개관한 광무대*에서 1년 남짓 활동하다가 송만갑 협률사를 만들어 지방을 돌며 창극과 판소리를 무대에 올렸습니다. 말로만 듣던 국창 김창환, 송만갑, 이동백을 보기 위해 사람들은 이들이 도착하기도 전에 줄을 지어 모여들었습니다. 오늘날 인기 절정에 오른 가수들의 지방 콘서트와 다를 바 없었겠지요. 하지만 두 협률사는 1910년 망국의 소식을 듣고 해산합니다.

협률사(協律司)
1902년에 설립된 한국 최초의 실내 극장. 1906년 일제가 폐지령을 내렸으나, 1908년 이인직이 중심이 되어 다시 인가를 받고, 이름을 원각사로 바꿨다. 지금의 서울 새문안 교회 자리이다.

광무대
'전기회사 활동 사진소'라 불리던 이곳은 개화기에 미국인이 동대문 밖에 설치한 가설 무대이다. 1907년에 광무대라는 이름으로 바뀌면서 낮에는 경기와 서도 소리패 공연을 하고, 밤에는 활동 사진을 돌렸다. 1908년, 박승필이 점점 설 자리를 잃어 가는 판소리를 보호할 목적으로 인수하면서 판소리, 창극, 전통 무용을 중심으로 공연되었다.

이 무렵 서울에는 종로를 경계로 지금의 을지로·충무로 쪽에 일본인이 거주하는 남촌이 생겨나면서 갖가지 문화 시설이 들어섰습니다. 다다미 방처럼 앉아서 연극이나 영화를 보는 어성좌·경성좌·개성좌가 들어서면서, 한국인의 거리인 북촌 일대(지금의 종로, 낙원동 일대)에도 광무대를 시작으로 단성사·고등 연예관(나중에 우미관으로 바뀜)·장안사·연흥사·조선극장·동양극장이 차례로 문을 열었습니다.

창극과 판소리는 이동백·송만갑·김창룡·한성준·장판개·강소향·배설향이 중심이 되어 주로 장안사와 연흥사 무대에 올랐지만, 활동 사진(영화)과 〈장한몽〉 같은 신파극*의 인기를 당해 내지 못했습니다. 여기에는 원로 명창들의 뒤를 잇는 남자 소리꾼이 부족한 탓도 있었습니다. 이화중선, 김초향 같은 몇몇 여성 소리꾼과 권번*에 소속된 기생들의 토막 소리 정도의 무대로는 훨씬 생동감 있는 활동 사진과 신파극을 당해낼 재간이 없었던 것이지요. 그나마 궁한 시대에 촉망받는 명창이 나타났으니, 그가 바로 1928년 동아일보사 주최 전국 명창 대회에서 〈춘향가〉의 '쑥대머리'*로 이름을 떨친 임방울입니다. 나중에 음반으로 만든 임방울의 〈쑥대머리〉는 국내는 물론 일본과 만주에 살던 우리 교포들에게 120만 장이나 팔렸다고 합니다. 당시 임방울의 '쑥대머리'가 어느 정도 인기 있었는지 충분히 짐작하고도 남지요?

그런 가운데 1933년 창악인과 기악인들이 모여 '조선성악연구회'를 만들면서 창극과 판소리는 활기를 띠기 시작했습니다. 중국의 경극을 모방하여 거의 판소리 위주로 재구성한 창극 〈춘향전〉과 〈심청

신파극
일제 강점기에 일본에서 들여온 연극의 한 형태를 말한다.

권번
일제 강점기에 기생들이 적을 두었던 조합.

쑥대머리
판소리 〈춘향가〉에서 춘향이 매를 맞고 옥중에 앉아 한양으로 떠난 이몽룡을 그리워하는 마음을 노래하는 대목이다. '쑥대머리'란 머리가 마치 쑥대가 뒤엉키듯 흐트러져 있는 모습을 그린 말이다.

전〉에 다재다능한 소리꾼 정정렬이 합류한 것입니다. 정정렬은 시대의 흐름에 맞게 내용을 다듬고, 신파극의 극적인 요소를 끌어와 대사도 집어넣어 훨씬 완성도 높은 대본을 만들었습니다. 이렇게 해서 동양극장에서 조선성악연구회 창립 기념 공연으로 올린 〈춘향전〉은 기악인들의 반주까지 곁들여져 한층 입체적이고 재미있는 창극으로 다시 태어났습니다. 이어서 올린 〈심청전〉 또한 커다란 반향을 일으켜, 창극은 전국 각지를 돌며 선풍적인 인기를 모았습니다.

이에 조선성악연구회에서는 직속 창극단인 '창극좌'를 만들었습니다. 그 사이 실력을 쌓은 오태석, 임방울, 김연수, 신쾌동, 박초월, 박록주, 김소희 등 중견 남녀 소리꾼이 중심이 되었지요. 이들이 올린 〈흥보전〉 역시 대성공을 거두었고, 이어 〈숙영낭자전〉·〈별주부전〉·〈배비장전〉·〈옹고집전〉도 무대에 올랐습니다. 정정렬이 모든 각색을 맡은 창극좌는 창극의 대중화에 크게 이바지했으며, 비슷한 시기에 한일 창극단과 대동 가극단이 자리를 잡고 화랑 창극단과 동일 창극단이 출발하는 데 큰 구실을 했습니다. 1930년대에 창극은 전성기를 맞은 것입니다.

창극 〈춘향가〉 장면

　　하지만 중일 전쟁 이후 전쟁에 혈안이 된 일제가 황국 신민의 도

리를 내세우며 탄압을 시작했고, 1940년 조선성악연구회는 결국 해

체되고 맙니다. 더불어 일제는 판소리·민요·살풀이·검무·가야금·

거문고 등 민족 예술의 명맥을 이어 오던 전국의 권번을 폐쇄하여,

우리 춤과 음악의 발전을 가로막습니다.

　　그러나 이것은 시작일 뿐이었습니다. 이제 일제는 창극단을 철저히 감시하고 간섭하기 시작했습니다. 일제의 경무국에서 직접 심사하여 통과한 사람들만 창극 단원이 될 수 있는 '기예증'을 주었고, 공연 또한 리허설 단계를 거쳐 통과한 작품만 무대에 올리게 했습니다. 나중에는 내용에 사사건건 시비를 걸어 이동백을 비롯한 여러 명창과 관계자들이 연행되어 고초를 겪기도 했습니다.

〈진국명산〉 같은 단가는 이미 황국 신민이 된 한국인이 조선 임금의 태평성대를 노래한다는 이유로, 전통 춤 가운데 하나인 검무는 상무 정신을 불러일으켜 일본 제국에 반항하게 한다는 이유로 더 이상 무대에 올릴 수 없게 되었습니다. 한 술 더 떠서 일제는 대사를 일본어로 하라고 강요하는가 하면, 아예 친일을 내용으로 한 단막극을 일본어로 공연하게 했습니다.

이처럼 일제는 패망에 이르기까지 우리 민족 문화를 없애 버리기 위해 끝없는 탄압을 거듭했습니다.

스크린에 비친 민족의 꿈과 현실

'영화는 현대 예술의 꽃'이라는 말이 있습니다. 여러분은 이 말의 뜻을 이해할 수 있나요? 이 말은 여러 예술 분야 가운데 영화가 가장 현대적인 예술이라는 뜻입니다. 생각해 보면 다른 예술 분야들, 다시 말해서 연극·음악·미술 같은 분야는 모두 옛날부터 있던 것이 서서히 발전한 것입니다. 그에 비해서 영화는 현대의 기술을 바탕으로 완전히 새롭게 탄생한 예술이지요. 이렇게 영화는 여러 예술 가운데 막내이지만, 오늘날 가장 영향력이 큰 예술이기도 합니다.

영화의 역사에서는 1895년 프랑스의 뤼미에르 형제가 자신들이 찍은 짧은 필름을 상영한 것을 세계 최초의 영화라고 한다. 이렇게 본다면 영화는 다른 분야들과 달리, 세계와 한국의 시간적 거리가 그렇게 멀지 않은 셈이다.

우리나라에서는 1899년, 미국인 여행가 홈스라는 사람이 고종 황제와 신하들 앞에서 자기가 찍은 활동 사진을 상영하면서 영화가 처음 소개되었다고 합니다.* 그 뒤 서울 시내에서는 외국인이 찍은 여러 나라의 모습을 담은 활동 사진을 돈을 받고 상영하기도 했습니다. 그러나 아직 한국인의 손으로 영화를 만들지는 못했지요. 영화에 앞서서 먼저 '연쇄극'이라는 것이 만들어졌습니다. 연쇄극은 연극을 상연하면서 중간중간에 활동 사진을 끼워 넣는 것이었지요. 1919년 단성사에서 상연된 〈의리적 구투〉가 우리나라 최초의 연쇄극입니다.

그러다가 한국에서 본격적으로 영화가 만들어진 것은 1923년부터입니다. 1월 초에는 〈국경〉이라는 영화가 선을 보였

1907년 문을 연 한국 최초의 영화 상영 극장 단성사(맨 위)
이곳에서 1919년 〈의리적 구투〉, 1926년 〈아리랑〉을 비롯하여 많은 영화가 상영되었다.

1930년 무렵 야외 촬영장의 영화 배우들(가운데)과 촬영 장면

습니다. 한국에서 개봉한 최초의 극영화인 〈국경〉에는 가정을 무대로 '신여성'이 주인공으로 등장합니다. 〈국경〉은 영화라는 새로운 그릇에 남녀 평등이라는 새로운 생각을 담아낸 작품입니다. 그렇지만 오늘날의 기준으로 보면 영화의 수준은 그렇게 높지 않았다고 합니다. 얇은 여름옷을 입고 두꺼운 솜이불을 쓰는 장면이 나오는가 하면, 실컷 울고 돌아서서 빙긋이 웃는 장면이 나오는 등, 배우들의 연기도 아직은 서툰 수준이었습니다.

그런가 하면 4월에는 총독부에서 저축 장려를 홍보하기 위해 제작한 〈월하의 맹서(月下의 盟誓)〉라는 영화도 개봉했습니다. 〈월하의 맹서〉는 〈국경〉보다 기술 수준도 높고, 무엇보다 한국 사람인 윤백남이 감독한 영화였습니다. 그렇지만 총독부의 식민 정책을 홍보하기 위해 제작되었다는 한계가 있는 영화입니다.

우리 영화의 수준을 크게 끌어올린 작품은 1926년 상영된 〈아리랑〉입니다. '한국 영화의 아버지'로까지 불리는 나운규가 각색·감독·주연을 맡았지요. 〈아리랑〉은 석 달이라는, 당시로서는 꽤 긴 제작 기간에 800여 명의 엑스트라까지 동원한 대작이었습니다. 지주, 소작인, 순사, 지식인 등을 등장시켜 당시의 사회 문제를 정면으로 다뤄 관객들에게 큰 인기를 모았습니다. 심지어 관객이 한꺼번에 너무 많이 몰려드는 바람에 극장 문이 부서지고, 급기야 경찰이 출동하여 질서를 잡아야 할 정도였다고 합니다.

〈아리랑〉이 이렇게 인기를 끈 비결은 무엇이었을까요? 이미 눈치챘겠지만, 당시 한국인의 처지를 잘 담아냈기 때문입니다. 많은 관객들은 자신과 처지가 비슷한 〈아리랑〉의 주인공과 슬픔을 같이하며

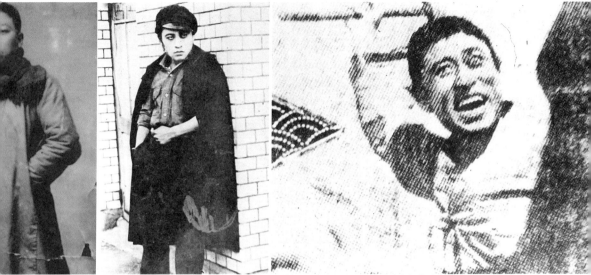
1918년 명동학교 입학 시절의 나운규(왼쪽). 1926년 영화 〈풍운아〉(가운데)와 같은 해 영화 〈아리랑〉에서 열연하는 나운규의 모습.

눈물을 흘렸습니다. 그래서 〈아리랑〉은 1926년 한 해에만 110만 명
의 관객을 동원할 정도로 흥행에 크게 성공했습니다. 1926년 한국
인구는 2000만이 채 안 되었고, 그 가운데 성인이 절반이라고 치면,
열 사람 중 한 사람 꼴로 〈아리랑〉을 본 셈이지요. 오늘날과는 비교
할 수 없는 당시의 교통이나 통신 수준을 생각할 때, 놀라운 기록이
아닐 수 없습니다.

한편 〈아리랑〉은 일본인 순사가 악역으로 등장하는 등, 일제의 식
민 통치를 드러내놓고 비판하는 내용이었습니다. 그래서 나운규는 일
제의 탄압을 피하기 위해 자기는 배우로만 이름을 넣고 감독과 제작
은 모두 일본인 이름을 내세웠습니다. 그 뒤에도 나운규는 〈풍운아〉,
〈벙어리 삼룡〉 등의 작품을 잇달아 내놓으며 많은 활동을 했습니다.

그런데 〈아리랑〉을 비롯하여 당시 영화들은 모두 '무성(無聲) 영

화'였습니다. '소리가 없는 영화'라는 뜻이지요. 당시 기술 수준으로
는 아직 촬영한 필름에 소리를 넣을 수가 없었습니다. 그래서 새로
운 직업이 생겨났지요. 바로 영화를 상영할 때, 관객과 스크린 사이
에서 영화를 해설하고 배우들의 대사를 읊어 주는 '변사(辯士)'입니
다. 변사는 무성 영화 상영에서는 빼놓을 수 없는 존재였지요. 또 관

무성 영화 상영 장면
관객들을 웃고 울게 하는 변사들 중에는 배우 못지않은 인기 스타도 있었다.

객이 영화를 얼마나 재미있게 보는가는 변사의 능력에 따라 많이 달라졌기 때문에, 변사들 중에는 배우 못지않은 인기 스타도 있었습니다. 그래서 영화 포스터에는 주연 배우 옆에 반드시 변사의 이름도 적을 정도였지요.

　이 무렵 나운규의 영화들과 함께 이규환의 〈임자 없는 나룻배〉, 고

영화 〈임자 없는 나룻배〉 광고지와 영화 속 주연 배우들

전 소설을 영화로 만든 〈장화홍련전〉 등이 무성 영화로 만들어졌습니다. 〈임자 없는 나룻배〉는 한강을 무대로 한 영화로, 주인공인 뱃사공이 한강에 철교가 놓이고 기차가 다니면서 일거리를 잃는 내용입니다. 새로운 문물인 철도와 기차가 서민의 삶을 어떻게 고통스럽게 만드는지를 보여 준 이 영화도 많은 관객들의 눈물을 자아냈습니다.

이렇게 변사의 한 마디 한 마디에 울고 웃던 무성 영화의 시대는, 1935년 한국에서 처음으로 성우가 대사를 녹음한 '발성(發聲) 영화' 〈일설 춘향뎐〉이 만들어지면서 드디어 막을 내립니다.

그러면 당시에는 얼마나 많은 사람들이 영화관을 찾았을까요? 앞에서 〈아리랑〉이 흥행에 성공했다고 이야기했는데, 과연 다른 영화들도 이렇게 많은 관객을 모았을까요? 통계에 따르면, 1927년 360만 명 정도였던 한국의 영화 관객 수는 1932년에는 600만여 명, 1939년에는 1400만여 명으로 늘어났습니다. 참으로 많은 사람들이 영화관을 찾은 것입니다.

〈군용열차〉(1938, 감독 서광제)
스파이에게 매수당한 군용 열차 기관사가 반성하고 스
파이 일당을 일망타진한다는 내용이다.

〈병정님〉(1944, 감독 방한준)
일본군으로 출정하는 청년의 가족들이 국민 된 영광을 느낀다는 내용이다.

〈지원병〉(1941, 감독 안석영)
지원병 제도를 찬양하는 내용으로, 영화의 처음과 끝을 일장기가 장식하
는 노골적인 선전 영화다.

이렇게 영화가 인기를 끌면서 영화의 사회적 영향력도 더 커졌습니다. 젊은이들은 한국 영화뿐 아니라 미국, 일본 영화도 많이 보았습니다. 특히 학교에서 영어를 배운 학생들은 미국 영화(이른바 '헐리우드 영화')를 보고, 거기에 등장하는 배우들의 복장을 따라하거나 유명한 영어 대사를 외우기도 했습니다. 당시에도 오늘날처럼 스타를 따라하는 현상이 있었던 것이지요.

그런데 일제의 침략 전쟁이 시작되면서 영화계에도 암흑기가 찾아왔습니다. 영화의 사회적 영향력을 잘 알고 있던 일제는 영화를 식민 통치와 침략 전쟁의 선전 도구로 이용하려 했지요. 1940년에는 〈조선 영화령〉이라는 악법을 제정하여 조선 총독부의 허가 없이는 영화의 제작·배급·흥행 등을 전혀 못하게 하고, 조선 총독부가 제작한 선전 영화를 의무적으로 상영하게 했습니다. 미국 등 일제와 전쟁 중인 나라의 영화를 수입하는 것도 제한했고요.

또한 모든 영화인들을 조선 총독부가 통제하는 기관인 '조선영화제작자협회'에 가입하도록 했습니다. 이런 통제 속에서 많은 영화인들이 창씨 개명에 앞장 서는 등 친일의 길로 들어섭니다. 침략 전쟁을 선전하는 영화도 만들어졌습니다. 예컨대 허영 감독의 〈그대와 나〉라는 영화는, 한국인으로서 지원병 1호로 동원되어 전사한 이인석을 찬양하는 내용입니다. 그 밖에도 〈군용열차〉, 〈지원병〉, 〈병정님〉 등은 전쟁을 찬양하고 한국인 전쟁 동원을 부추기는 대표적인 친일 영화입니다.

일제의 감시 속에서 만들어진 이런 선전 영화들은 강제적인 단체 관람이나 순회 공연으로 상영되었습니다. 특히 평소 영화를 잘 접하지 못하는 농촌 주민들을 대상으로 순회 공연을 많이 했습니다. 농민들은 영화의 내용보다는 영화 속의 잘생긴 배우나 도시 풍경, 일본의 비행기, 탱크 같은 신기한 무기들에 열광했습니다. 그리고 자기도 모르는 새에 일제의 선전에 물들어 갔습니다. 일제가 영화 제작에 간섭하려고 한 것은 바로 이런 영화의 힘 때문이었지요.

〈봉선화〉에서 〈눈물 젖은 두만강〉까지

"울 밑에 선 봉선화야, 네 모습이 처량하다"로 시작하는 노래 〈봉선화〉를 들어 보았나요? 3·1운동 직후 만들어진 이 노래는 김형준의 시에 홍난파가 곡을 붙인 우리나라 최초의 가곡입니다. 많은 사람들이 처량한 봉선화의 모습에서 자기 모습을 보았기 때문에, 이 노래는 방방곡곡 입에서 입으로 전해졌습니다. 모진 겨울을 지나 봉선화가 다시 피기를 바라는 끝 구절은 듣는 사람들의 마음을 더욱 울렸습니다. 〈봉선화〉는 1932년에 처음 음반으로 만들어져 널리 퍼졌습니다.

홍난파는 〈봉선화〉 말고도 〈봄처녀〉, 〈성불사의 밤〉 등 지금까지도 불리는 많은 가곡을 작곡했습니다. 가곡이 많이 만들어지면서 성악가의 독창회도 열렸습니다. 유명한 성악가의 독창회에는 오늘날 인기 가수의 콘서트처럼 많은 사람들이 모여들었습니다. 김자경, 윤심덕, 현제명 등은 당시 활동한 대표 성악가들입니다. 이 사람들의 목소리를 통해 〈가고파〉, 〈고향 생각〉, 〈선구자〉 같은 노래들이 인기 있는 가곡이 되었습니다.

한편 어린이를 위한 동요도 만들어졌습니다. "푸른 하늘 은하수 하얀 쪽배에"로 시작하는 〈반달〉, "까치 까치 설날은 어저께고요"로 시작하는 〈설날〉 등이 어린이들의 많은 사랑을 받았지요. 동요는 방정환 같은 사람들의 어린이 운동에 힘입어 더욱 많이 만들어졌습니다. 대부분 동요는 어린이의 천진하고 밝은 정서를 표현했지만, 〈오빠 생각〉처럼 농촌의 가난한 현실을 담은 노래도 만들어졌습니다.

경제적으로 여유 있는 사람들은 집에 축음기(음파를 기록한 음반을 회전시켜 음성을 재생하는 장치)와 음반(레코드)을 갖추고 음악을 듣기 시작했습니다. 이런 집이 많지는 않았지만, 그래도 축음기와 음반 보급으로 오늘날과 비슷한 의미의 대중 가요가 일

홍난파
홍난파는 〈봉선화〉, 〈성불사의 밤〉, 〈옛 동산에 올라〉 등 오늘날까지 즐겨 부르는 우리의 대표적인 가곡들을 작곡했다. 그러나 일제 말기에는 총독부의 압박을 견디지 못해 친일 문화 단체에서 활동하는 등 오점을 남겼다.

상의 삶 속으로 깊이 파고들었습니다. 언제라도 레코드만 돌리면 듣고 싶은 노래를 들을 수 있게 되었으니까요.

처음에는 예전부터 사람들이 많이 들었던 찬송가나 판소리, 민요들이 음반으로 만들어졌습니다. 그러나 서서히 새롭게 창작한 가요들이 발표되기 시작했지요. 가수가 직접 공연하지 않아도 되는 이점을 살려, 외국의 대중 가요도 음반으로 수입되었습니다. 1930년대 서울 거리에서는 미국의 팝송, 프랑스의 샹송, 라틴풍의 재즈까지 들을 수 있었습니다. 특히 재즈는 인기가 높아 한국인 중에서 재즈 가수가 나올 정도였지요.

축음기
당시 사람들에게 원형 음반을 올려놓고 돌리면 음악이 흘러나오는 축음기는 매우 신기한 물건이었다. 그러나 시간이 흐르면서 사람들은 축음기와 거기에서 흘러나오는 음악에 익숙해졌다.

재즈가 인기 있었던 것은 그 슬픈 선율이 당시 한국인들의 마음을 사로잡았기 때문입니다. 그래서인지 창작 가요 중에서도 주로 슬픈 노래가 인기를 끌었습니다. 〈목포의 눈물〉이나 〈타향살이〉 등 당시 크게 유행한 노래들은 하나같이 고향을 떠나는 아픈 마음을 그렸고, 이 노래를 부른 이난영과 고복수는 최고의 인기 스타가 되었습니다.

그런데 일제는 이런 슬픈 내용과 선율의 노래가 유행하는 걸 순수하게 받아들이지 않았습니다.

일제 강점기의 인기 가수들
일제 강점기에는 민족의 애환을 담은 슬픈 선율의 노래가 인기를 끌었다. 이난영의 〈목포의 눈물〉, 고복수의 〈타향살이〉, 이애리수의 〈황성 옛터〉, 김정구의 〈눈물 젖은 두만강〉 들이 대표적인 노래이다. 왼쪽부터 이난영, 고복수, 이애리수, 김정구이다.

슬픈 노래가 식민지 현실을 부정적으로 보게 한다고 생각한 것이지요. 그래서 이런 노래들은 탄압을 받기도 했습니다. 쇠락한 고려의 옛 수도를 찾은 나그네의 마음을 그린 〈황성 옛터〉 레코드가 5만 장이나 팔리자, 일제는 우리 역사가 담긴 이 노래가 독립 정신을 선동할 우려가 있다고 하여 작곡가를 체포했습니다. 또 국경을 넘어 만주로 이주한 사람들의 애환을 그린 〈눈물 젖은 두만강〉은 금지곡이 되기도 했습니다.

일제 강점기 최대 규모를 자랑하던 음반 회사 컬럼비아 레코드 간판

일제는 이렇게 대중 가요를 감시하고 꼬투리를 잡아 못 부르게 하는 데서 그치지 않았습니다. 더 나아가 일본풍 가요나 침략 전쟁을 선전하는, 이른바 '애국 가요'를 만들 것을 강요했습니다. 이렇게 해서 만들어진 〈반도 의용대〉니 〈지원병의 어머니〉니 하는 노래들은 침략 전쟁에 힘을 보탤 것을 노골적으로 선전하는 내용이었습니다. 이렇게 일제의 침략 전쟁이 계속되면서, 한국인들은 그동안 민족의 슬픔을 어루만져 주던 대중 가요조차 자유롭게 누릴 수 없게 되었습니다.

식민지 설움을 그라운드에서 털어 내다

축구 열기 속에 울려 퍼진 독립 만세

여러분은 어떤 스포츠를 좋아하나요? 세계적으로 가장 많은 사람들이 좋아하는 스포츠에는 어떤 게 있을까요? 아마 축구가 아닐까요? 여러 종목의 경기를 하는 올림픽을 빼고 월드컵(World Cup) 대회만큼 전 세계 사람들이 열광하는 국제 대회는 아마 없을 것입니다. 여러분도 2002년 우리나라에서 열린 월드컵의 열기를 기억하고 있겠지요? 축구가 인기 있는 이유는 공 하나만 있으면 어디에서나 즐길 수 있고, 규칙도 단순한 편이라서 누구나 이해하기 쉬운 스포츠이기 때문일 것입니다.

그러면 우리나라에서 맨 처음 축구가 시작된 것은 언제일까요? 1880년대 인천항에 들어온 영국 군함의 수병(水兵)들이 쉬는 시간에

1910년대 축구 경기를 하는 학생들

공을 찬 게 축구의 시작이라고 알려져 있습니다. 그 뒤 대한제국기에 설립된 관립 외국어학교의 체육 시간에도 축구를 했다고 합니다. 더 많은 사람들이 축구에 관심을 갖게 된 것은 1920년대 들어서입니다. 1921년부터는 '전 조선 축구 대회'가 열렸습니다.

일제 강점기에 축구가 큰 인기

를 끌게 된 계기는 1929년부터 시작된 경평 축구 대회였습니다. 우리나라의 남쪽을 대표하는 서울(경성)과 북쪽을 대표하는 평양 사이의 축구 경기가 시작된 것이지요. 1929년 10월 서울 휘문고등보통학교 운동장에서 사흘간 열린 제1회 경평 축구 대회에는 매일 7000여 명의 관중이 몰려들었습니다. 사람들은 축구 경기를 보면서 잠시나마 고달픈 몸과 마음을 달랬습니다. 또 운동장을 뛰어다니는 젊은 학생들의 모습에서 미래의 희망을 발견하려고 했습니다.

1929년 대회는 2승 1무로 평양 팀의 승리로 끝났습니다. 그 뒤해마다 서울과 평양을 번갈아 오가며 열린 이 대회는, 1933년 조선축구협회와 경성·평양 축구단이 만들어지면서 더욱 큰 대회가 되었습니다. 때로는 지나친 승부욕 때문에 선수들 사이에 거친 몸싸움이나 판정을 둘러싼 다툼도 있었지만, 당시 경평 축구 대회의 인기는 하늘을 찌를 듯했습니다. 경기가 열리는 날이면 사람들이 운동장으로 몰려가는 바람에 서울 시내 술집들은 모두 문을 닫을 정도였고, 운동장이 좁아 미처 자리를 얻지 못한 사람들은 운동장 밖 버드나무에 올라가 경기를 보기도 했습니다.

운동장에서 선수들은 각자 자기 고장의 명예를 걸고 양보 없이 승부를 다투었습니다. 하지만 경기가 끝나면 다 같이 어깨를 걸고 노래를 부르며 우의를 다졌

1922년 전 조선 축구 대회에서 우승한 조선불교청년회 축구단

경성 운동장
일제 강점기에 많은 축구 경기가 열린 경성 운동장. 광복 후 동대문 운동장으로 이름이 바뀌었다가 지금은 모두 헐린 상태다.

습니다. 관중들도 마찬가지였습니다. 서울이냐 평양이냐 하는 것은 하나도 중요하지 않았습니다. 경기가 절정에 이르면 응원의 열기에 취해 '독립 만세'를 외치는 사람들이 있을 정도였지요. 이렇게 경평 축구 대회가 열리는 운동장은 나라 잃은 민족의 서러움을 토해 내는 자리가 되기도 했습니다.

축구의 열기는 한국 팀과 일본 팀의 경기가 있는 날에는 더욱 달아올랐습니다. 다들 나라를 빼앗겼을망정 축구는 질 수 없다고 생각한 것이지요. 일본 팀과의 축구 경기는 거의 독립 운동이나 다름없었습니다. 1926년에는 제6회 전 조선 축구 대회에서 우승한 조선축구단이 일본 원정 경기에서 5승 3무의 좋은 성적을 거두었습니다. 또 1935년에는 전 일본 축구 대회에 참가한 경성 축구단이 일본의 나고야 축구단을 6대 0으로 눌러 대승을 거두는 쾌거를 이루기도 했습니다. 이듬해 베를린 올림픽에는 김용식 선수가 일본 대표 팀 선수로 출전했습니다. 김용식 선수는 비록 일장기를 달고 뛰었지만, 우리나라 사람으로는 처음 올림픽 무대에 선 축구 선수입니다.

그런데 이런 한국인의 축구 열기가 독립 정신을 드높이는 방향으로 나아갈까 두려워한 일제는, 태평양 전쟁이 한창이던 1942년 모든 구기 경기를 금지하고, 대신 군사 훈련을 강요했습니다. 조선축구협회도 강제로 해산시켰습니다. 수천 명의 관중이 자발적으로 모여서 뜨거운 열기를 나누는 축구 경기는 일제에게 독립 운동만큼이나 두려운 것이었나 봅니다.

여러분, 2005년 8월 서울에서 열린 '남북 통일 축구 대회'를 기억하나요? 그때 관중석을 가득 메운 시민들은 남쪽과 북쪽 어느 한 팀을 응원하는 대신 '민족 통일'을 외쳤습니다. 일제 강점기에 독립을 염원하는 상징이었던 축구는 이제 통일의 징검다리가 되고 있습니다.

화려한 스포츠, 야구의 시작

오늘날 축구만큼 많은 사람들이 즐겨 보는 스포츠는 무엇일까요? 아마 야구*겠지요. 우리나라에서 야구는 언제부터 시작되었을까요? 1905년 평양 YMCA에 부임한 미국인 선교사 질레트가 숭실학교 학생들에게 야구를 가르친 것이 우리나라 야구의 시작이라고 합니다. 그러다가 차츰 축구와 비슷하게 관립 외국어학교에 야구 팀이 생기기 시작했습니다. 1906년 열린 YMCA 팀과 독일어학교 팀의 경기가 우리나라에서 처음 열린 공식 야구 경기로 기록되어 있습니다.

1909년에는 야구 팀을 만든 일본 유학생들이 방문하여 YMCA 팀과 경기를 했습니다. 그런데 유학생 팀이 19대 9로 크게 이기자, 사람들은 큰 충격을 받았다고 합니다. 많은 사람들이 당시 우리나라에서 최강이었던 YMCA 팀의 승리를 예상했기 때문이지요. 그렇지만 사실 우리나라보다 한 발 먼저 야구를 시작한 일본에서 야구를 배운

야구는 미국에서 처음 시작된 스포츠이다. 그런데 야구가 처음 시작되었을 때의 모습은 지금과 많이 달랐다고 한다. 예를 들면 투수가 공을 잘못 던져서 타자가 그냥 걸어 나가는 '볼 넷(four ball)'의 경우, 처음에는 '볼 아홉(nine ball)'이었다고 한다. 공 아홉 개를 잘못 던져야 타자가 걸어 나갈 수 있었던 것이다. 그러던 것이 하나씩 줄어들어 오늘날과 같은 볼 넷으로 굳어진 것은 1900년 즈음이다. 이 즈음부터 미국 야구는 오늘날과 거의 비슷한 모습을 갖춘 것이다. 우리나라에 야구가 처음 들어온 것도 바로 이 무렵이다.

초창기의 야구 경기(1900년대)
평상복이나 다름없는 유니폼, 서서 공을 받는 포수, 선수들을 둘러싼 관중의 모습에서 초창기 야구 경기의 분위기를 엿볼 수 있다.

유학생 팀의 실력은 YMCA 팀을 크게 앞섰습니다. 뿐만 아니라 유학생 팀이 입은 유니폼이나 장비도 YMCA 팀과는 비교가 되지 않았습니다. 이 경기를 본 사람들은 야구 같은 스포츠에서도 우리나라를 압도하는 일본의 힘을 느꼈지요.

강점 이후에는 주로 선교사가 운영하는 기독교 계통 사립 학교에 야구 팀이 많이 만들어졌습니다. 야구 선수도 많이 늘어났습니다. 하지만 아직 실력은 부족한 편이었습니다. 1912년 YMCA 팀이 일본 와세다 대학교 팀에게 0대 23으로 크게 진 경기는 당시 우리나라의 야구 수준을 그대로 보여 주었지요.

하지만 한국 팀이 늘 일본 팀에게 지기만 한 것은 아닙니다. 1914년에는 오성중학교 팀이 강하기로 소문난 조선 총독부 철도국 팀을

14대 13으로 이겼습니다. 이 경기는 당시 꽤 이야깃거리가 되었습니다. 당연히 이길 것으로 생각했던 경기에서 아깝게 지자, 일본인 관중들이 난동을 부리기 시작해서 한국인과 일본인 사이의 패싸움으로 번졌기 때문입니다.

축구와 마찬가지로 야구도 1920년대 들어 많은 사람들이 즐기는 스포츠가 되었습니다. 1920년에는 조선체육회에서 '전 조선 야구 대회'를 열었습니다. 당시 조선체육회는 대표적인 민족주의자 단체 가운데 하나였습니다. 이들은 스포츠를 통해 민족 의식과 독립 정신을 높인다는 목표로 야구 대회를 시작했습니다. 그래서 조선체육회는 조선 총독부가 조선 신궁 건립을 기념하여 '조선 신궁 경기 대회'라는 것을 열자, 참가를 거부하고 한국 팀만 참가하는 대회를 따로 열기도 했습니다.

한편 야구가 발전하는 데에는 신문도 큰 몫을 했습니다. 1925년과

일제 강점기의 야구 경기

YMCA 야구단
우리나라 최초의 야구 팀으로 초기 야구의 발전을 이끈 YMCA 야구단 모습이다.

전 조선 야구 대회
1920년 제1회 전 조선 야구 대회에서 경기 시작 전에 시구하는 조선체육회장 이상재.

이영민와 베이브 루스
이영민(1905~1954)은 일제 강점기 한국 야구 선수로 가장 유명한 인물이다. 일본 대표 팀의 일원으로 미국 프로 야구 대표 팀과의 경기에 나가서 미국 대표 팀의 베이브 루스와 찍은 기념 사진이다.

1926년에는 각각 조선일보사와 동아일보사에서 주최하는 '중학 야구 연맹전'과 '4구락부 야구 연맹전'이 시작되었습니다. 이 대회들도 모두 스포츠를 통해 나라의 장래를 짊어질 젊은 학생들의 힘과 기상을 기르려는 목표를 가지고 있었지요.

그런데 일제가 침략 전쟁을 시작하면서 다른 스포츠와 마찬가지로 야구에도 어둠이 찾아왔습니다. 일제는 1938년 많은 야구 대회를 연 조선체육회를 강제로 해산시켰습니다. 그런가 하면 1941년부터는 한국뿐 아니라 일본에서도 야구 경기를 모두 금지했습니다. 일제가 야구의 나라인 미국과 전쟁을 시작했기 때문입니다. 이제 야구는 적대국의 스포츠가 된 것입니다. 이렇게 일제가 일으킨 침략 전쟁 때문에 시들어 버린 우리나라 야구는 몇 년 뒤 광복이 되어서야 다시 기지개를 켜게 됩니다.

일제 강점기의 슈퍼스타, 최승희와 손기정

일제 강점기는 분명히 어두운 시대였습니다. 그렇지만 그런 어두운 시대에도 스포츠나 문화 분야에는 오늘날과 같은 스타가 있었습니다. 하지만 이런 스타에게 열광하는 사람들의 마음은 오늘날과는 조금 차이가 있었습니다. 사람들은 어떤 분야에서건 뛰어난 업적을 이룬 사람한테서 식민 통치의 억압을 뚫고 피어날 희망의 씨앗을 발견하고 싶어 했습니다. 당시의 스타는 그냥 인기인이 아니라 민족의 희망이었던 것입니다. 여기에 그러한 '스타' 두 명이 있습니다.

올림픽을 제패한 식민지 청년 손기정

1936년 8월 8일 밤 11시, 서울 장안의 많은 사람들이 라디오 앞으로 모여들었습니다. 멀리 독일 베를린에서 들려오는 올림픽 마라톤 중계를 듣기 위해서였지요. 그리고 이튿날 새벽 1시 반, 라디오를 듣던 사람들은 일제히 기쁨의 함성을 질렀습니다. 베를린 스타디움 결승선에 제일 먼저 모습을 드러낸 것이 한국인 손기정*이었기 때문입니다. 낯선 동양의 청년이 1위로 골인하는 모습을 본 스타디움의 관중들도 깜짝 놀랐습니다.

사실 손기정의 우승은 어느 정도 예상할 수 있었습니다. 비록 국내 대회였지만, 그는 이미 1935년에 2시간 20분대의 세계 신기록을 두 번이나 세운 적이 있기 때문입니다. 하지만 베를린 스타디움의 출발선에 섰을 때, 손기정은

최승희와 손기정
손기정 우승 축하연에서 자리를 같이한 두 사람.

손기정
1912년 평안북도 신의주에서 태어난 손기정은 어려서부터 달리기에 남다른 재주가 있었다. 열다섯 살 때 신의주 대표 선수로 참가한 육상 대회에서 어른들을 제치고 우승한 그는, 그 뒤 평안북도에서 열린 거의 모든 육상 대회에서 우승을 놓치지 않았다. 1932년 서울 운동장과 영등포역 사이를 왕복하는 단축 마라톤 대회에서 우승한 손기정은, 1936년 5월 두 명을 뽑는 올림픽 마라톤 대표 최종 선발전에서 선배인 남승룡과 함께 1, 2위를 차지했다. 일제는 한국인 선수가 1, 2위를 차지하자 당황하여 갑자기 규정을 바꿔 대표 선수를 네 명으로 늘리기도 했다.

베를린 스타디움에 가장 먼저 모습을 드러낸 손기정

이름 없는 식민지 청년에 불과했습니다. 그런 그가 우승을 손에 넣은 것입니다.

손기정의 우승은 단지 개인의 영광이 아니라 우리 민족 전체의 영광이었습니다. 신문은 호외를 발간하여 그의 우승을 "조선의 대기염(大氣焰), 세계 제패!"라고 전했습니다. 당시 조선체육회 회장이었던 윤치호는 "우리 조선의 청년이 전 세계 20억 인류를 이겼다"며 감격했습니다. 그런가 하면 윤치호와 사상적으로 반대편에 서 있던 사회주의 운동가 조봉암도 감옥에서 이 소식을 듣고는 "감개무량해서 눈물을 머금었다"고 합니다. 손기정의 우승은 우리 민족이 가진 무한한 힘을 전 세계인에게, 그리고 무엇보다 일제에게 알린 것이기도 했습니다. 그래서 시인 심훈은 그의 우승을 두고 "인제도 인제도 너희들은, 우리를 약한 족속이라고 부를 테냐?"고 노래하기도 했습니다.

그러나 정작 당사자인 손기정은 마냥 기뻐할 수만은 없었습니다. 시상대에 올라간 그는 일장기를 달고 일본 국가가 울려 퍼지는 것을 들어야 했습니다. 금메달을 목에 건 손기정의 표정이 우울한 것은 바로 그 때문이었는지도 모릅니다. 한편 국내에서는 더 큰일이 벌어졌습니다. 《동아일보》와 《조선중앙일보》가 손기정의 시상 소식을 전하면서 사진 속 그의 가슴에 달린 일장기를 지워 버렸기 때문입니다. 일제는 이틀 만에 수사를 끝내고 두 신문의 간행을 일시 중지시킬 정도로 재빨리 대응했습니다. 손기정의 우승으로 들뜬 여론이 독립 운동 움직임으로 이어지지 않을까 계속 눈여겨본 때문입니다.

마라톤 우승 소식을 전하는 신문 기사
《동아일보》는 "세계 제패의 개가"라는 제목 아래 올림픽 마라톤에서 손기정이 우승, 남승룡이 3위를 했다는 소식을 1면 머리기사와 사설로 다루었다. 《동아일보》 1936년 8월 11일 자.

일제는 더 나아가 손기정에 대한 국내의 모든 환영 행사도 금지했습니다. 심지어 학생들을 선동할 우려가 있다고 하여 그의 등교까지 막았습니다. 손기정은 더 이상 육상을 하지 않겠다는 서약을 하고서야 공부를 계속할 수 있었습니다. 이런 탄압 속에서 올림픽 금메달은 그에게 무한한 기쁨이 아니라 무거운 짐이 되어 버렸습니다.

이런 까닭에 손기정 선수의 마라톤 우승 축하 행사는 광복이 되어서야 열렸습니다. 1946년 8월, 그의 올림픽 우승 10주년 기념 행사에서 김구 선생은 손기정에게 이렇게 말했다고 합니다. "나는 자네 때문에 세 번 울었네. 첫째, 나라 없는 한국 청년이 올림픽에서 우승했다고 하여 나라 잃은 설움에

시상대에 선 손기정
올림픽 우승을 거머쥐고도 우울해 보이는 손기정의 모습은 당시 우리 민족의 서러움을 보여 주는 것만 같다.

1946년 올림픽 우승 10주년 기념 행사에서 김구 선생에게
축하를 받는 손기정

울었고, 둘째, 일제가 손기정이 지원병으로 나가 필리핀에서 전사했다고 선전하는 것을 듣고 울었으며, 셋째, 독립이 안 되었으면 자네의 그 장한 기록이 묻혀 버렸을 테니 독립한 감격에서 울었네." 김구 선생의 울음은 손기정 자신의 울음이기도 했습니다. 그리고 아마 그것은 우리 민족 모두의 울음이었을 것입니다.

한국 무용의 아름다움을 세계에 알린 최승희

일제 강점기 우리나라에도 세계적인 스타가 된 여성이 있었습니다. 무용가 최승희입니다. 1911년 유복한 가정에서 태어난 최승희는 6년제인 보통학교를 4년 만에 졸업할 정도로 총명한 소녀였습니다. 그 뒤 숙명여학교에 다니던 최승희는 서울에 공연하러 온 일본인 무용가 이시이 바쿠의 공연을 보고 자신의 앞날을 무용가로 정했습니다. 집안의 뒷받침으로 일본에 가 이시이의 제자가 된 최승희는 얼마 지나지 않아 첫 번째 단독 공연을 할 정도로 아주 빠르게 성장했습니다.

게다가 최승희는 나라와 민족을 사랑하는 예술가이기도 했습니다. 이시이 무용단의 수석 무용수 자리가 보장되어 있는데도 불구하고, 무용의 불모지인 고국의 문화에 기여하겠다는 뜻으로 귀국을 결정한 것입니다. 1929년 귀국과 함께 '최승희 무용연구소'를 연 그는 한국의 전통 무용에 눈을 돌렸습니다. 한국의 전통 무용에서 혼자가 아니라 여러 사람이 흥겹게 어울려 즐기는 특징을 찾은 것입니다. 이런 무용이야말로 참된 무용이라고 생각한 최승희는, 이미 유명한 무용가임에도 불구하고 전통 무용의 전수자들을 찾아다니며 새롭게 무용을 배우기 시작했습니다.

최승희 무용 공연 포스터

그리하여 한국의 전통 무용에 일본에서 배운 서양의 현대 무용을 접목시켜 최승희 자신만의 독창적인 무용 세계를 열어 나갔습니다. 그리고 직접 무대에 올라 그 아름다움을 선보였습니다. 최승희의 무용 공연은 국내에서도 크게 사랑받았지만, 1937년부터 시작한 유럽 순회 공연에서도 큰 성공을 거두었습니다. 유럽의 많은 예술가들이 그의 아름다운 춤사위에 박수 갈채를 보냈습니다. 그 가운데에는 세계적인 화가 피카소나 영화 감독 장 콕토 같은 사람도 있었습니다. 프랑스 파리에서는 그가 공연 때 쓴 한국 전통의 초립동 모자가 패션으로 유행하기까지 했습니다.

최승희는 해외 공연에서 늘 자신을 '코리안 댄서'라고 소개했다고 합니다. 일본인이 아니라 한국인이라는 강한 의지를 표현한 것입니다. 하지만 일제가 그의 이런 활동을 가만 놔둘 리 없었지요. 일제는 세계적인 명성을 얻은 그에게 침략 전쟁을 벌이고 있는 일본군을 방문하여 위문 공연을 하라고 강요했습니다. 결국 최승희는 1942년부터 일본군의 감시를 받으며 만주와 중국에서 위문 공연을 다녀야 했습니다.

광복이 되자, 이제 최승희의 무용 세계에도 새로운 빛이 비치는 듯했습니다. 그러나 이번에는 민족 분단이라는 안타까운 현실이 기다리고 있었습니다. 그의 남편 안막은 일제 강점기부터 사회주의 문학을 추구한 극작가였습니다. 남과 북 사이에서 갈등하던 최승희는 1946년 남편을 따라 북한으로 갑니다. 그러나 북한에서의 생활도 순탄하지 않았습니다. 북한으로 간 지 얼마 안 되어 남편 안막이 숙청되었기 때문입니다. 그에 따라 무용 활동을 계속할 수 없게 된 최승희는 1960년대 말 쓸쓸하게 사망한 것으로 알려져 있습니다. 그리고 이런 사정으로 남쪽과 북쪽 모두에서 금지되었던 그의 이름은 1990년대에 와서야 다시 불리게 되었습니다. 북한에서의 복권과 함께 한

최승희의 대표적인 창작 무용 보살무(왼쪽)와 화랑무

최승희 묘비
북한 혁명열사릉에 있는 최승희의 묘비는 남편 안막이 숙청된 뒤 공개 활동을 할 수 없었던 최승희가 뒷날 복권되었음을 알려 준다. 묘비에는 1969년 8월 8일 사망했다고 새겨져 있다.

1940년대 말 북한에서 무용을 지도하는 최승희

국에서도 1999년 한국예술평론가협회가 선정한 '20세기를 빛낸 예술인'에 오른 것입니다.

최승희는 일제 강점기 한국 최고의 무용가였고, 한국이 낳은 세계 스타이기도 했습니다. 또 그는 그냥 주어진 대로 춤을 잘 추는 데 그친 것이 아니라, 한국 전통 무용을 현대적으로 재창조하는 데 앞장섰고, 세계인들 앞에서 한국 전통 예술의 아름다움을 뽐내기도 했습니다. 하지만 그를 둘러싼 환경은 뛰어난 예술가의 앞길을 가로막고 말았습니다. 가혹한 식민 통치와 민족 분단의 현실 속에서 그는 날개가 꺾였고, 오랫동안 잊혀진 이름으로 떠돌아야 했습니다.

일제 강점기 편을 마치며

《아! 그렇구나 우리 역사》 13권 일제 강점기 편은 1910년 일본 제국주의가 대한제국을 강점하는 때부터 1945년 8·15 광복을 맞이하기까지 35년의 역사를 다루고 있습니다. 아마 이 시리즈의 다른 책에 비해 비교적 짧은 기간일 것입니다. 하지만 일제 강점기는 단지 35년이라는 시간만으로는 헤아리기 어려운 많은 의미를 담고 있는 시기입니다. 다른 나라의 완전한 식민 통치를 받으며 우리의 민족적·역사적 정체성을 부정당한 시기이기 때문입니다. 이런 체험은 우리 역사에서 처음 있는 일이었으며, 또 당연히 마지막이 되어야 할 것입니다.

그래서 일제 강점기가 우리 역사에서 가장 불행한 시기임은 부정할 수 없는 사실입니다. 그러므로 일제 강점기 역사에서 우리가 알아야 할 가장 중요한 사실은, 일제 식민 통치 정책의 실체와, 그에 대항한 우리 민족의 독립 운동 전개 과정이라고 할 수 있습니다. 이 책에서도 이 두 가지를 되도록 상세히 살펴보았습니다.

먼저 일제 식민 통치 정책에 대해서는 단순한 비판을 넘어 각각의 정책들이 어떠한 내용을 갖는지를 구체적으로 드러내고자 했습니다. 그리고 여러 독립 운동 노선의 의미와 전개 양상도 보태거나 빼지 않고 사실 그대로 쓰려고 노력했습니다. 우리 독립 운동에는 서로 다른 노선들이 있었으며, 각각의 노선을 따르는 독립 운동가들은 때로는 협력하기도 하고 때로는 갈등하기도 했습니다. 하지만 근본적으로 우리나라의 독립을 열망하고 그를 위해 헌신적으로 노력했다는 점에서는 차이가 없었습니다. 이 책에서는 여러 독립 운동 노선을 공정하게 보고자 노력했습니다.

그런데 일제 강점기를 오로지 불행한 시기로만 기억하면 되는 걸까요? 일제 강점기는 우리 사회와 생활에 여러 변화가 일어난 시기이기도 합니다. 전에는 없던 많은 것들이 새롭게 생기기도 했습니다. 오늘날 우리가 당연하게 생각하는 제도나 관행 가운데 많은 부분이 실은 일제 강점기에 처음 생긴 것입니다.

여러분, 우리가 역사를 공부하는 이유는 무엇일까요? 여러 이유를 들 수 있겠지만, 현재 우리 생활을 잘 이해하기 위해 그 시작을 알아본다는 의미도 중요하다고 생각합니다. 이런 뜻에서 일제 강점기에 우리 사회가 어떠한 변화를 겪었는지를 살펴보는 데에도 많은 비중을 두었습니다.

이를테면 이 책에서는 의·식·주 등 일상생활에서의 변화, 도시 발달의 빛과 그늘, 철도와 같은 새로운 교통 체계의 출현, 여성의 사회 진출 문제, 영화 등 새로운 대중 문화와 스포츠 발달, 과학자의 성장 등, 일제 강점기에 새롭게 나타난 우리 사회와 문화의 변화 모습을 많이 다루었습니다. 그렇지만 이런 내용은 새로운 만큼 자칫 그저 재미있는 이야깃거리에 그칠 위험성도 있습니다. 이 책에서는 그러한 변화 양상을 흥미롭게 설명하는 데에만 머물지 않고, 그것이 현재 우리 생활에 어떠한 흔적을 남겼는지, 또 어떠한 의미를 갖는지를 보여 주려 노력했습니다.

《아! 그렇구나 우리 역사》 일제 강점기 편을 쓰기 위해 처음 얼개를 짜기 시작한 뒤 많은 시간이 흘렀습니다. 그동안 필자의 공부는 물론 일제 강점기 역사 연구 전반에 많은 진전이 있었습니다. 또 여러 기관에서 소장한 사료를 데이터베이스로 구축하여 인터넷 서비스를 하게 되어, 연구자뿐 아니라 일반인도 일제 강점기 사료를 손쉽게 접할 수 있는 부분이 획기적으로 늘어났습니다.

한편 일제 강점기를 바라보는 시각도 예전보다 훨씬 다양해졌습니다. 물론 그 중에는 좀 더 폭넓은 시야에서 볼 수 있도록 해 주는 발전적인 시각도 있지만, 식민 통치를 미화하는 잘못된 시각 또한 있는 형편입니다. 이런 다양한 시각들의 옥석을 구분하여 예전보다 폭넓게 역사를 보되, 중심을 잃지 않도록 유의했습니다.

시시각각 새로운 연구 성과가 발표되고 새로운 사실이 밝혀짐에 따라, 처음에 쓴 초고를 교정할 때가 되면 필자의 생각도 바뀌어 있는 경우가 많았습니다. 그래서 내용을 고치고 보충하면서 처음에 짠 얼개도 많이 바꿀 수밖에 없었습니다. 쉽지 않은 과정이었지만, 그래도 이런 과정을 거치며 가능한 한 새로운 연구 성과를 더 많이 반영하려고 노력했습니다. 전통적인 시각과 새로운 시각 사이에 차이가 크고, 현재 연구 수준에서 어느 쪽이 옳다고 확신하기 어려운 경우에는, 사료가 가리키는 바에 따라 객관적이고 중립적으로 쓰려고 했습니다.

이 책은 물론 필자 혼자의 힘으로 쓴 것이 아닙니다. 오히려 필자는 참고 문헌에 포함되어 있는 수많은 유익한 연구 성과를 나름대로 정리하여 여러분에게 전달하는 역할을 했을 뿐입니다. 거기에다가 쉽게 지치는 필자가 다시 책상 앞에 앉도록 독려해 준 여유당 출판사가 없었다면, 아마 이 책은 끝내 완성하지 못했을 것입니다. 처음 책을 기획할 때부터 지금까지 힘이 되어 준 많은 분들에게 이 자리를 빌려 감사의 마음을 전합니다.

2010년 12월 저자 염 복 규

일제 강점기 연표

우리나라 역사	세 계 사
1910. 8 한일 합병 조약 공포, 조선 총독부 설치.	
9 황현 자결. 토지 조사 본격 시작(~1918). 장안사의 《춘향가》 공연이 풍속을 해친다는 이유로 정지당함.	
10 초대 조선 총독에 데라우치 마다사케 임명. 회사령 공포 시행.	1910. 10 포르투갈에서 혁명 성공. 공화정 성립. 멕시코에서 디아스 정권에 대한 반란 일어남. 영국령 남아프리카 연방 성립. 톨스토이 사망.
12 개성의 고려왕릉 도굴됨.	
1911. 1 신민회·안악 105인 사건 발생.	1911. 1 손문, 중국 혁명 정부 대통령 취임.
3 윤영기, 서화미술학원 설립.	
4 의병장 김철수, 함경도에서 체포되어 압송.	4 2차 모로코 사건(4월~11월) 결과, 프랑스·독일이 모로코 협정을 체결.
5 잡지 《소년》 폐간.	5 멕시코의 독재자 디아스 은퇴.
6 동대문 북쪽 담벽 헐고 도로로 개통.	
7 하와이 호놀룰루에서 《독립신문》 창간. 블라디보스토크 한인들, 러시아 방침에 따라 신한촌으로 이주.	
8 〈조선교육령〉 발포.	9 이탈리아, 터키령 트리폴리 공격, 전쟁 발발. 영국에서 의회법 성립, 상원 권한 축소.
11 압록강 철교 준공. 공립보통학교 교사에게 제복을 입게 함.	12 노르웨이 탐험가 아문센, 남극 도착.
	1912. 1 중화민국 성립. 모로코, 페즈 조약으로 프랑스 보호령이 됨.
1912. 3 창덕궁 박물관 준공. 〈조선 태형령〉 공포.	3 세르비아·불가리아·몬테네그로·그리스가 발칸 동맹 결성.
4 〈어업령〉 시행.	
5 총독부, 모든 관리에게 무관복을 입게 함.	5 러시아가 주도하여 발칸 동맹(세르비아·그리스·불가리아·몬테네그로) 성립.
7 독립운동 단체 동제사, 상해에서 조직됨.	
8 일제, 〈토지 조사령〉 공포 시행. 최남선, 어린이 잡지 《붉은 저고리》 창간.	9 러시아 총리 스트루이핀 암살당함.
10 일본 유학생, '조선 유학생 학우회' 조직.	10 1차 발칸 전쟁 발발.
11 YMCA야구단, 최초 일본 원정.	12 알바니아 독립 선포.
1913. 1 연흥사에서 〈혈의 누〉 공연.	1913. 1 포앙카레, 프랑스 대통령에 취임.
3 일제, 조선기병대 1개 중대 해산.	5 터키, 발칸 동맹국에 영토 할양. 크레타 섬, 그리스에 병합. 불가리아, 발칸 제국 공격.
5 안창호, 안종우 중심이 되어 샌프란시스코에서 흥사단 조직.	6 2차 발칸 전쟁.
9 을지로−뚝섬 간 전차 궤도 공사 착공.	8 부카레스트 조약으로 발칸 전쟁 종결. 미국 28대 대통령 윌슨 취임. 멕시코에서 쿠데타로 웨르타 정권 성립.
12 한강철교 복선화 완공.	
1914. 1 이화학당, 유치원 설립. 호남선 개통.	1914. 6 오스트리아, 사라예보 사건 발생.
4 주시경, 《말의 소리》 간행.	7 1차 세계대전 발발. 미국, 중립 선언.
7 유길준 사망.	

8 경원선 완전 개통.

9 조선은행, 100원권 발행. 잡지 《청춘》 창간.

12 총독부, 대종교 해산을 명령.

1915. 3 총독부, 울릉도 인구 과잉으로 이주 억제를 지시함.

5 하와이 교포, 이승만파와 박용만파로 분열.

6 전북 전주군·익산군 일부가 충남 논산군에 편입.

8 금강산 온정리에 금강산 호텔 영업 시작.

9 의병장 채응언, 평양 감옥에서 처형당함.

10 박은식 《한국통사》 간행.

11 조선은행, 5원권·10원권 새로 발행.

12 서울−블리디보스톡 간 해저 전선 준공.

1916. 2 배재학당이 배재고등보교로 승격.

3 박중빈, 원불교 창설.

5 의병장 임병찬, 거문도에서 자결.

7 공창제도 시행.

8 대종교 교주 나철, 구월산에서 자결.

10 일본 대장 하세가와 요시미치, 총독에 임명.

1917. 1 이광수, 《매일신보》에 장편 소설 〈무정〉 연재.

3 평양숭실학교 중심의 비밀결사 '조선국민회' 조직.

8 신규식 등 상해에서 조선사회당 결성.

10 광복단 사건.

12 한강 인도교 준공.

1918. 1 김립·문창범, 전로한족회 중앙총회 조직.

3 서당 규칙 공포. 이광수, 단편소설 〈방황〉을 《청춘》 12월 호에 발표.

4 일본의 화폐법을 조선에 시행.

6 광화문 선 전차 운행. 고희동, 서화협회 조직.

9 한용운, 불교 잡지 《유심》 창간.

10 조선식산은행 업무 시작.

8 독일, 러시아에 선전 포고. 영국·프랑스, 독일에 선전 포고. 파나마 운하 개통.

1915. 4 런던 비밀 협정에 따라 영국·프랑스·러시아·이탈리아가 터키령 분할을 결정.

5 이탈리아, 3국 동맹 파기한 뒤 오스트리아에 선전 포고. 영국·프랑스·러시아 비밀 협정 체결(콘스탄티노플과 해협 지대 영유권 문제).

9 진메르바르트 사회주의자 국제회의에서 1차 세계대전을 제국주의 전쟁으로 간주.

1916. 2 아일랜드, 신페인당 주도로 폭동 발생.

3 포르투갈, 독일에 선전 포고.

4 킨타르 회의에서 제국주의 전쟁 반대 및 혁명에 의한 노동자 정권 획득 결의.

7 솜 전투에서 연합군 총반격 감행. 프랑스, 모로코에 출병.

9 이탈리아·터키, 트리폴리 전쟁 시작.

12 레닌의 《제국주의론》, 프로이트의 《정신분석입문》, 아인슈타인의 《일반상대성이론》 출간.

1917. 2 러시아, 2월 혁명 임시정부 수립.

3 중국 정부, 일·청 간도 협약. 러시아, 2월 혁명 발발

4 미국, 독일에 선전 포고하고 연합군에 가담.

11 러시아, 10월 혁명에 반발하여 소비에트 정부 수립.

1918. 1 미국, 윌슨의 14개조 평화안 발표.

7 일본, 러시아 혁명 저지 위해 시베리아 출병.

10 10월 21일, 체코슬로바키아 독립을 선포. 오스트리아, 연합군에게 항복.

11 토지 조사 사업 마무리.여운형 등 상해에서
　　신한청년단 조직. 이동휘, 한인사회당 결성.
　　일제, 임시토지조사국 폐지.
12 영친왕 이은, 일본 황족과 결혼 발표. 광업령
　　개정. 의병장 김용구 자결.

1919. 2 고종 승하. 김동인, 주요한, 전영택 중심으로
　　우리나라 최초 문예 동인지 《창조》 창간. 도
　　쿄 유학생들, 2·8독립선언서 발표.
　　3 3·1독립운동.

　　4 대한민국 임시정부 수립 선언. 수원 제암리
　　학살 사건 발생.
　　5 이회영계 부민단, 만주에서 서로군정서 조직.

　　7 홍범도가 지휘하는 대한독립군, 갑산·혜산
　　진 등지에서 일본군 습격.
　　8 경성전기 노동자 파업 단행. 새로운 총독에
　　사이토 마코도 임명. 상해 임시정부 기관지
　　《독립》 창간(같은 해 10월에 《독립신문》으로 개
　　칭). 이승만, 워싱턴에 임정한국위원회 조직.
　　9 강우규, 남대문역에서 새 총독 사이토에게
　　폭탄 투척. 사이토 총독, 문화 정책 발표. 대
　　한민국 임시정부, 임시 헌법 공포.
10 김성수 등 경성방직회사 설립. 시카고, 한국
　　인 학생회 조직. 단성사에서 한국 최초의 영
　　화 〈의리적 구투〉 상영.
11 김원봉, 만주·길림에서 의열단 조직. 대한애
　　국부인회 간부 김마리아 등 23명 검거.

1920. 3 《조선일보》 창간.
　　4 조선노동공제회 창립. 《동아일보》 창간.
　　6 홍범도가 지휘한 대한독립군, 봉오동 전투에
　　서 큰 승리. 월간 종합지 《개벽》 창간.
10 청산리 대첩.

11 만주를 중심으로 활동하던 독립군, 대한독립
　　군단 조직.

11 독일, 1차 세계대전에서 항복.
　　폴란드 독립 선포. 아이슬란드, 라트비아 독
　　립 선포.
12 스탈린, 눈문 〈빛은 동방으로부터〉 발표.

1919. 1 파리 강화회의 열림. 독일 노동자당 결성,
　　이듬해부터 나치(국가사회주의 독일노동자당)
　　로 일컬음.

　　3 코뮌테른(제3인터내셔널) 결성. 무솔리니의
　　파시스트당 결성.
　　4 간디의 1차 비폭력 저항운동 시작.

　　5 중국에서 5·4운동 발생.
　　6 파리 강화회의에서 베르사유 조약 조인.

　　8 독일 국민의회, 바이마르 헌법 공포. 헝가
　　리, 소비에트공화국 무너짐. 산둥 반도, 중
　　국에 반환됨.

　　9 미국에서 철강노조 대파업. 오스트리아, 생
　　재르맹 강화조약 조인. 합스부르크 제국 해
　　체, 오스트리아·체고·유고·폴란드로 분할.
10 중국혁명당, 중국국민당으로 개편.
　　일, 대만 총독에 덴 겐치로 임명.

11 델리에서 전인도 칼리프 옹호 대회 열림.

1920. 1 알바니아 독립 선포. 국제연맹 성립.

　　6 그리스, 터키 케밀군 공격 개시.
　　7 프랑스, 다마스커스 점령.
10 일, 간도 사건 일어남. 러시아 핀란드 간 도
　　르파트 강화조약 승인.
11 런던 열국회의에서 알바니아 독립 승인. 국
　　제연맹 회의. 미국에서 여성 참정권 인정.

12 총독부, 산미증식계획 발표. 박은식, 《한국독
　 립운동지혈사》 발행.
1921. 1 양근환, 도쿄에서 친일파 민원식 살해.
　 4 제1회 서화협회전 개최.
　 5 잡지 《장미촌》 창간.
　 6 자유시 사변(흑하 사변) 발생.
　 9 부산 부두 노동자 총파업.
　 12 서재필, 이승만 등 워싱턴 군축 회의에 한국
　 　 독립 청원서 제출.
1922. 1 잡지 《백조》 창간.
　 5 이광수, 《개벽》에 〈민족 개조론〉 발표.
　 6 제1회 조선미술전람회 개최.
　 11 안창남, 도쿄-오사카 간 비행 성공. 박승희,
　 　 김기진을 중심으로 도쿄에 토월회 창립.

1923. 1 상해 임시정부, 내분 수습 위해 국민대표회 개
　 　 최. 의열단 김상옥, 종로 경찰서에 폭탄 투척.
　 4 조선형평사 창립. 우리나라 최초의 극영화
　 　 〈월하의 맹서〉 개봉.
　 9 관동 대학살 발생.

　 11 박열, 천왕 암살 음모 혐의로 검거.

1924. 1 이광수, 《동아일보》 사설에 〈민족적 경륜〉 발표.
　 3 《시대일보》 창간.
　 4 조선노동총동맹, 조선청년총동맹 창립.
　 7 암태도 소작쟁의 발생.
1925. 3 상해임시정부, 임시 대통령 이승만 탄핵 가결.
　 4 조선공산당 창립. 전조선기자대회 개최.
　 6 총독부, 조선사편수회 설치.
　 11 제1차 조선공산당 사건 발생.
　 　 조선 프롤레타리아 예술가 동맹(카프) 결성.
1926. 4 고려혁명당 결성.

　 6 6·10만세운동. 제2차 조선공산당 사건.
　 10 나운규 감독의 영화 〈아리랑〉 개봉.
　 12 나석주, 조선식산은행·동양척식주식회사에
　 　 폭탄 투척 뒤 자결.

12 영국 의회, 아일랜드 통치법 의결.

1921. 2 러시아 공산당 제10회 대회(3월 8~16일), 신
　 　 경제정책(네프) 채택.
　 7 중국 공산당 결성.

　 11 워싱턴 군축회의 시작(1921. 11~1922. 2). 4개
　 　 국 조약, 해군군축 조약, 9개국 조약 성립됨.

1922. 2 헤이그 국제재판소 개설. 레닌 은퇴, 스탈린
　 　 소련공산당 서기장 선임. 영국, 이집트 보호
　 　 권 포기.
　 12 아일랜드자유국 독립. 제1차 전연방소비에
　 　 트 대회에서 소비에트 사회주의공화국연방
　 　 (USSR) 수립 선포.

1923. 9 에스파냐에서 프리모 데 리베라의 쿠데타로
　 　 군사독재 정권 수립(~1930).
　 11 뮌헨에서 나치스의 소폭동(11월 8일~11일) 발
　 　 생. 히틀러 체포됨.
1924. 1 중국, 1차 국공합작. 레닌 사망. 영국, 1차 노
　 　 동당 정부 성립.
　 4 이탈리아 총선거, 파시스트당 승리. 그리스
　 　 가 인민 투표로 군주제 폐지, 공화정 선포.
1925. 3 쑨원 사망. 스탈린, 1국 사회주의론 채택.
　 4 독일 대통령 선거에서 힌덴부르크 당선.

　 12 로카르노 조약이 체결됨.

1926. 5 포르투갈, 다 코스타의 군사 쿠데타 발생.
　 　 이집트 총선거에서 와프트당 대승.
　 7 장제스, 공산당 토벌을 위한 북벌 시작.
　 11 이탈리아에서 파시스트당 이외의 정당에 대
　 　 한 해산령 내림.

1927. 1 신간회 창립.

2 경성방송국 방송 시작.

3 이상재 사망.

5 신간회 자매 단체 근우회 창립.

9 전조선씨름대회 개최.

12 〈조선토지개량령〉 공포. 신임 총독 야마니시 한조 부임.

1928. 1 3차 조선공산당 사건 발생.

7 4차 조선공산당 사건 발생.

10 한글날 제정.

11 벽초 홍명희의 장편소설 〈임꺽정〉, 조선일보에 연재.

1929. 1 원산 총파업 시작.

6 잡지 《삼천리》 창간.

8 사이토 총독 재임명됨.

10 조선일보, 경평축구대항전 개최.

11 광주학생운동 발발.

1930. 1 김좌진 장군, 만주에서 의문의 암살.

3 이동녕. 안창호, 김구를 중심으로 상해에 한국독립당 창당.

7 한국독립군 조직.

1931. 5 신간회 해체 결의.

6 동아일보, 브 나로드 운동 전개. 1차 카프 검거. 신임 총독 우가키 가츠시게 부임.

11 반제동맹사건 발생.

1932. 1 이봉창, 일본 천왕에 폭탄 투척 실패.

4 윤봉길, 상하이 홍커우 공원에서 일본의 천장절 겸 전승 기념 축하 회장에 폭탄 투척.

1933. 3 〈미곡 통제령〉 공포.

5 조선성악연구회 창립.

10 조선어학회, 한글 맞춤법 통일안 발표.

1927. 4 장제스의 쿠데타로 난징국민정부 조직.

5 미국의 린드버그, 뉴욕에서 파리까지 최초로 대서양 횡단 무착륙 단독 비행 성공.

12 제15차 소련공산당대회 개최. 네프 종료, 제1차 5개년 계획 채택.

1928. 1 소련, 토지사유금지법안 발표됨(콜호즈화).

6 이집트에서 와프트당 내각 붕괴, 의회 해산.

9 영국인 A.플레밍이 페니실린을 발견.

11 이탈리아 파시스트당 대평의회(大評議會)가 국가 기구로 전환.

1929. 1 트로츠키가 국외로 망명. 유고의 알렉산드르 왕이 쿠데타로 독재정권 수립.

7 중국, 소련과 수교 단절.

10 뉴욕 월가 주가 폭락, 전 세계 대공황 발생.

11 인도, 영국에 완전 독립 요구.

1930. 3 인도에서 무저항 운동 시작, 간디 체포.

10 브라질에서 반란 일어나, 지도자 발가스가 대통령이 됨.

11 에티오피아 황제 하이레셀라셰 1세 즉위

1931. 4 에스파냐 국왕 망명. 부르봉 왕조 종언.

5 5월 11일 오스트리아 중앙은행의 지불정지 단행으로, 유럽 경제공황 심각화.

9 만주사변 발발.

11 마오쩌둥, 중화소비에트 임시정부 수립.

1932. 2 제네바군축회의 개최(~7월)

11 소련, 프랑스와 불가침 조약. 미국 대통령선거에서 F.루스벨트가 당선.

1933. 1 히틀러, 독일 수상 취임. 공산당 탄압 시작.

7 미국, 독일이 나치스 일당 독재 확립.

10 미국, 뉴딜 정책 실시. 독일, 국제연맹 탈퇴. 미국, 소련을 승인하고 수교 재개.

1934. 2 한국독립당과 한국혁명당, 신한독립당으로 통합.
    3 면양 장려 계획 발표.
    4 〈조선 농지령〉 발표.
    5 이병도, 이병기, 김윤경 등 진단학회 창립.
    9 조선혁명군 총사령 양세봉, 일본군에 피살.

1935. 1 이동휘, 블라디보스토크에서 사망.
      여성 농촌 운동가 최용신 사망.
    4 카프 해체 결정.

   10 단성사에서 한국 최초의 발성 영화 〈춘향전〉 개봉.

1936. 3 신채호, 뤼순 감옥에서 순국.
    6 인익태, 〈애국가〉 작곡.
    8 손기정, 베를린 올림픽 마라톤 우승. 미나미 지로, 새 총독에 임명. 《동아일보》, 일장기 말소 사건으로 무기한 발간 중단.

1937. 2 백백교 사건 일어남.
    5 동북항일연군, 혜산진에 있는 보천보 주재소 습격(보천보 전투).
    6 수양동우회 사건 일어남.
    8 나운규 사망.
    9 소련, 시베리아에 거주하는 한인 20만 명에게 중앙아시아로 강제 이주 명령.

1938. 2 〈육군특별지원병령〉 공포.
    3 안창호 사망. 〈조선 교육령〉 개정 공포.
    6 총독부, 각 도에 근로 보국대 조직을 지시.
    7 총독부, 국민정신총동원조선연맹 설립.

   12 〈조선사상범보호관찰〉령 공포.

1939. 1 이화여전, 양장 제복 착용 발표. 최승희, 프랑스 파리 샤르 프레엘 극장에서 공연.
    9 일본으로 노동자 공출이 시작됨.
   10 이광수, 최재서, 박영희가 중심이 되어 조선문인협회 결성. 〈국민 징용령〉 실시.

1934. 2 파리에서 우익단체 폭동 일어나 내각 총사퇴, 두메르그 연립내각 구성(~11월).

    6 나치스의 숙청 감행.

    9 소련, 국제연맹에 가입.
   10 마오쩌둥, 중국 공산당 대장정 시작. 네루, 인도 국민회의파 지도자로 나섬.

1935. 6 프랑스 인민전선 결성.
    7 코민테른 제7회 대회. 인민전선 테제 채택.
   10 이탈리아, 에티오피아 침략. 그리스, 국민 투표로 왕정 복귀 결정.

1936. 1 일본, 런던 군축회의 탈퇴.
    5 프랑스 총선거에서도 인민전선이 승리, 레옹 블룸내각 성립.
   11 미국 루스벨트 대통령 재선됨. 소비에트 제8차 임시대회에서 소비에트사회주의공화국 헌법(스탈린 헌법) 채택.

    5 독일 인민전선 내부에서 공산당과 아나키스트 트로츠키스트의 대립.
    7 중일 전쟁 발발.
    8 중국, 공산당 팔로군 결성.
    9 중국, 2차 국공합작.

1938. 3 멕시코, 석유 국유화 선언. 독일·오스트리아 합방(안슈르스) 선포.
   10 독일군이 주데텐에 진주하자 베네시가 체코 대통령직을 사임하고 런던으로 망명.
   11 나치스의 유대인 대탄압. 소련·폴란드 불가침조약 체결.

1939. 3 독일, 체코슬로바키아 침입.
    5 독일·이탈리아 군사 동맹 체결.
    9 영국·프랑스, 독일에 선전 포고. 2차 세계대전 발발. 미국, 중립 선언. 독일, 폴란드 바르샤바 함락.

1940. 1 친일잡지 《태양》, 《내선일체》 발간.
2 창씨 개명 실시.

8 《동아일보》, 《조선일보》 강제 폐간.
9 대한민국 임시정부에서 한국광복군 창설.
12 경성콤그룹 김삼룡 등 피검.

1941. 3 총독부에서 〈국민학교령〉 제정.

8 농산물 공출 제도 시행.
11 임시정부, 대한민국 건국 강령 발표.

1942. 2 총독부, 각 가정에 유기 공출을 강요.
3 임시정부, 중·미·영·소에 임정 승인 요청.
5 신임 총독 고이소 구니아키 부임.

10 조선어학회 사건 발생.

1943. 1 보국 정신대 조직.
3 징병제 공포.
11 학병 거부 운동 시작.
12 학도병 미지원자에게 징용령 발동.
1944. 1 이육사, 베이징에서 옥사.
5 한용운 사망.
7 새 총독에 아베 노부유키 임명.
8 여운형, 지하 비밀 단체인 건국동맹 조직.

1945. 2 얄타 회담에서 한반도 문제 언급.

6 친일 언론인이 조선언론보국회 조직.
8 8·15 해방. 조선건국준비위원회 발족.
9 조선건국준비위원회, 조선인민민주주의공화
국 수립 공포.
10 이승만 귀국.

11 김구를 중심으로 한 임시정부 요인들 귀국.

1940. 5 벨기에와 네덜란드, 독일에 항복.
6 독일, 프랑스 파리 함락. 프랑스·이탈리아 정
전 협정. 이탈리아, 영국·프랑스에 선전 포고.
9 독일·이탈리아·일본, 3국 군사동맹 체결.

1941. 4 소·일 불가침 조약 체결.
6 소련 공격.

12 일본, 하와이 진주만 공격. 미국과 영국, 일
본에 선전포고(태평양 전쟁 발발).

1942. 3 영국 공군의 반격 개시.

5 독일, 아우슈비츠 등지에서 유대인 학살.
8 독일, 소련의 스탈린그라드에 진격.
11 독일, 프랑스 전역 장악. 소련군(옐레멘코 지
휘)이 스탈린그라드에서 대반격.

1943. 7 이탈리아, 연합군에게 항복.
11 미·영·중, 카이로 회담 개최.
12 미·영·소, 테헤란 회담 개최.
1944. 1 독일, 유럽 동부 전선에서 대패.
6 연합군, 노르망디 상륙 작전 성공. 연합군,
이탈리아 로마 해방시킴.
8 소련, 헝가리 침공.

1945. 2 미·영·소, 얄타 회담 개최.
4 히틀러, 아내와 자살. 무솔리니, 이탈리아 빨
치산에게 처형당함.
5 독일, 베를린이 함락되고 연합군에게 항복.
7 미·영·소, 포츠담 회담 개최.
8 소련, 일본에 선전 포고하고 만주에 출병. 미
국, 일본에 원자폭탄 투하.

10 일본, 무조건 항복. 뉘른베르크 군사재판, 독
일의 전범 처벌 시작.
11 중국, 국공 내전 시작.

사진 제공

14 대한제국 강점을 기념하는 일제의 엽서 – 사진엽서
16 매천 황현의 초상화 – 매천황현선생기념사업회
18 조선 총독 관저 – 사진엽서
20 조선군 헌병대 사령부 – 《사진으로 보는 서울》 2
21 제복을 입고 칼을 찬 교사들 – 《청농 80년사》
23 1만 엔권 지폐 속의 후쿠자와 유키치 – 미확인
27 대책 없는 전염병 대책 – 《사진과 함께 보는 한국 근현대 의료 문화사》
29 토지 조사 사업 벽보를 읽는 사람들과 토지의 경계를 측량하는 모습 – 《사진으로 보는 한국 100년사》
30 동양척식주식회사 본사 – 《사진으로 보는 근대 한국》(상)
33 기념 엽서에 나타난 자원 수탈 – 민족문제연구소
34 경복궁에 지어진 조선물산공진장 – 《조선물산공진회 보고서》 제3권
35 조선 총독부의 새 청사 – 《경성시구개정회고이십년》
37 간도로 떠나는 사람들 – 《유리 원판으로 보는 풍물》
38 간도에 꽃핀 민족 교육의 터전, 명동학교와 김약연 – 《연변항일혁명사적지》
39 블라디보스토크의 한국인 거리 – 국사편찬위원회
41 오사카 항에 내리는 한국인들 – 《두 자이니치의 망향가》
43 이동녕 – 한국학중앙연구원
43 이상룡 – 안동독립운동기념관
44 신규식 – 한국학중앙연구원
44 박은식 – 한국학중앙연구원
44 박용만 – 개인(안형주) 소장
47 재판정으로 끌려가는 105인 사건 관련자들 – 《민족의 사진첩》
51 쑨원 부부를 둘러싼 신해혁명의 지도부 – 《세계사 신문》
51 군중 앞에서 연설하는 러시아 혁명의 지도자 레닌 – 《세계사 신문》
53 재판정으로 끌려가는 채응언 – 《사진기록 일제침략》
55 이회영과 이시영 – 우당기념사업회
57 경운궁(덕수궁)을 나서는 고종의 장의 행렬 – 《사진으로 보는 서울》 2
60 삼일독립선언서 – 독립기념관
61 탑골 공원 – 《사진으로 보는 한국 100년사》
63 윌리엄 스코필드와 불타 버린 제암리 교회 – 제암리 3·1운동순국기념관
66 한글과 영어로 된 독립공채 – 독립기념관
67 《독립신문》 – 독립기념관
67 이승만(1875~1965) – 《사진으로 보는 독립운동》 (하)
68 대한민국 임시정부 요인들 – 《사진 기록 일제의 침략》
69 국민대표회의 개최를 보고하는 일제 기밀 문서 – 국사편찬위원회

73 종로 경찰서 – 《사진으로 보는 서울》 2
73 군산 경찰서 – 《사진으로 보는 한국 100년사》
74 경성부협의회 회의 – 《사진으로 보는 서울》 2
75 보통학교 졸업식 – 《교동 100년사》
77 수리 시설 공사에 동원된 농민들 – 생활상태조사(경주군)
77 흥남 질소 비료 공장 – 《사진으로 보는 근대 한국》 (하)
78 소작료 내는 모습 – 《삼양 70년》
79 반출미가 쌓인 군산항 – 《사진으로 보는 근대 한국》 (상)
80 화전민이 밭을 가는 모습과 그들의 궁핍한 살림 – 《사진으로 보는 1940년대 농촌풍경》
81 경성방직의 광목 광고 – 《경방 70년》
81 경성방직을 세운 김연수 – 《삼양 70년》
82 조선식산은행 본점 – 사진엽서
84 김성수 – 《경방 70년》
84 《동아일보》 창간호 – 동아일보(국사편찬위원회)
86 일제 강점기의 잡지들 – 독립기념관
88 조선물산장려회 취지서 – 독립기념관
89 민립 대학 설립을 위한 성금 모금에 관한 기사 – 시대일보(국사편찬위원회)
91 경성제국대학 – 서울대학교 박물관
93 홍범도 – 독립기념관
93 김좌진 – 독립기념관
93 이범석 – 철기이범석장군기념사업회
94 청산리의 독립군 – 독립기념관
96 강우규 – 독립기념관
97 의열단의 투사들 – 독립기념관
97 《조선혁명선언》에 관한 기사 – 동아일보(국사편찬위원회)
99 차금봉의 죽음을 알리는 신문 기사 – 중외일보(국사편찬위원회)
101 이재유의 재판을 알리는 기사 – 경성일보(서울대학교 중앙도서관)
103 신간회 창립 대회 기사 – 동아일보(국사편찬위원회)
104 신간회를 이끈 지도자들 – 한국학중앙연구원
105 근우회 창립을 알리는 신문 기사 – 동아일보(국사편찬위원회)
105 근우회 창립 총회 모습 – 《우리 나라 여성들은 어떻게 살았을까》 2
109 광주 학생 운동 사건 기사 – 동아일보(국사편찬위원회)
112 목포의 제면 공장 – 《사진으로 보는 독립운동》 (하)
112 군산의 도정 공장 – 《사진으로 보는 독립운동》 (하)
113 시위를 벌이기 위해 모여든 원산의 부두 노동자들 – 《사진으로 보는 독립운동》(하)
113 원산 부두 노동 현장 – 《사진으로 보는 독립운동》 (하)
114 원산 총파업 관련 신문 기사 – 중외일보(국사편찬위원회)
114 을밀대에 올라간 여성 노동 운동가 강주룡 – 《사진과 그림으로 보는 한국의 역사》 3
119 소작회 간부들이 구속되자 소작인들이 석방 운동에 나섰

다는 내용을 실은 《동아일보》 1924년 6월 8일 자 기사 – 동아일보(국사편찬위원회)

119 조선총독부가 펴낸 농촌 진흥 운동 선전 책자 – 독립기념관

121 형평 운동의 발상지인 진주의 기념탑 – 진주시

121 조선 형평사 제6회 전국 대회를 알리는 포스터 – 독립기념관

124 농촌의 미곡 공출 현장 – 《사진으로 보는 독립운동》 (하)

124 농촌의 삼 공출 현장 – 《민족의 사진첩》 2

125 금속류 공출 현장 – 민족문제연구소

125 애국기 – 사진엽서

125 학생 근로 동원 – 《청농 80년사》

126 행군 훈련 중인 육군 지원병 – 민족문제연구소

127 학생 군사 훈련 – 《계성 90년사》

128 여성 근로 정신대 – 《사진으로 보는 독립운동》 (하)

129 조회 시간에 《황국 신민의 서사》를 외치는 학생들 – 《사진으로 보는 독립운동》 (하)

129 신사 참배 – 《근대 백년 민속풍물》

130 궁성 요배를 강요하는 포스터 – 독립기념관

131 삶의 터전을 빼앗기지 않기 위해 투쟁 중인 우토로 마을 – 《두 자이니치의 망향가》

132 남만주방적회사의 직원 조회 – 《경방 70년》

133 동남 아시아를 침략한 일본군을 미화한 전쟁 기록화 – 민족문제연구소

134 복암 간이 학교 제1회 졸업 사진 – 여유당출판사

135 영랑 공립 국민학교 제1회 졸업 사진 – 개인 소장

137 보천보 전투를 크게 보도한 《동아일보》 호외 – 동아일보(국사편찬위원회)

137 동북항일연군 한국인 부대의 습격을 받아 불타 버린 일제 관공서 모습 – 동아일보(국사편찬위원회)

139 이봉창과 윤봉길 – 백범김구선생기념사업협회

141 한국광복군 – 《사진으로 보는 독립운동》 (하)

143 대한애국청년단이 폭파 의거를 감행한 서울 부민관 – 《서울, 20세기》

143 부민관 폭파 의거 기념비 – 서울특별시

144 광복군의 '한반도 침투 계획' 참가에 합의한 임시정부 주석 백범 김구와 미군 OSS 도노반 준장 – 백범김구선생기념사업협회

144 미군 OSS의 훈련을 수료한 광복군의 젊은이들 – 백범김구선생기념사업협회

148 중국 음식점 – 생활상태조사(경주군)

148 빈 건물로 남아 있는 자장면의 원조, 공화춘 – 미화인

149 미쓰코시 백화점의 식당과 카페 – 《서울, 20세기》

150 캐러멜 광고 – 동아일보(국사편찬위원회)

150 여름철 빙수 장사 – 《별건곤》 1928년 2월 호

151 평범한 사람들의 상차림 – 《테리 배넷 사진집》

152 양복점 광고 – 《한국 양복 100년사》

152 최신 유행 옷차림 – 《동광》 1932년 11월 호

152 활극 연출한 색의 장려 묘법 – 동아일보(국사편찬위원회)

153 최초로 양장을 입은 윤고려 – 《한국 생활문화 100년》

153 양장을 차려입은 영친왕의 생모 엄비 – 《지나온 세월》

153 양복으로 멋을 낸 도시 청년들 – 《청주 사람들의 삼호사진관 추억》

154 상점에 쌓여 있는 고무신 – 《사진으로 보는 조선시대》

154 별표 고무신 광고 – 동아일보(국사편찬위원회)

154 맥고모자 – 동아일보(국사편찬위원회)

155 하이힐을 신은 여성이 늘고 있음을 표현한 삽화 – 《서울에 딴스홀을 허하라》

155 짧은 한복 치마에 하이힐을 신은 멋쟁이 여성 – 《서울에 딴스홀을 허하라》

156 몸뻬 입은 여성 – 《사진으로 보는 서울》 2

156 남성의 국민복 – 《청주 사람들의 삼호사진관 추억》

157 1944년 당시 국민복 차림의 교사와 학생 – 《청주 사람들의 삼호사진관 추억》

159 평양의 개량 한옥 – 생활상태조사(평양부)

159 서울의 개량 한옥 – 《서울, 20세기》

159 서울 가회동의 개량 한옥 지대 – 《서울, 20세기》

160 전형적인 2층 문화 주택의 전경 – 생활상태조사(평양부)

160 식탁과 의자가 놓인 문화 주택 실내 – 서울대학교 박물관

161 현재 서울 중구 청구동 일대의 일본인 문화 주택 단지 – 《서울, 20세기》

161 주택 개량 운동에 관한 기사 – 동아일보(국사편찬위원회)

162 일제 강점기 대구 – 《사진으로 보는 한국 100년사》

163 일제 강점기에 새롭게 개발된 새 도시 – 《사진으로 보는 근대 한국》 (상)

164 조선 총독부 청사와 광화문 거리 – 《서울, 20세기》

165 '진고개'에서 '본정'으로 – 《사진으로 보는 서울》 2, 《사진으로 보는 한국 100년사》

165 일본인 상업의 중심지였던 황금정 – 《서울, 20세기》

170 토막이 철거되자 부청으로 몰려가 항의하는 토막민들 – 조선일보(한국학술정보)

173 1899년 경인선 개통식 – 《서울, 20세기》

174 새로 지은 신의주 역사 – 사진엽서

175 1920년대에 새로 지은 서울역 전경 – 《서울, 20세기》

175 용산역 전경 – 《사진으로 보는 한국 100년사》

176 특급 열차 '아시아호' – 만철

180 지방의 오일장들 – 《사진으로 보는 근대 한국》 (상)

181 서울의 상설 시장들 – 《서울, 20세기》

182 본정(충무로)의 화려한 야경 – 《서울, 20세기》

182 종로의 한국인 상점 거리 – 《사진으로 보는 서울》 2

182 종로 손님과 본정 손님 – 《별건곤》 1930년 12월 호

183 일본인이 경영한 백화점 – 《서울, 20세기》

184~185 일본인이 경영하는 백화점에 뒤지지 않은 화신백화점 건물 모습과 그 내부 – 《화신 50년사》

186 화신백화점 창업자 박흥식 – 《화신 50년사》
198 일제 강점기의 유치원 – 생활상태조사(평양부)
191 어린이날에 관한 기사 – 동아일보(국사편찬위원회)
191 일제 강점기에 펴낸 대표적인 어린이 잡지 《어린이》 – 동심넷
192 일제 강점기 대표적인 어린이 운동가 방정환 – 동심넷
193 일제 강점기 대표적인 청년 단체인 조선기독교청년회(YMCA) 회원들 – 독립기념관
193 청년 운동에 관한 사설 – 동아일보(국사편찬위원회)
194 '청년 실업'을 풍자한 만화 – 《별건곤》 1933년 4월 호
194 신식 결혼식 – 생활상태조사(평양부)
197 일제 강점기 최초의 스타, 윤심덕 – 《한국여성양장변천사》
197 최초의 여성 운전수, 김영희 – 《서울에 딴스홀을 허하라》
197 직업 여성의 세태를 그린 만화 – 《여성》 1938년 3월 호
198 자신의 작품 옆에 서 있는 나혜석 – 나혜석기념사업회
199 여성의 의복 개량 문제에 대한 나혜석의 논설 – 동아일보(국사편찬위원회)
199 나혜석 작품 〈선죽교〉(1933) – 나혜석기념사업회
202 다산 정약용 서거 100년을 기념하는 기사 – 동아일보(국사편찬위원회)
203 조선학 운동을 벌인 정인보와 문일평 – 한국학중앙연구원
204 주시경 – 독립기념관
205 조선어연구회가 조선어학회로 확대되면서 정식 학회지로 다시 창간된 잡지 《한글》 – 서울대학교 중앙도서관
205 조선어 표준말 모음 – 독립기념관
206 우리 말과 글을 지킨 사람들 – 《우리말의 탄생》
208 조선사편수회가 간행한 《조선사》와 조선사편수회의 활동을 정리한 《조선사편수회사업개요》 – 독립기념관
209 신채호 – 독립기념관
210~210 우리 역사를 연구한 책들 – 독립기념관
212 잡지 《과학조선》 – 한국잡지박물관
213 제6회 '과학의 날' 행사를 알리는 기사 – 동아일보(국사편찬위원회)
217 3·1운동 당시 최남선 – 《육당이 이 땅에 오신 지 백주년》
217 만화가 안석주가 그린 최남선의 캐리커처 – 《육당이 이 땅에 오신 지 백주년》
218 1939년 박기채가 감독한 영화 〈무정〉의 한 장면 – 한국영상자료원
218 〈무정〉을 쓸 무렵의 이광수 – 한국정책방송원
219 이상화 시비 – 대구광역시
222 김소월 시비 – 서울특별시
221 김동인(1900~1951) – 한국정책방송원
221 염상섭(1897~1963) – 한국정책방송원
223 현진건 – 미확인
225 학창 시절의 시인 윤동주 – 미확인
227 이광수의 창씨 개명을 알리는 총독부 기관지 《경성일보》 기사 – 경성일보(서울대학교 중앙도서관)

229 고희동이 그린 〈자화상〉 – 미확인
231 진경산수화의 맥을 이은 변관식 – 미확인
233 화가 이인성이 그린 〈해당화〉 – 이채원
297 이광수의 〈민족개조론〉 – 《개벽》 1922년 5월 호
239 1907년 문을 연 한국 최초의 영화 상영 극장 단성사 – 《서울, 20세기》
239 1930년 무렵의 야외 촬영장의 영화 배우들과 촬영 장면 – 《서울, 20세기》
241 1926년 영화 〈풍운아〉와 같은 해 영화 〈아리랑〉에서 열연하는 나운규의 모습 – 《한국영화자료편람》
244 영화 〈임자 없는 나룻배〉 광고지와 영화 속 주연 배우들 – 《한국 연극 무용 영화 사진》
245 〈군용열차〉(1938, 감독 서광제) – 한국영상자료원
245 〈병정님〉(1944, 감독 방한준) – 한국영상자료원
245 〈지원병〉(1941, 감독 안석영) – 한국영상자료원
247 홍난파 – 《한국 양복 100년사》
249 일제 강점기의 인기 가수들 – 가요114
249 일제 강점기 최대 규모를 자랑하던 음반 회사 컬럼비아 레코드 간판 – 《대경성 사진첩》
250 1910년대 축구 경기를 하는 학생들 – 《경신사》
251 1922년 전 조선 축구 대회에서 우승한 조선불교청년회 축구단 – 《한국체육백년사》
252 경성운동장 – 사진엽서
254 초창기 야구 경기(1900년대) – 《서울에 딴스홀을 허하라》
255 일제 강점기의 야구 경기 – 《서울, 20세기》
256 YMCA 야구단 – 《유리 원판으로 보는 풍물》
256 전 조선 야구 대회 – 《체육 50년사》
256 이영민과 베이브 루스 – 《사진으로 본 한국 야구 100년》
257 최승희와 손기정 – 무용가 최승희기념사업회
258 베를린 스타디움에 가장 먼저 모습을 드러낸 손기정 – 체육박물관
259 마라톤 우승 소식을 전하는 신문 기사 – 동아일보(국사편찬위원회)
259 시상대에 선 손기정 – 손기정기념재단
260 1946년 올림픽 우승 10주년 기념 행사에서 김구 선생에게 축하를 받는 손기정 – 손기정기념재단
261 최승희 무용 공연 포스터 – 무용가 최승희기념사업회
262 최승희 대표적인 창작 무용 보살무와 화랑무 – 무용가 최승희기념사업회
263 1940년대 말 북한에서 무용을 지도하는 최승희 – 연변대 예술연구소
263 최승희 묘비 – 연변대 예술연구소

★ 여유당출판사에서는 이 책에 실린 사진에 대해 저작권자의 허락을 받기 위해 최선을 다했습니다. 혹시 내용이 빠졌거나 잘못 기록된 부분이 있으면 연락주시기 바랍니다.

참고 문헌

저 서

강동진, 《일제의 한국침략정책사》, 한길사, 1980
강만길, 《일제하 빈민생활사 연구》, 창작사, 1987
강만길, 《조선민족혁명당과 통일전선》, 화평사, 1991
강만길, 《한국민족운동사론》, 한길사, 1985
강성률, 《친일영화》, 로크미디어, 2006
고숙화, 《일제하 형평사 연구》, 이화여대 사학과 박사논문,
　　1996
공제욱, 정근식 편, 《식민지의 일상, 지배와 균열》, 문화과학
　　사, 2006
교과서포럼, 《대안교과서 한국근현대사》, 기파랑, 2008
구본능, 하일 편, 《사진으로 본 한국야구 100년》, 새로운사람
　　들, 2005
구인환, 《한국 근대소설 연구》, 삼영사, 1977
국사편찬위원회 편, 《북미주 한인의 역사》 상·하, 국사편찬
　　위원회, 2007
국사편찬위원회 편, 《한국사》 47~51, 국사편찬위원회, 2001
권대웅, 《1910년대 경상도지방의 독립운동 단체 연구》, 영남
　　대 국사학과 박사논문, 1993
권태억 외, 《자료모음 근현대 한국탐사》, 역사비평사, 1994
김경일, 《여성의 근대, 근대의 여성》, 푸른역사, 2003
김경일, 《이재유 연구》, 창작과비평사, 1994
김경일, 《일제하 노동운동사》, 창작과비평사, 1992
김근배, 《한국 근대 과학기술인력의 출현》, 문학과지성사,
　　2005
김근수, 《한국잡지사》, 청록출판사, 1980
김동명, 《지배와 저항, 그리고 협력》, 경인문화사, 2006
김려실, 《투사하는 제국, 투영하는 식민지》, 삼인, 2006
김민환, 《한국언론사》, 사회비평사, 1996
김용섭, 《한국근현대농업사연구》, 일조각, 1992
김용직, 《한국근대시사》, 새문사, 1983
김운태, 《일본제국주의의 한국통치》, 박영사, 1986
김윤식, 《내가 살아온 한국 현대문학사》, 문학과지성사,
　　2009
김윤식·김우종 외, 《한국 현대문학사》, 현대문학사, 1994
김윤식 외, 《현대소설론》, 형설출판사, 1979
김윤식·정호웅, 《한국 소설사》, 예하, 1993
김진송, 《서울에 딴스홀을 허하라》, 현실문화연구, 1999
김채원, 《최승희의 춤 – 계승과 변용》, 민속원, 2008
김태웅, 《뿌리 깊은 한국사, 샘이 깊은 이야기 6 – 근대》, 솔,
　　2003
김혜경, 《일제하 '어린이기'의 형성과 가족 변화에 관한 연구》
　　이화여대 사회학과 박사논문, 1998

김희곤, 《중국관내 한국독립운동단체연구》, 지식산업사,
　　1995
노형석, 《모던의 유혹, 모던의 눈물》, 생각의 나무, 2004
다테노 아키라 편, 《그때 그 일본인들》, 한길사, 2006
대한축구협회 편, 《한국 축구의 영웅들》, 랜덤하우스중앙,
　　2005
동아일보사 편, 《3·1운동 50주년기념논집》, 동아일보사,
　　1969
맥켄지, 이광린 역, 《한국의 독립운동》, 일조각, 1969
박경식, 《일본제국주의의 조선지배》, 청아, 1986
박경식, 박경옥 역 《조선인 강제연행의 기록》, 고즈윈, 2008
박수현, 《일제하 수리조합 항쟁 연구》, 중앙대 사학과 박사논
　　문, 2001
박영석, 《재만한인독립운동사연구》, 일조각, 1988
박윤재, 《한국 근대 의학의 기원》, 혜안, 2005
박은식, 김도형 역, 《한국독립운동지혈사》, 소명출판, 2008
박종린, 《일제하 사회주의사상의 수용에 관한 연구》, 연세대
　　사학과 박사논문, 2007
박찬승, 《한국근대정치사상사연구》, 역사비평사, 1991
박찬호, 안동림 역, 《한국가요사》, 현암사, 1992
박태원, 《약산과 의열단》, 백양당, 1947
박환, 《러시아의 한인민족운동사연구》, 탐구당, 1995
박환, 《만주한인민족운동사연구》, 일조각, 1991
박황, 《판소리 이백년사》, 사사연, 1987
방기중 편, 《일제 파시즘 지배정책과 민중생활》, 혜안, 2004
방기중 편, 《일제하 지식인의 파시즘체제 인식과 대응》, 혜
　　안, 2005
방기중, 《한국근현대사상사연구》, 역사비평사, 1992
배경식, 《기노시타 쇼조 천황에게 폭탄을 던지다 – 인간 이봉
　　창 이야기》, 너머북스, 2008
배영순, 《한말·일제 초기의 토지조사와 지세개정》, 영남대
　　출판부, 2002
서중석, 《신흥무관학교와 망명자들》, 역사비평사, 2001
세계사신문편찬위원회 편, 《세계사 신문》 3, 사계절, 1999
손인수, 《한국교육사연구》, 문음사, 1998
손정목, 《일제강점기도시계획연구》, 일지사, 1990
손정목, 《일제강점기도시사회상연구》, 일지사, 1996
손정목, 《한국지방제도·자치사연구》 상·하, 일지사, 1992
송인호, 《도시형한옥의 유형연구》, 서울대 건축학과 박사논
　　문, 1990
신용하, 《조선토지조사사업연구》, 한국연구원, 1979
신주백, 《만주지역 한인의 민족운동사(1920~45)》, 아세아문
　　화사, 1999
안병직 편, 《한국경제성장사》, 서울대출판부, 2001
안재성, 《경성트로이카》, 사회평론, 2004
역사비평편집위원회 편, 《역사용어 바로쓰기》, 역사비평사,
　　2006

역사학연구소, 《함께 보는 한국근현대사》, 서해문집, 2004

염복규, 《일제하 경성도시계획의 구상과 시행》, 서울대 국사학과 박사논문, 2009

염인호, 《김원봉 연구》, 창작과비평사, 1993

염인호, 《조선의용군과 독립운동》, 나남, 2001

오광수, 《한국현대미술사》, 열화당, 2000

와다 하루키, 이종석 역, 《김일성과 만주항일전쟁》, 창작과비평사, 1992

유승렬, 《뿌리 깊은 한국사, 샘이 깊은 이야기 7 – 현대》, 솔, 2003

윤건차, 《한국근대교육의 사상과 운동》, 청사, 1982

윤경로, 《105인사건과 신민회연구》, 일지사, 1990

윤대원, 《대한민국임시정부의 조직·운영과 독립방략의 분화》, 서울대 국사학과 박사논문, 1999

윤병로, 《한국 근현대 문학사》, 명문당, 2000

윤홍로, 《한국 근대소설 연구》, 일조각, 1980

이경민, 《경성 사진에 박히다》, 산책자, 2008

이경아, 《일제하 문화주택 개념의 수용과 전개》, 서울대 건축학과 박사논문, 2006

이경훈, 《이광수의 친일문학 연구》, 태학사, 1998

이균영, 《신간회 연구》, 역사비평사, 1993

이덕일, 《이회영과 젊은 그들》, 역사의 아침, 2009

이상경, 《나는 인간으로 살고 싶다 – 영원한 신여성 나혜석》, 한길사, 2009

이상근, 《한인 노령이주사 연구》, 탐구당, 1996

이송순, 《일제하 전시 농업정책과 농촌경제》, 선인, 2008

이순우, 《잃그러진 근대 역사의 흔적을 뒤적다》 1·2, 하늘재, 2004·2006

이승일, 《조선총독부 법제 정책》, 역사비평사, 2008

이이화, 《한국사 이야기》 19~22, 한길사, 2004

이장락, 《민족대표 34인 석호필》, 바람, 2007

이정은, 《3·1운동의 지방시위에 관한 연구》, 서울대 국사학과 박사논문, 2006

이준식, 《농촌사회 변동과 농민운동》, 민영사, 1993

이중희, 《한국근현대미술사 심층연구》, 예경, 2008

이지원, 《한국근대문화사상사연구》, 혜안, 2007

이태진 외, 《서울상업사》, 태학사, 2000

이태진, 사사가와 노리가츠 공편, 《한국병합과 현대 – 역사적·국제법적 재검토》, 태학사, 2009

이학래, 《한국근대체육사연구》, 지식산업사, 1990

이현희, 《대한민국임시정부사》, 집문당, 1982

임경석, 《이정 박헌영 일대기》, 역사비평사, 2004

임경석, 《잊을 수 없는 혁명가들에 대한 기록》, 역사비평사, 2008

임중빈, 《윤봉길의사일대기》, 범우사, 1993

장석주, 《20세기 한국문학의 탐험》, 시공사, 2007

전우용, 《19세기말~20세기초 한인 회사 연구》, 서울대 국사학과 박사논문, 1997

정병욱, 《한국근대금융연구》, 역사비평사, 2004

정노식, 《조선창극사》, 동문선, 1994

정연태, 《일제의 한국농지정책(1905~1945년)》, 서울대 국사학과 박사논문, 1994

정재정, 《일제침략과 한국철도(1892~1945)》, 서울대출판부, 1999

정종화, 《한국영화사 – 한 권으로 읽는 영화 100년》, 한국영상자료원, 2008

정태헌, 《일제의 경제정책과 조선사회》, 역사비평사, 1996

정한숙, 《현대 한국 문학사》, 고려대학교 출판부, 1994

조동걸 편, 《광주학생운동연구》, 아세아문화사, 2000

조동걸, 《한국민족주의의 성립과 독립운동사연구》, 지식산업사, 1989

조동걸, 《현대한국사학사》, 나남, 1998

조동일, 《한국문학통사》 4, 지식산업사, 1994

조연현, 《한국 현대 문학사》, 성문각, 1993

주익종, 《대군의 척후 – 일제하 경성방직과 김성수·김연수》, 푸른역사, 2008

지수걸, 《일제하 농민조합운동연구》, 역사비평사, 1993

천이두, 《전설의 명창 임방울》, 한길사, 2007

천이두, 《천하명창 명창 임방울》, 현대문학, 1994

천정환, 《끝나지 않은 신드롬》, 푸른역사, 2005

최경봉, 《우리말의 탄생》, 책과함께, 2005

최병택, 《1908~1945년 일제의 임야소유권 정리와 민유림 운영》, 서울대 국사학과 박사논문, 2008

최원규, 《한말 일제초기 토지조사와 토지법 연구》, 연세대 사학과 박사논문, 1994

최유리, 《일제말기 식민지 지배정책 연구》, 국학자료원, 1997

한겨레신문사, 《발굴 한국현대사 인물》 1·2, 한겨레신문사, 1996

한국역사연구회 1930년대 연구반, 《일제하 사회주의운동사》, 한길사, 1991

한국역사연구회 청년운동사연구반, 《한국근현대청년운동사》, 풀빛, 1995

한국역사연구회, 역사문제연구소 편, 《3·1민족해방운동연구》, 청년사, 1989

한국정신대연구소, 《할머니 군위안부가 뭐예요?》, 한겨레신문사, 2000

한국정신문화연구원 현대사연구소 편, 《내가 겪은 해방과 분단》, 선인, 2001

한상도, 《한국독립운동과 중국군관학교》, 문학과지성사, 1994

한석정, 노기식 편, 《만주, 동아시아 융합의 공간》, 소명출판, 2008

한시준, 《한국광복군연구》, 일조각, 1993

한영우, 《한국민족주의역사학》, 일조각, 1994

허영란, 《일제시기의 장시 변동과 지역주민》, 서울대 국사학과 박사논문, 2005

허영섭, 《조선총독부, 그 청사 건립의 이야기》, 한울, 1996

연구 논문

강영심, 〈1920년대 조선물산장려운동의 전개와 성격〉, 《국사관논총》 47, 국사편찬위원회, 1993

강영심, 〈일제하의 '조선임야조사사업'에 관한 연구〉, 《한국학보》 33 · 34, 일지사, 1983

강창일, 〈일제의 조선지배정책〉, 《역사와 현실》 12, 한국역사연구회, 1994

구선희, 〈후쿠자와 유키치의 對조선문화정략〉, 《국사관논총》 8, 국사편찬위원회, 1989

김광운, 〈원산총파업과 노동운동의 새로운 단계로의 이행〉, 《한국사회운동의 새로운 인식》 1, 대동, 1992

김민철, 〈식민통치와 경찰〉, 《역사비평》 24, 역사문제연구소, 1994

김영범, 〈의열단의 창립과 초기 노선에 대하여〉, 《한국학보》 69, 일지사, 1992

김용섭, 〈수탈을 위한 측량 – 토지조사〉, 《한국현대사》, 신구문화사, 1969

김인덕, 〈식민지시대 서울지역 민족해방운동가 연구 – 차금봉의 활동을 중심으로〉 《향토서울》 55, 서울시사편찬위원회, 1995

김창수, 〈한인애국단의 성립과 활동〉, 《한국독립운동사연구》 2, 독립기념관 한국독립운동사연구소, 1988

김채현, 〈최초의 근대적 무용가 최승희 – 근대 무용의 민족적 표현〉, 《역사비평》 17, 역사문제연구소, 1992

김태웅, 〈1915년 경성부 물산공진회와 일제의 정치 선전〉, 《서울학연구》 18, 서울시립대 서울학연구소, 2002

김호일, 〈일제하 민립대학설립운동에 대한 일고찰〉, 《중앙사론》 1, 중앙대 사학과, 1972

남화숙, 〈1920년대 여성운동에서의 협동전선론과 근우회〉, 《한국사론》 25, 서울대 국사학과, 1991

노동은, 〈윤심덕 – 허무주의의 비가〉, 《역사비평》 17, 역사문제연구소, 1992

노영택, 〈민립대학 설립운동 연구〉, 《국사관논총》 11, 국사편찬위원회, 1990

박영석, 〈대종교의 민족의식과 항일민족독립운동〉, 《한국학보》 31 · 32 일지사, 1983

박윤재, 〈1920년대 초 민족통일전선운동과 국민대표회의〉, 《학림》 17, 연세대 사학과, 1996

박윤재, 〈조선총독부의 결핵 인식과 대책〉, 《한국근현대사연구》 47, 한국근현대사학회, 2008

반병률, 〈이승만과 이동휘〉, 《이승만 연구》, 연세대출판부,

2000

방기중, 〈백남운의 역사이론과 한국사인식〉, 《역사비평》 9, 역사비평사, 1990

백 일, 〈1930년대 조선학운동의 전개와 그 성격〉, 국민대 국사학과 석사논문, 1998

서영희, 〈국민신보를 통해 본 일진회의 합방론과 합방정국의 동향〉, 《역사와 현실》 69, 한국역사연구회, 2008

서중석, 〈한말 일제침략하의 자본주의근대화론의 성격〉, 《한국근현대의 민족문제연구》, 지식산업사, 1989

손정목, 〈회사령 연구〉, 《한국사연구》 45, 한국사연구회, 1984

신동원, 〈세균설과 식민지 근대성 비판〉, 《역사비평》 58, 역사문제연구소, 2002

신용하, 〈독립군의 청산리 독립전쟁의 연구〉, 《한국민족독립운동사연구》, 을유문화사

신주백, 〈1910년대 일제의 조선통치와 조선주둔 일본군〉, 《한국사연구》 109, 한국사연구회, 2000

신주백, 〈박람회 – 과시·선전·계몽·소비의 체험공간〉, 《역사비평》 67, 역사문제연구소, 2004

신주백, 〈일제말기 조선인 군사교육〉, 《한일민족문제연구》 9, 한일민족문제학회, 2005

신주백, 〈일제의 새로운 식민지 지배방식과 재조일본인 및 '자치세력'의 대응〉, 《역사와 현실》 39, 한국역사연구회, 2001

염복규, 〈1910년대 일제의 태형제도 시행과 운용〉, 《역사와 현실》 53, 한국역사연구회, 2004

염희경, 〈방정환의 초기 번역소설과 동화 연구〉, 《동화와 번역》 15, 2008

염희경, 〈한국 근대아동문단 형성의 '제도' – 어린이를 중심으로〉, 《동화와 번역》 11, 2006

오진석, 〈일제하 백화점업계의 동향과 관계인들의 생활양식〉, 《일제의 식민지배와 일상생활》, 혜안, 2004

왕현종, 〈조선토지조사사업 연구의 과제와 시론적 검토〉, 《역사와 현실》 50, 한국역사연구회, 2003

윤경로, 〈제암리교회 사건의 역사적 배경〉, 《한국기독교와 역사》 7, 한국기독교역사연구소, 1997

윤해동, 〈일제하 물산장려운동의 배경과 그 이념〉, 《한국사론》 27, 서울대 국사학과, 1992

이기훈, 〈1910~20년대 일제의 농정 수행과 지주회〉, 《한국사론》 33, 서울대 국사학과, 1995

이기훈, 〈1920년대 '어린이'의 형성과 동화〉, 《역사문제연구》 8, 역사문제연구소, 2002

이명화, 〈민립대학 설립운동의 배경과 성격〉, 《한국독립운동사연구》 5, 독립기념관 한국독립운동사연구소, 1991

이상록, 〈미군정기 '새교육운동'과 국민학교 규율 연구 – 일제말기 국민학교 규율과의 비교를 중심으로〉, 《역사와 현실》 35, 한국역사연구회, 2000

이영훈, 〈토지조사사업의 수탈성 재검토〉, 《역사비평》 22, 역사문제연구소, 1993

이이화, 〈황현 – 사라진 나라의 아름다운 절개〉, 《바람 앞에 절명시를 쓰노라》, 김영사, 2008

이정복, 〈대한민국임시정부의 교통국과 연통제〉, 《한국사론》 10, 국사편찬위원회, 1981

이정선, 〈한국 근대 '호적제도'의 변천〉, 《한국사론》 55, 서울대 국사학과, 2009

이호룡, 〈이회영의 아나키스트 활동〉, 《한국독립운동사연구》 33, 독립기념관 한국독립운동사연구소

임경석, 〈파리장서 서명자 연구〉, 《대동문화연구》 38, 성균관대 대동문화연구원, 2001

임종태, 〈김용관의 발명학회와 1930년대 과학운동〉, 《한국과학사학회지》 17-2, 한국과학사학회, 1995

장석흥, 〈6·10만세운동과 통일전선운동〉, 《국사관논총》 90, 국사편찬위원회, 2000

장세윤, 〈일제의 경성제국대학 설립과 운영〉, 《한국독립운동사연구》 6, 독립기념관 한국독립운동사연구소, 1992

장 신, 〈1920년대 민족해방운동과 치안유지법〉, 《학림》 19, 연세대 사학과, 1998

장 신, 〈경찰제도의 확립과 식민지 국가권력의 일상 침투〉, 《일제의 식민지배와 일상생활》, 혜안, 2004

장유정, 〈1930년대 서울 노래의 이중성〉, 《서울학연구》 24, 서울시립대 서울학연구소, 2005

전상숙, 〈파리강화회의와 약소민족의 독립문제〉, 《한국근현대사연구》 50, 한국근현대사학회, 2009

정병준, 〈암태도 소작쟁의의 주역의 세 가지 길〉, 《한국민족운동사연구》 51, 한국민족운동사학회, 2007

조기준, 〈조선물산장려운동의 전개과정과 그 역사적 성격〉, 《역사학보》 41, 역사학회, 1969

조동걸, 〈대한민국임시정부의 조직〉, 《한국사론》 10, 국사편찬위원회, 1981

조동걸, 〈만주에서 전개된 한국독립운동의 역사적 의의〉, 《한국사연구》 111, 한국사연구회, 2000

조동걸, 〈식민사학 성립과정과 근대사 서술〉, 《역사교육논집》 13·14, 역사교육학회, 1990

조철행, 〈국민대표회 연구〉, 《사총》 44, 고대사학회, 1995

지수걸, 〈1932~1935년간 조선농촌진흥운동〉, 《한국사연구》 46, 한국사연구회, 1984

표영수, 〈일제말기 병력동원정책의 전개와 평양학병사건〉, 《한일민족문제연구》 3, 한일민족문제학회, 2002

한상구, 〈1926~28년 민족주의세력의 운동론과 신간회〉, 《한국사연구》 86, 한국사연구회, 1994

한상구, 〈1926~28년 사회주의세력의 운동론과 신간회〉, 《한국사론》 32, 서울대 국사학과, 1994

한영우, 〈민족사학의 성립과 전개〉, 《국사관논총》 3, 국사편찬위원회, 1989

한홍구, 〈조선독립동맹의 활동과 조직에 대하여〉, 《국사관논총》 23, 국사편찬위원회, 1991

홍석률, 〈1940~45년 학생운동의 성격변화〉, 《한국사론》 24, 서울대 국사학과, 1991

홍영기, 〈채응언 의병장의 생애와 활동〉, 《한국독립운동사연구》 26, 독립기념관 한국독립운동사연구소, 2006

홍윤정, 〈일제강점기 경성유치원에 관한 소고〉, 《은향》 6, 은평향토사학회